Mark Eric Butt

Die Ausweitung des Rechts auf Umweltinformation durch die Aarhus-Konvention

Mark Eric Butt

DIE AUSWEITUNG DES RECHTS AUF UMWELTINFORMATION DURCH DIE AARHUS-KONVENTION

ibidem-Verlag
Stuttgart

Die Deutsche Bibliothek - CIP-Einheitsaufnahme:

Ein Titeldatensatz für diese Publikation ist bei
Der Deutschen Bibliothek erhältlich

∞

Gedruckt auf alterungsbeständigem, säurefreien Papier
Printed on acid-free paper

ISBN: 3-89821-165-7

Printed in Germany

Vorwort:

Diese Arbeit wurde im Sommersemester 2001 von der Juristischen Fakultät der Universität Regensburg als Dissertation angenommen. Die aktualisierte Druckfassung berücksichtigt Literatur und gesetzgeberische Tätigkeiten bis Anfang Oktober 2001 und enthält eine Zusammenfassung in englischer Sprache. Bei meinem Doktorvater Prof. Dr. Rainer Arnold und dem Zweitberichterstatter Prof. Dr. Robert Uerpmann möchte ich mich ganz herzlich dafür bedanken, dass sie angesichts der Aktualität des Themas ihre Gutachten in kurzer Zeit erstellt haben.

Mein besonderer Dank gilt außerdem den Kolleginnen und Kollegen aus dem Bayerischen Staatsministerium für Landesentwicklung und Umweltfragen und dem Bundesministerium für Umwelt, Naturschutz und Reaktorsicherheit, die mir viele wertvolle Hinweise und Unterstützung haben zukommen lassen und der Kanzlei Gassner, Stockmann und Kollegen für die Unterstützung in der Endphase.

Das Buch ist Saige und Brayden als Vertreter der zukünftigen Generation gewidmet.

Abkürzungsverzeichnis:

ABl. EG	Amtsblätter der Europäischen Gemeinschaften
AJIL	American Journal of International Law
AllMinBl.	Allgemeines Ministerialblatt
AVR	Archiv des Völkerrechts
BDSG	Bundesdatenschutzgesetz
BGBl.	Bundesgesetzblätter (Teile I und II)
BImSchG	Bundes-Immissionsschutzgesetz
BImSchV	Verordnung zum Bundes-Immissionsschutzgesetz
BMU	Bundesministerium für Umwelt, Naturschutz und Reaktorsicherheit
BR-Drs.	Bundesrats-Drucksachen
BT-Drs.	Bundestags-Drucksachen
CEE	*Cental and Eastern European (States)*
DÖV	Die Öffentliche Verwaltung
DVBl.	Deutsche Verwaltungsblätter
ECHR	*European Commission for Human Rights*
EGMR	Europäischer Gerichtsof für Menschenrechte
EGV	Vertrag zur Gründung der Europäischen Gemeinschaft (EG-Vertrag)
EMAS	*Eco Management and Audit Scheme* (EG-Öko-Audit)
EMRK	Europäische Menschenrechtskonvention
EPA	*Environmental Protection Agency*
EPER	*European Pollutant Emissions Register*
EUDUR	Handbuch des europäischen und deutschen Umweltrechts
EuGH	Europäischer Gerichtshof
EuGRZ	Europäische Grundrechte-Zeitschrift
EuR	Europa-Recht
EUV	Vertrag über die Europäische Union
EuZW	Europäische Zeitschrift für Wirtschaftsrecht
FOIA	*Freedom of Information Act*
GG	Grundgesetz
GVBl.	Gesetz- und Verordnungsblatt
GVO / GMO	Gentechnisch veränderte Organismen / *genetically modified organisms*
HRLJ	Human Rights Law Journal
ICJ	*International Court of Justice*
ILM	International Legal Materials

IPBPR	Internationaler Pakt über bürgerliche und politische Rechte
IPwirtR	Internationaler Pakt über wirtschaftliche, kulturelle und soziale Rechte
IVU-Richtlinie	Richtlinie über die integrierte Vermeidung und Verminderung der Umweltverschmutzung (engl. IPPC-Richtlinie)
JuS	Juristische Schulung
MOE-Staaten	Mittel- und Osteuropäische Staaten
NGO	*Non-Governmental Organizations* (Nichtregierungsorganisationen)
NIS	*Newly Independent (States)*
NJW	Neue Juristische Wochenschrift
NuR	Natur und Recht
NUS-Staaten	Neue Unabhängige Staaten (der ehem. Sowjetunion)
NVwZ	Neue Zeitschrift für Verwaltungsrecht
OECD	*Organization for Economic Co-Operation and Development*
PRTR	*Pollutant Release and Transfer Register*
SEA	*Strategic Environmental Impact Assessment*
UAP	Umweltpolitisches Aktionsprogramm
UHG	Umwelthaftungsgesetz
UIG	Umweltinformationsgesetz
UIRL	Umweltinformationsrichtlinie
UN/ECE	*United Nations Economic Commission for Europe*
UN-ECOSOC	*United Nations Economic and Social Council*
UNEP	*United Nations Environmental Program*
UPR	Umwelt- und Planungsrecht
UTR	Umwelt- und Technikrecht
UVP(G)	(Gesetz über die) Umweltverträglichkeitsprüfung
VerwArch	Verwaltungsarchiv
VwGO	Verwaltungsgerichtsordnung
VwVfG	Verwaltungsverfahrensgesetz
WVRK	Wiener Vertragsrechtskonvention
YIEL	Yearbook of International Environmental Law
ZaöRV	Zeitschrift für ausländisches öffentliches Recht und Völkerrecht
ZRP	Zeitschrift für Rechtspolitik

Inhaltsverzeichnis:

2. KAPITEL: DIE AUSGESTALTUNG DES RECHTS AUF UMWELTINFORMATION DURCH DIE AARHUS -KONVENTION

Man has the fundamental right to freedom, equality and adequate conditions of life in an environment of a quality that permits a life of dignity and well-being, and he bears a solemn responsibility to protect and improve the environment for present and future generations.

-

Der Mensch hat ein Grundrecht auf Freiheit, Gleichheit und angemessene Lebensbedingungen in einer Umwelt, die so beschaffen ist, dass sie ein Leben in Würde und Wohlergehen ermöglicht, und er hat die feierliche Pflicht, die Umwelt für gegenwärtige und künftige Generationen zu schützen und zu verbessern.

Grundsatz 1 der Erklärung von Stockholm über die Umwelt des Menschen vom 15.06.1972

1. KAPITEL: DAS RECHT AUF UMWELTINFORMATION ALS MITTEL DES UMWELTSCHUTZES

I. Einführung

Vor dem Hintergrund der massiv zunehmenden weltweiten Umweltverschmutzung und des verbesserten Kenntnisstandes der Wissenschaft hinsichtlich der Ursachen und Wirkungen von Umweltbelastungen Ende der sechziger Jahre, fand in Stockholm im Juni 1972 die erste globale Umweltkonferenz der Vereinten Nationen (*United Nations Conference on Human Environment*, UNCHE) statt[1]. Der Schutz und die Verbesserung der Umwelt wurden hier erstmalig als dringende Anliegen und Pflichten aller Völker der Welt bezeichnet[2] und eine Erklärung mit 26 Prinzipien zum Umweltschutz verabschiedet, die als einer der entscheidenden Anstöße für die Entwicklung des modernen Umweltvölkerrechts als eigene Rechtsmaterie in den letzten knapp dreißig Jahren angesehen wird[3]. Die Erklärung selbst enthielt noch keinen Hinweis auf die Einbeziehung der Öffentlichkeit in den Umweltschutz mittels verbesserter Umweltinformation. Neben der Erklärung wurde jedoch ein Aktionsplan mit Empfehlungen zur Umsetzung des Konsenses der Konferenz verabschiedet, in dem sich auf internationaler Ebene erstmals die Forderung nach dem Zugang der Öffentlichkeit zu Informationen über die Umwelt findet[4]:

---

[1] Grundlage für die Einberufung der Konferenz war die Resolution 2398 (XXIII) der UN-Generalversammlung vom 03.12.1968; vgl. Beyerlin, Umweltvölkerrecht, Rdnr. 17; Epiney/Scheyli, Strukturprinzipien des Umweltvölkerrechts, S. 22 f.

[2] Hohmann, Ergebnisse des Erdgipfels von Rio, NVwZ 1993, S. 311; der Vorschlag des Generalsekretärs der UNCHE, ein rechtsverbindliches Instrument mit Rechten und Pflichten der Bürger und der Regierungen in Bezug auf die Umwelt auszuarbeiten, scheiterte jedoch am Widerstand vieler Staaten; vgl. Pallemaerts, International Environmental Law from Stockholm to Rio: Back to the future ?, in: Sands, Greening International Law, S: 1 ff.

[3] Hohmann, a.a.O., S. 312; Epiney/Scheyli, S. 24; Pallemaerts, a.a.O., S. 2

[4] Action Plan for the Human Environment, 11 ILM (1972), 1416; vgl. Reif, International Environmental Law and Human Rights Law: The Role of Soft Law in the Evolution of Procedural Rights to Information, Participation in Decision-Making, and Access to Domestic Remedies in Environmental Matters, in: Young/Iwasawa: Trilateral Perspectives on International Legal Issues: The Relevance of Domestic Law and Policy; Ebbesson, The Notion of Public Participation in International Environmental Law, YIEL 8 (1997), S. 51

„7(a): *It is recommended that Governments and the Secretary-General provide equal possibilities for everybody, both by training and by ensuring access to relevant means and information to influence their own environment by themselves.*“

Dennoch geschah in den folgenden fünfzehn Jahren nichts. 1987 würdigte der sog. Brundtlandt-Bericht der *World Commission on Environment and Development* (WCED)[5] die Bedeutung des Rechts des Einzelnen auf Zugang zu Umweltinformationen für eine nachhaltige Entwicklung und empfahl, dass die Regierungen entsprechende Maßnahmen ergreifen, um ein solches Recht anzuerkennen. Wegen der Unterschiedlichkeit der nationalen Rechtssysteme und Praktiken wurde es damals allerdings für unmöglich gehalten, einen weltweit gültigen Ansatz vorzuschlagen[6].

Der Brundlandt-Bericht stellte eine der wichtigsten Grundlagen für die Beratungen der Konferenz der Vereinten Nationen über Umwelt und Entwicklung (*United Nations Conference on Environment and Development*, UNCED) dar[7], die vom 03. bis 14.06.1992 in Rio de Janeiro stattfand[8]. Diese bisher größte aller Konferenzen der Vereinten Nationen legte mit ihren Ergebnissen, insbesondere mit den 27 Prinzipien der Erklärung von Rio zu Umwelt und Entwicklung (*Rio Declaration of Environment and Development*) und der Agenda 21 die Grundlagen für die moderne Umweltpolitik[9]. In Prinzip 10 der Erklärung von Rio kommt die zentrale Bedeutung, die die internationale Gemeinschaft nunmehr der Einbeziehung der Öffentlichkeit in Fragen des Umweltschutzes einräumte, zum Ausdruck:

---

[5] Die WCED wurde aufgrund der Resolution 38/161 vom 19.12.1983 der Generalversammlung der Vereinten Nationen eingesetzt und erarbeitete bis 1987 unter dem Vorsitz der norwegischen Ministerpräsidentin Brundtlandt ihren Bericht, der durch Resolution 42/187 der Generalversammlung der UN vom 11.12.1987 angenommen wurde.

[6] Vgl. die Übersetzung bei Hauff (Hrsg.): Unsere gemeinsame Zukunft, 1987, S. 325 f.

[7] Beyerlin, Rdnr. 29; Ebbesson, The Notion of Public Participation, S. 52, FN 5

[8] Aufgrund der Resolution 44/228 und 44/229 vom 22.12.89 der GV der Vereinten Nationen, die sich u.a. auf den Brundlandt-Bericht stützten; vgl. Epiney/Scheyli, S. 27.

[9] Beide Instrumente sind nach allgemeiner Einschätzung lediglich *soft law*, also Abmachungen ohne konkrete völkerrechtliche Bindungswirkung, vgl. Beyerlin, Rdnr. 38, wobei die Erklärung von Rio z.T. auch Völkergewohnheitsrecht widerspiegeln soll, vgl. Hohmann, a.a.O., S. 314; ausführlich zu Rio: Johnson, The Earth Summit: The UN Conference on Environment and Development (UNCED).

„Environmental issues are at best handled with the participation of all concerned citizens, at the relevant level. At the national level, each individual shall have appropriate access to information concerning the environment that is held by public authorities, including information on hazardous materials and activities of their communities, and the opportunity to participate in the decision-making processes. States shall facilitate and encourage public awareness and participation by making information widely available. Effective access to judicial and administrative proceedings, including redress and remedy, shall be provided."[10]

Das UN/ECE-Übereinkommen über den Zugang zu Informationen, die Öffentlichkeitsbeteiligung an Entscheidungsverfahren und den Zugang zu Gerichten in Umweltangelegenheiten[11], unterzeichnet im dänischen Aarhus[12] am 25.06.1998 (daher die meist übliche und hier verwendete Bezeichnung „Aarhus-Konvention") nimmt diese Ideen der Erklärung von Rio auf und legt für seine Vertragsparteien völkerrechtlich verbindliche Grundsätze in diesen Bereichen fest. Die erste sog. „Säule" der Konvention behandelt das Recht der Öffentlichkeit auf Umweltinformation, die zweite Beteiligungsrechte in umweltrelevanten Entscheidungsverfahren und die dritte das Recht auf Zugang zu Gerichten in Umweltangelegenheiten. Der Generalsekretär der Vereinten Nationen *Kofi Annan* hat die Aarhus-Konvention daher als „*by far the most impressive elaboration of principle 10 of the Rio Declaration*" bezeichnet[13]. Am 31.10.2001, fast dreißig Jahre nach der Konferenz von Stockholm, ist die Aarhus-Konvention in Kraft getreten.

---

[10] Dt. Übersetzung: Umweltfragen werden am besten unter Beteiligung aller betroffenen Bürger auf der jeweiligen Ebene behandelt. Auf nationaler Ebene erhält jeder angemessenen Zugang zu den im Besitz der öffentlichen Verwaltung befindlichen Informationen über die Umwelt, einschließlich Informationen über Gefahrstoffe und gefährliche Tätigkeiten in ihren Gemeinden, sowie die Möglichkeit, sich an Entscheidungen zu beteiligen. Die Staaten erleichtern und fördern die öffentliche Bewusstseinsbildung, indem sie Informationen in großem Umfang verfügbar machen. Wirksamer Zugang zu Rechts- und Verwaltungsvorschriften, einschließlich der Abhilfe und des Rechtsbehelfs, wird gewährt. Zitiert nach Turiaux, UIG Kommentar, Anhang A.6.; engl. Text in ILM 31 (1992), 876.

[11] Engl.: Convention on Access to Information, Public Participation in Decision-Making and Access to Justice in Environmental Matters; veröffentlicht von United Nations Economic Commission for Europe, New York, Genf 1999 in der verbindlichen englischen, französischen und russischen Fassung; dt. Text: Beilage Nr. III zu NVwZ 3/2001 mit Einführung von Rolf; im Internet unter www.unece.org/env/pp; engl. Text auch in ILM 38 (1999) 517.

[12] Dänische Schreibweise: Århus

[13] Vgl. Vorwort zum *Implementation Guide* der UN/ECE zur Aarhus-Konvention, 2000.

In den Mitgliedstaaten der Europäischen Union gelten bereits seit 1993 verbindliche Grundsätze des Umweltinformationsrechts. Ziel dieser Arbeit ist es aufzuzeigen, wie das Recht auf Umweltinformation durch die Aarhus-Konvention ausgestaltet und in mehrfacher Hinsicht ausgeweitet wird und wie sich dies auf das europäische und deutsche Umweltinformationsrecht auswirkt. Bevor darauf im zweiten und dritten Kapitel eingegangen wird, wird in diesem Kapitel die Idee des „Rechts auf Umweltinformation" erläutert und abgegrenzt sowie dargestellt, auf welchen Grundlagen es bisher steht. Um die Bedeutung des Umweltinformationsrechts erkennbar zu machen, wird kurz auf die Stellung im deutschen Rechtssystem eingegangen und eine Betrachtung des rechtlichen Zusammenhangs in den anderen EU-Mitgliedstaaten und den USA vorgenommen.

II. Das „Recht auf Umweltinformation“ - Begriff und Abgrenzung

1. Der Begriff des „Rechts auf Umweltinformation“

Die Idee des „Rechts auf Umweltinformation“ bzw. der Begriff „Umweltinformationsrecht“ umfassen, so wie sie hier im Sinne der Aarhus-Konvention verstanden werden, zwei verschiedene Teilbereiche. Zum einen geht es um den freien Zugang der Bürger zu behördlichen Informationen über die Umwelt, d.h., um das Recht, auf Antrag von Behörden bei ihnen vorhandene Informationen über die Umwelt zu bekommen. Man spricht insoweit auch von – aus der Sicht der Verwaltung - passiver Informationsgewährung. Gegenstück dazu ist die aktive Informationsgewährung durch staatliche Stellen[14]. Wie noch zu zeigen sein wird, können auch in diesem Bereich den Behörden bestimmte Verpflichtungen auferlegt werden, so dass zumindest von Recht im objektiven Sinne gesprochen werden kann. In der angloamerikanischen Terminologie wird häufig der Begriff „*right-to-know*“ verwendet, um das Recht auf Umweltinformation als Teil eines umfassenden Informationsrechtes der Öffentlichkeit zu bezeichnen[15].

---

[14] Vgl. die Begründung des Regierungsentwurfs zum Umweltinformationsgesetz, BT-Drs. 12/7138, S. 7; abgedruckt bei Fluck/Theuer, Umweltinformationsrecht, UIG, Kommentar, A. Einleitung, S. 3. Die Begriffe variieren in der Literatur; der Implementation Guide zur Aarhus-Konvention spricht von „passive“ und „active access to information“, vgl. S. 49; Bruch, Comparative Policy and Practice of Access to Environmental Information, Discussion Paper zur Konferenz INFOTERRA 2000, Dok. Nr. UNEP/INF2000/WP4, spricht von „passive dissemination and active dissemination“ als Bestandteile des Konzepts „access to information“.

[15] Bruch, a.a.O., S. 2; Csagoly, Empowering the Public, The Bulletin Vol. 9, 4/2000, S. 6; zur US-amerikanischen „right-to-know-Gesetzgebung“: Eifert, Umweltinformation als Regelungsinstrument, DÖV 1994, S. 544, 550.

2. Abgrenzung von ähnlichen Instrumenten

Während das Konzept des Rechts auf Umweltinformation in diesem engeren Sinne auf der internationalen Ebene – wie oben (1.) gezeigt - eine relativ neue Entwicklung darstellt, werden andere Formen der Verarbeitung von Umweltinformationen seit langem praktiziert[16]. Dazu gehört vor allem der Austausch von Informationen über die Umwelt zwischen Staaten, zwischen Staaten und internationalen Organisationen oder zwischen internationalen Organisationen und nichtstaatlichen Organisationen, der sich in der einen oder anderen Form in praktisch allen völkerrechtlichen Verträgen über die Umwelt findet[17]. Dabei gibt es sowohl Bestimmungen zum Austausch allgemeiner wissenschaftlicher und technischer Informationen[18], als auch zum Austausch spezifischer Umweltinformationen, wie der biologischen Vielfalt oder dem Klimawandel[19]. Vom Informationsaustausch (*information exchange*) können Verpflichtungen zu bestimmten, teilweise regelmäßigen Berichten (*reporting*) zwischen den verschiedenen Akteuren auf internationaler Ebene unterschieden werden. Dazu gehören etwa Berichte über Emissionen und andere Freisetzungen in die Umwelt, wie im Übereinkommen zum Schutz des Rheins gegen chemische Verunreinigungen von 1976[20], oder die getroffenen Maßnahmen zur Umsetzung von völkerrechtlichen Verträgen, wie im Basler Übereinkommen über die Kontrolle der grenzüberschreitenden Verbringung gefährlicher Abfälle und ihrer Entsorgung von 1989[21], im UN-Rahmenübereinkommen über Klimaveränderungen von 1992[22] oder im UN-Übereinkommen über die biologische Vielfalt von 1992[23]. Dem *reporting* ähnlich

---

[16] Vgl. ausführlich zu den verschiedenen Arten des Umgangs mit Umweltinformationen: Sands, Principles of international environmental law I, Kapitel 16, S. 596 ff.

[17] Sands, a.a.O., S. 597, Scheyli, Aarhus-Konvention über Informationszugang, Öffentlichkeitsbeteiligung und Rechtsschutz in Umweltbelangen, AVR 38 (2000), S. 217, 218

[18] Etwa über Pläne für Forschungsprogramme; siehe Antarktis-Vertrag v. 01.12.1959, BGBl. 1978 II, S. 1518, Sartorius II, Nr. 390.

[19] Vgl. UN-Übereinkommen über die biologische Vielfalt (CBD), BGBl. 1993 II, 1742, ILM 31 (1992), 818; dazu Beyerlin, Rdnr. 403 ff.; Art. 4 Abs. 1 h Rahmenübereinkommen der Vereinten Nationen über Klimaveränderungen (FCCC) v. 09.05.1992, BGBl. 1993 II, 1784, ILM 31 (1992), 849.; dazu Beyerlin, Rdnr. 361.

[20] Vom 03.12.1976, BGBl. 1978 II, 1065; vgl. Art. 2 und Annex III.

[21] Vom 22.03.1989, BGBl. 1994 II, 2704, ILM 28 (1989) 652; vgl. Art. 3 Abs. 1; dazu Beyerlin, Rdnr. 434.

[22] Art. 12 FCCC

[23] Art. 26 CBD

sind Verpflichtungen zum *monitoring*, der Kontrolle oder Inspektion bestimmter Umweltbereiche, wie etwa des Zustandes der Ozonschicht[24]. Ferner gibt es völkerrechtliche Verpflichtungen zur Benachrichtigung und Konsultation anderer Völkerrechtssubjekte, insbesondere von Nachbarstaaten, wenn ein Ereignis oder eine geplante oder bereits ausgeführte Tätigkeit erhebliche Umweltauswirkungen auf fremdem Territorium haben kann[25]. Dazu gehören Informationen über bestimmte geplante Anlagen oder Vorhaben, wie im Verfahren der grenzüberschreitenden Umweltverträglichkeitsprüfung (UVP)[26] oder rechtzeitige Information in Gefahrenfällen[27]. Die Pflicht, einen potenziell betroffenen Nachbarstaat über umweltgefährdende oder umweltbelastende Vorhaben zu informieren, gilt inzwischen auch als Völkergewohnheitsrecht[28].

Alle diese Instrumente haben das Ziel, zum Zwecke des Umweltschutzes mehr Informationen über die Umwelt zu gewinnen und verfügbar zu machen. Sie alle enthalten Verpflichtungen der Staaten, internationalen Organisationen und teilweise auch nichtstaatlichen Organisationen einander gegenüber, beziehen jedoch den Einzelnen nicht zwingend in das Informationsgefüge mit ein. Ansätze finden sich nur bei der grenzüberschreitenden UVP-Pflicht, insbesondere nach dem UN/ECE-Übereinkommen über die Umweltverträglichkeitsprüfung im grenzüberschreitenden Raum (sog. „Espoo-Konvention“)[29] und in dem UN/ECE-Übereinkommen über die grenzüberschreitenden Auswirkungen von Industrieunfällen[30]. Danach müssen die beteiligten Parteien sicherstellen, dass die Öffentlichkeit des von dem Vorhaben

---

[24] Art. 2 Abs. 2a und Art. 3 Abs. 2 und Annex I des Wiener Übereinkommens zum Schutz der Ozonschicht, BGBl. 1988 II, 901, ILM 26(1987) 1529

[25] Ausführlich zu den verschiedenen Fallgruppen: Sands, a.a.O., S. 604 ff.

[26] Vgl. insbesondere das UN/ECE-Übereinkommen über die Umweltverträglichkeitsprüfung im grenzüberschreitenden Raum („Espoo-Konvention“) vom 25.02.1991, ILM 30 (615) 800.

[27] Z.B. in Art. 14 CBD, Art. 2, 5, 6 des Übereinkommens über die frühzeitige Benachrichtigung bei nuklearen Unfällen vom 26.09.1986, BGBl. 1989 II, 434, ILM 25 (1986), 1370; vgl. auch Sands, a.a.O., S. 616, 620.

[28] Vgl. Prinzip 18 der Rio-Deklaration; IGH, ICJ Reports 1949, 4, 22 (Korfu-Kanal-Fall); IGH, ICJ Reports 1986, 12, 112 (Nicaragua-Fall); Verdross/Simma, Allgemeines Völkerrecht, § 1031.

[29] Siehe oben, FN 26.

[30] Übereinkommen vom 17.03.1992 (sog. „Helsinki-Konvention“), BGBl. 1998 II, 1528, ILM 31 (1992), 1330; vgl. dazu Beyerlin, Rdnr. 457.

bzw. dem Unfall betroffenen Staates angemessen informiert wird[31]. Bei der grenzüberschreitenden UVP sollen der Öffentlichkeit darüber hinaus die von dem Ursprungsstaat übermittelten UVP-Dokumente zugänglich gemacht werden[32]. Es fehlt aber auch hier an unmittelbaren konkreten Ansprüchen des Einzelnen auf Information, vielmehr ist die Information nur als Grundlage der vorgeschriebenen Öffentlichkeitsbeteiligung impliziert.

Die Verpflichtung eines Staates, einem anderen Staat Informationen über ein bestimmtes Umweltproblem zukommen zu lassen, garantiert nicht automatisch die Information der Bevölkerung des möglicherweise betroffenen Staates[33]. In diese Lücke stößt das Konzept des Rechts des Einzelnen auf Umweltinformation, wie es in der Aarhus-Konvention niedergelegt ist. Es will das internationale Recht um einen generellen Rechtsanspruch des Einzelnen auf Erhalt von Umweltinformationen und aktive Informationspflichten der staatlichen Verwaltung gegenüber der Öffentlichkeit ergänzen. Damit geht es weit über die bisherige Einbeziehung der Öffentlichkeit in die Informationsbeziehungen der verschiedenen Akteure hinaus[34].

III. Bisherige Bestimmungen auf internationaler Ebene

1. Die EG-Umweltinformationsrichtlinie (UIRL)

Das erste internationale Instrument, das ein Recht auf Informationen über die Umwelt schuf, war die Richtlinie 90/313/EWG des Rates vom 07.06.1990 über den freien Zugang zu Informationen über die Umwelt (UIRL). Sie stellt die Grundlage des Umweltinformationsrechts in den Mitgliedstaaten der EU und ein wichtiges Vorbild für die Aarhus-Konvention dar. An ihrem Beispiel sollen daher auch die verschiedenen Funktionen des Umweltinformationsrechts diskutiert werden.

---

[31] Art. 3 Abs. 8 der Espoo-Konvention, Art. 9 der Helsinki-Konvention; auf beide Konventionen nimmt die Präambel der Aarhus-Konvention Bezug, vgl. Erwägungsgrund 23.

[32] Art. 4 der Espoo-Konvention

[33] Vgl. Ebbesson, Compatibility of International and National Environmental Law, S. 62

[34] Zur Bedeutung der Aarhus-Konvention für das Umweltvölkerrecht siehe unten, 2. Kapitel, IV.3.

a) Die Entstehung der UIRL

Die Forderung nach einem verbesserten Zugang der Bürger zu Informationen über die Umwelt als Instrument des Umweltschutzes findet sich auf europäischer Ebene erstmals detailliert im 4. Umweltaktionsprogramm von 1987[35]. Die Initiative dafür ging vom Europäischen Parlament aus, das in seiner Entschließung zum Vorschlag der Kommission[36] „eine Politik der Transparenz der Information über die Umwelt" sowie die „Unterrichtung jedes Bürgers" als Prioritäten für den Umweltschutz bezeichnete[37]. Die Kommission nahm dies auf und führte im Aktionsprogramm aus, dass der Zugang zu Informationen der Rechtswahrung dienen könne und daher über das Aktionsprogramm hinaus geprüft werden solle, inwieweit ein „Gesetz über die Freiheit der Umweltinformation" erforderlich sei[38]. Schon nach einem Jahr veröffentlichte die Kommission den ersten Vorschlag für eine „Richtlinie über den freien Zugang zu Informationen über die Umwelt"[39]. Nach Einholen der Stellungnahmen des Europäischen Parlamentes[40] und des Wirtschafts- und Sozialausschusses[41] durch den Rat legte die Kommission am 20.03.1990 einen geänderten Vorschlag[42] vor. Am 07.06.1990 erließ der Rat schließlich unter teilweiser Abänderung des Kommissionsvorschlages die Richtlinie 90/313/EWG[43].

b) Materieller Inhalt der UIRL

Ziel der UIRL ist es nach Artikel 1, den freien Zugang zu den bei den Behörden vorhandenen Informationen über die Umwelt sowie die Verbreitung dieser Informationen zu gewährleisten und die grundlegenden Voraussetzungen festzulegen, unter de-

---

[35] ABl. EG vom 07.12.1987, Nr. C 328, S.4; Abschnitt „Entwicklung geeigneter Instrumente", Unterpunkt u).

[36] ABl. EG vom 18.03.1987, Nr: C 70, S.3

[37] ABl. EG vom 15.06.1987, Nr. C 156, S.138 f.

[38] Ziffern 2.6.1 und 2.6.2. des 4. UAP, S.15

[39] ABl. EG vom 30.12.1988, Nr. C 335, S.5 (KOM 88, 484 endg. vom 28.11.1988), abgedruckt bei Turiaux, Anh. A 2a.

[40] ABl. EG vom 16.05.1989, Nr. C 120, S. 231

[41] ABl. EG vom 05.06.1989, Nr. C 139, S. 47

[42] ABl. EG vom 24.04.1990, Nr. C 102, S. 6; abgedruckt bei Turiaux, Anh. A 2b

[43] Richtlinie des Rates vom 07. Juni 1990 über den freien Zugang zu Informationen über die Umwelt, ABl. EG vom 23.06.1990, Nr. L 158, S. 56, abgedruckt bei Turiaux, Anh. A 2., Fluck/Theuer, UIG, D I 1, hier abgekürzt: UIRL.

nen derartige Informationen zugänglich gemacht werden sollen. Deshalb werden die Mitgliedstaaten in Artikel 3 verpflichtet, zu gewährleisten, dass die Behörden grundsätzlich allen natürlichen oder juristischen Personen auf Antrag ohne Nachweis eines Interesses Informationen über die Umwelt zur Verfügung stellen. Artikel 4 stellt klar, dass es sich um ein verfahrensunabhängiges und einklagbares Recht des Einzelnen handelt[44], indem er bestimmt, dass eine Person, die der Auffassung ist, dass ihr Informationsersuchen zu Unrecht abgelehnt oder nicht beachtet worden ist, oder die von einer Behörde eine unzulängliche Antwort erhalten hat, den Bescheid auf dem Gerichtsweg oder Verwaltungsweg anfechten kann, der nach der einzelstaatlichen Rechtsordnung einschlägig ist. Die Antwort auf einen Antrag ist dem Antragsteller so bald wie möglich, spätestens jedoch innerhalb von zwei Monaten zu erteilen (Art. 3 Abs. 4). Für die Übermittlung der Information kann eine angemessene Gebühr erhoben werden (Art. 5).

Artikel 2 definiert die Begriffe „Information über die Umwelt" (Buchstabe a) und „Behörde" (Buchstabe b) und damit den Anwendungsbereich der Richtlinie. Danach sind „Informationen über die Umwelt":

> „alle in Schrift-, Bild-, Ton-, oder DV-Form vorliegenden Informationen über den Zustand der Gewässer, der Luft, des Bodens, der Tier- und Pflanzenwelt und der natürlichen Lebensräume sowie über Tätigkeiten (einschließlich solcher, von denen Belästigungen wie Lärm ausgehen) oder Maßnahmen, die diesen Zustand beeinträchtigen oder beeinträchtigen können und über Tätigkeiten oder Maßnahmen zum Schutz dieser Umweltbereiche einschließlich verwaltungstechnischer Maßnahmen und Programme zum Umweltschutz"

Unter „Behörden" versteht die Richtlinie nur

> „die Stellen der öffentlichen Verwaltung, die auf nationaler, regionaler oder lokaler Ebene Aufgaben im Bereich der Umweltpflege wahrnehmen und über diesbezügliche Informationen verfügen, mit Ausnahme der Stellen, die im Rahmen ihrer Rechtsprechungs- oder Gesetzgebungszuständigkeit tätig werden".

---

[44] Scherzberg, Freedom of information - deutsch gewendet: Das neue Umweltinformationsgesetz, DVBl. 1994, S. 733, 734

Andere Behörden, deren Tätigkeit nicht im Bereich der „Umweltpflege" liegen, sind nach dem Wortlaut der UIRL nicht erfasst. Natürliche oder juristische Personen des Privatrechts, die öffentliche Aufgaben im Bereich der Umweltpflege wahrnehmen, werden über Artikel 6 verpflichtet, bei ihnen vorliegende Informationen entweder selbst oder über eine zuständige Behörde zugänglich zu machen[45].

Zum Schutz bestimmter öffentlicher und privater Interessen lässt die Richtlinie in Art. 3 Abs. 2 Ausnahmen von dem Recht auf freien Zugang vor. Die Mitgliedstaaten können danach eine Ablehnung des Antrags vorsehen, wenn

- „die Vertraulichkeit der Beratungen von Behörden, die internationalen Beziehungen und die Landesverteidigung" (1. Spiegelstrich),
- „die öffentliche Sicherheit" (2. Spiegelstrich),
- „Sachen, die bei Gericht anhängig oder Gegenstand von Ermittlungsverfahren (einschließlich Disziplinarverfahren) sind oder waren, oder die Gegenstand von Vorverfahren sind" (3. Spiegelstrich),
- „Geschäfts- und Betriebsgeheimnisse einschließlich des geistigen Eigentums" (4. Spiegelstrich),
- „die Vertraulichkeit personenbezogener Daten und/oder Akten" (5. Spiegelstrich),
- „Unterlagen, die von einem Dritten übermittelt worden sind, der dazu nicht gesetzlich verpflichtet war" (6. Spiegelstrich) oder
- „Informationen, deren Bekanntgabe die Wahrscheinlichkeit einer Schädigung der Umwelt in dem betreffenden Bereich noch erhöhen würde" (7. Spiegelstrich)

berührt sind. Art. 3 Abs. 2 stellt in Satz 2 ausdrücklich klar, dass Informationen auszugsweise übermittelt werden, sofern es möglich ist, die geschützten Informationen auszusondern. Eine weitere Ausnahme enthält Art. 3 Abs. 3, der eine Ablehnung zulässt, wenn der Antrag sich auf die Übermittlung noch nicht abgeschlossener Schriftstücke oder noch nicht aufbereiteter Daten oder interner Mitteilungen bezieht oder wenn der Antrag offensichtlich missbräuchlich oder zu allgemein formuliert ist. Von den Ausnahmemöglichkeiten haben alle Mitgliedstaaten Gebrauch gemacht[46].

---

45 Vgl. dazu unten 3. Kapitel, I.1. Buchstabe a Unterpunkt cc.

46 Vgl. hinsichtlich der Ausnahmen zum Schutz öffentlicher Belange: Weber, Der Anspruch nach § 4 Abs. 1 UIG und seine Beschränkungen zum Schutz öffentlicher Belange, 1997; die Umset-

Die UIRL hat in erster Linie eine Pflicht der Mitgliedstaaten zur passiven Informationsübermittlung auf Antrag geschaffen. Der Ansatz der aktiven Informationsübermittlung bleibt dagegen unterentwickelt. Artikel 7 bestimmt lediglich, dass die Mitgliedstaaten die erforderlichen Maßnahmen ergreifen, um der Öffentlichkeit allgemeine Informationen über den Zustand der Umwelt, z.B. durch die regelmäßige Verbreitung von Zustandsberichten, zur Verfügung stellen. Hier liegt ein wichtiger Ansatzpunkt der Aarhus-Konvention, die ihre Vertragsparteien detaillierter zu aktiver Informationstätigkeit verpflichtet[47].

c) Funktionen des Umweltinformationsrechts nach der UIRL

Das Recht auf den Zugang zu Umweltinformationen soll letztlich vor allem dem Schutz der Umwelt dienen. In der UIRL selbst spricht nur der vierte Erwägungsgrund allgemein davon, dass der Zugang zu umweltbezogenen Informationen im Besitz der Behörden den Umweltschutz verbessern wird. Der Anspruch auf Umweltinformationen führt unmittelbar aber nur dazu, dass der Antragsteller eine bestimmte Information erhält. Um mittelbar eine positive Wirkung auf die Umwelt zu entfalten, muss ein weiteres Tätigwerden mindestens eines der Beteiligten hinzukommen. Dies kann entweder vor oder nach Erteilung der Information der Fall sein. In der Literatur werden im Zusammenhang mit der UIRL im wesentlichen sieben verschiedene Funktionen diskutiert, die dem Recht auf Umweltinformation zukommen können.

aa) Kontrollfunktion

Primär soll das Informationsrecht des Bürgers nach der UIRL dazu dienen, den ordnungsgemäßen Vollzug des Umweltrechts durch die Behörden zu kontrollieren[48]. Durch den Erhalt der relevanten Daten soll der Bürger in die Lage versetzt werden, zu überprüfen, ob die Behörden das geltende Umweltrecht ordnungsgemäß anwenden. Damit soll das ständig beklagte Vollzugsdefizit, das eines der zentralen Proble-

---

zungsgesetze finden sich zum Teil auch abgedruckt bei Fluck/Theuer, E.

[47] Dazu im Einzelnen unten, 2. Kapitel, III.2.

[48] Vgl. Koebke, Das Recht auf Umweltinformation, S. 88; Albin, Die Vollzugskontrolle des europäischen Umweltrechts, S. 134 ff.

me des europäischen Umweltrechts darstellt, verringert werden[49]. Dies ist besonders aus Sicht der Europäischen Kommission für die Einhaltung des europäischen Umweltrechts von Bedeutung. Sie hat als „Hüterin der Verträge" gemäß Art. 211 EGV für die Anwendung des EG-Rechts Sorge zu tragen, verfügt aber über keine Kompetenz zum Vollzug des Umweltrechts und kein eigenes Vollzugspersonal und ist daher zur Umsetzung auf die Mitgliedstaaten angewiesen[50]. Da es dabei häufig zu Schwierigkeiten kommt, sei es durch fehlende, ungenügende oder falsche Umsetzung von Richtlinien oder durch nicht korrekte oder mangelnde Anwendung des Rechts[51], bedienen sich die Organe der Gemeinschaft in zunehmendem Maße des Bürgers als Mittel der Vollzugskontrolle[52]. *Scherzberg* spricht von der „Dezentralisierung und Privatisierung" der Vollzugskontrolle[53]. Im Gegensatz zu anderen Rechtsbereichen, wie denen des freien Wettbewerbs, des Agrarmarktes oder des Warenverkehrs, fehlt es im Umweltrecht auch an mächtigen Interessengruppen, die von der fehlenden oder falschen Umsetzung bzw. durch die fehlerhafte Anwendung direkt betroffen werden und daher auf den korrekten Vollzug des europäischen Rechts achten[54]. Hinzu kommt, dass in einigen Rechtsordnungen, wie in der deutschen, Umweltverbänden mangels einer Verletzung eigener subjektiv-öffentlicher Rechte de lege lata der Weg zu den Gerichten weitgehend versperrt ist.

Der informierte Bürger kann nun auf zweierlei Weise zu einem ordnungsgemäßen Verwaltungshandeln beitragen. Zum einen kann schon das Wissen der Behörden um die grundsätzliche Öffentlichkeit aller Informationen, die mit der Umwelt zusammenhängen, dazu führen, dass sorgfältiger abgewogen und sachlich richtig entschie-

---

[49] Vgl. Scherzberg, Der freie Zugang zu Informationen über die Umwelt, UPR 1992, S. 49, Koebke, a.a.O., S. 89; Lübbe-Wolff (Hrsg.), Der Vollzug des europäischen Umweltrechts.

[50] Dazu Demmke, Die EG-Informationsrichtlinie und die Vollzugsdefizite in der EG-Umweltpolitik, in: Hegele/Röger, Umweltschutz durch Umweltinformation, S. 33 ff.

[51] Näher Krämer, Defizite im Vollzug des Umweltrechts, in: Lübbe-Wolff, S. 7 ff.; Demmke, a.a.O., S. 37 f., Koebke, a.a.O., S. 89 f.

[52] Koebke, a.a.O., S. 90, Everling, Durchführung und Umsetzung Europäischen Gemeinschaftsrechts im Bereich des Umweltschutzes unter Berücksichtigung der Rechtsprechung des EuGH, NVwZ 1993, S. 209, 215.; Schmidt-Aßmann, Deutsches und Europäisches Verwaltungsrecht, DVBl. 1993, S. 924, 933

[53] Scherzberg, Freedom of information, DVBl. 1994, S. 733, 734; so auch Kloepfer, Umweltrecht, § 5, Rdnr. 165.

[54] Vgl. Krämer, in: Lübbe-Wolff, S. 7f., 28 f.

den wird[55]. Dies soll sowohl für die Gesetzgebung als auch für die Anwendung des Rechts im Einzelfall gelten, da der gesamte Prozess transparenter gestaltet wird[56]. Zum zweiten kann der Bürger nach Erhalt der Information weitere Maßnahmen ergreifen, um die Verwaltung zum ordnungsgemäßen Vollzug anzuhalten. Soweit er ein subjektives Recht verletzt sieht, kann er sich an die Gerichte wenden. Anderenfalls bleibt die Möglichkeit, mit der Information an die Presse, politische Parteien oder Verbände zu gehen sowie ein Beschwerdeverfahren vor der Europäischen Kommission oder eine Petition vor dem Europäischen Parlament zu unternehmen. Die beiden letztgenannten Möglichkeiten führen häufig zur Einleitung von Vertragsverletzungsverfahren der Kommission gegen die Mitgliedstaaten vor dem Europäischen Gerichtshof[57].

bb) Präventionsfunktion

Der informierte Bürger kann nicht nur die Verwaltung kontrollieren, sondern nach Ansicht der Kommission auch an der Kontrolle potenziell umweltverschmutzender Aktivitäten teilhaben. Durch den freien Zugang werde der Bürger unmittelbar für den Umweltschutz verantwortlich gemacht[58]. Damit ist gemeint, dass der Antragsteller durch den Erhalt einer Information auch auf ein Umweltproblem aufmerksam werden kann, welches der Verwaltung noch nicht bekannt ist oder nicht als Problem eingestuft wird. *Ebbesson* weist in der internationalen Diskussion darauf hin, dass die Einstufung als „Problem" immer von dem Zusammenhang, in dem eine Tatsache gesehen wird, und der Art der Wahrnehmung abhängig ist[59]. Durch die Öffentlichkeit von Umweltinformationen wird diese subjektive Komponente auf eine breitere Basis gestellt, was eine bessere Entscheidung zum Handeln ermöglicht. Das Recht auf Zugang zu Umweltinformation fungiert damit als Mittel der Prävention und stellt auch

[55] Vgl. schon Schröder, Staatstheoretische Aspekte einer Aktenöffentlichkeit im Verwaltungsrecht, Die Verwaltung 1971, S. 301, 304; Kahl, Der europarechtlich determinierte Verfassungswandel im Kommunikations- und Informationsstaat Bundesrepublik Deutschland, in: Haratsch/Kugelmann/Repkewitz, Herausforderungen an das Recht der Informationsgesellschaft, m.w.N.

[56] So die Erwartung der Kommission im 4. UAP (FN 35).

[57] Vgl. den 16. Jahresbericht über die Kontrolle der Anwendung des Gemeinschaftsrechts (1998), KOM/301/99 endg.

[58] Vgl. Begründung des Richtlinienvorschlages, KOM (88), 484 endg. vom 28.11.1988

[59] Ebbesson, The Notion of Public Participation in International Environmental Law, YBIEL 8 (1997), S. 51, 58

eine Ausprägung des Vorsorgeprinzips[60] dar. Inwieweit es diese Funktion wirklich erfüllen kann, erscheint allerdings fraglich, da wegen der Komplexität der meisten Umweltprobleme die Prävention - in noch stärkerem Maße als die Vollzugskontrolle - voraussetzt, dass der Antragsteller in der Lage ist, die erfragten Informationen sinnvoll zu verarbeiten. Hier kommt insbesondere den Umweltverbänden eine wichtige Rolle bei der Bewertung von Umweltinformationen zu.

cc) Informationsfunktion

Unter dem geradezu selbstverständlich anmutenden Begriff „Informationsfunktion" wird in der Literatur zum einen verstanden, dass das Recht auf freien Zugang zu einem stärkeren Umweltbewusstsein der Bevölkerung beitragen kann, da die Informationen über die Umwelt weiter gestreut werden und Antragsteller, insbesondere Umweltverbände, die erhaltene Information mit Kommentierung verbreiten können. Dadurch kann eine größere Anteilnahme an Umweltproblemen erreicht werden, da die Menschen erst durch Information in die Lage versetzt werden, sich eine eigene Meinung zu bilden[61] und ein Verantwortungsgefühl für die Umwelt zu entwickeln[62]. Die Informationsfunktion kommt zwar über das Recht auf freien Zugang schon zum Tragen, noch stärker jedoch über eine aktive Informationspflicht des Staates, die in der Richtlinie bisher nur schwach ausgeprägt ist. Die Informationsfunktion kann über ein gesteigertes Umweltbewusstsein wiederum auch dazu führen, dass die Verwaltung und die für umweltverschmutzende Tätigkeiten Verantwortlichen geeignete Maßnahmen gegen Umweltverschmutzung ergreifen, da sie sich öffentlichem Druck ausgesetzt sehen. Insofern hängt die Informationsfunktion eng mit der Präventions- und der Kontrollfunktion zusammen. Zum anderen wird unter dem Stichwort „Informationsfunktion" auch vorgebracht, dass der Zugang zu Umweltinformationen einen Dialog der Verwaltung mit interessierten Bürgern ermögliche, der dem gegenseitigen Austausch von Informationen dienen und so zu einer verbesserten Informations-

---

[60] Zum Vorsorgeprinzip: Frenz, Europäisches Umweltrecht, Rdnr. 141 ff; Schmidt, Einführung in das Umweltrecht, Rdnr. 7, Epiney/Scheyli, S. 103 ff.; ausführlich: Freestone/Hey, The Precautionary Principle in International Law, 1996.

[61] Vgl. von Schwanenflügel, Das Öffentlichkeitsprinzip des EG-Umweltrechts, DVBl. 1991, S.93

[62] Koebke, a.a.O., S.88

grundlage der Behörde führen könne[63]. Das Risiko, relevante Argumente zu übersehen, wird durch die Öffentlichkeit der Informationen reduziert[64].

dd) Legitimationsfunktion

Ein weiterer Gesichtspunkt ist die sog. Legitimationsfunktion. Dahinter steht der Gedanke, dass der freie Zugang zu Umweltinformationen zu einer Stärkung der Akzeptanz der Umweltverwaltung und der von ihr ergriffenen Maßnahmen führen kann[65]. Information vermittelt dem Empfänger, dass er ernst genommen wird, was dessen Akzeptanzbereitschaft gegenüber kontroversen Vorhaben erhöht[66]. Auch wird eine sachliche Auseinandersetzung um die Risiken umweltrelevanter Tätigkeiten erst dadurch ermöglicht, dass alle relevanten Informationen zur Verfügung gestellt werden[67].

ee) Autonomiesicherungsfunktion

Eifert weist darauf hin, dass staatliche Risikoregulierung notwendigerweise nicht Risiken für jedes Individuum ausschließen kann, sondern etwa bei der Festlegung von Emissionsgrenzwerten auf einen durchschnittlichen Betroffenen abstellt[68]. Wer aber beispielsweise aus gesundheitlichen Gründen einem höheren Risiko ausgesetzt ist, als der Durchschnitt der Bevölkerung, kann durch den Zugang zu Umweltinformationen Maßnahmen zu seinem Schutz ergreifen und damit seine Autonomie gegenüber fremdgesetzten Lebensrisiken erhöhen. Auch hier zeigt sich allerdings wieder

---

[63] König, Das Umweltinformationsgesetz - ein Modell für mehr Aktenöffentlichkeit ?, DÖV 2000, S.45, 50; auch Pitschas betont diesen Aspekt: Das Informationsverwaltungsrecht im Spiegel der Rechtsprechung, Die Verwaltung 2000, S. 111, 132; vgl. weiter Hofmann, Das Recht auf Umweltinformation, S.10.

[64] Ebbesson, a.a.O., S. 59; dieser Aspekt ist nicht scharf von der Präventionsfunktion zu trennen, da die Prävention ebenfalls auf einer verbesserten Informationslage der Behörden beruht.

[65] So ausdrücklich im 4. UAP, vgl. auch Eifert, a.a.O., S. 545.

[66] Eifert, a.a.O., S. 547

[67] Eifert sieht unter Hinweis auf psychologische Studien aus den USA, die die Diskrepanz zwischen objektivem Risiko und subjektiver Risikoeinschätzung belegen, die Notwendigkeit eines gesellschaftlichen Risikodiskurses. Vgl. S. 547 f.

[68] Eifert, a.a.O., S. 547; vgl. dazu auch Kindler, Umweltinformation im gesellschaftlichen Spannungsfeld, in: Hegele/Röger, S. 63, 67

die Notwendigkeit der richtigen Aufbereitung der Informationen, da eine sachgerechte persönliche Risikoanalyse von einem Laien kaum durchgeführt werden kann.

ff) Rechtsschutzfunktion

Eine weniger gewichtige Rolle spielt innerhalb der EU der Gedanke des Rechtsschutzes des Antragstellers, da in Fällen einer Verfahrensbeteiligung in allen Staaten mit rechtsstaatlicher Ordnung ein Akteneinsichtsrecht vorgesehen ist. Da das Recht auf Zugang zu Umweltinformationen jedoch über das Recht auf Einsichtnahme in Verfahrensakten hinausgeht, ist es denkbar, dass es zur Verstärkung des Rechtsschutzes beitragen kann[69]. So kann ein Antragsteller beispielsweise erst durch den Erhalt einer Information erfahren, dass er möglicherweise in seinen Rechten verletzt sein könnte und erst daraufhin ein Verwaltungsverfahren anstrengen oder gerichtlichen Rechtsschutz suchen.

gg) Harmonisierungsfunktion

Die UIRL hat als EG-Richtlinie naturgemäß auch die Funktion, für alle Mitgliedstaaten einen weitgehend einheitlichen Informationsanspruch zu schaffen. Dadurch soll zum einen die grenzüberschreitende Bekämpfung von Umweltverschmutzung erleichtert werden, der wegen der extremen Unterschiede im Informationsrecht der Mitgliedstaaten Hindernisse im Weg standen[70]. Zum anderen können verschieden ausgestaltete Ansprüche in den Mitgliedstaaten insbesondere wegen der möglichen Bekanntgabe von Betriebsdaten auch zu Wettbewerbsverzerrungen führen[71]. Die UIRL will auch dies verhindern.

---

[69] Vgl. Fluck/Theuer, A. Einleitung, S. 13.

[70] So die Kommission in ihrer Begründung zum Richtlinienvorschlag, KOM (1988), 484, endg.; Turiaux, S. 42

[71] Vgl. Begründung der Kommission sowie den fünften Erwägungsgrund der Richtlinie.

2. Andere völkerrechtliche Verträge

a) Das Übereinkommen zum Schutz der Meeresumwelt des Nordostatlantiks von 1992

Das Übereinkommen zum Schutz der Meeresumwelt des Nordostatlantiks vom 22.09.1992[72] war der erste völkerrechtliche Vertrag, der eine spezielle Bestimmung über den Zugang der Öffentlichkeit zu Umweltinformation enthielt. Art. 9 bestimmt nach dem Vorbild der UIRL, dass die zuständigen Behörden jedermann Zugang zu Informationen über die Meeresumwelt gewähren müssen, dass kein Interesse nachgewiesen werden muss, keine unverhältnismäßig hohen Kosten erhoben werden dürfen und eine Antwort auf jede Anfrage innerhalb von zwei Monaten erfolgen muss[73]. Auch die Ausnahmetatbestände lehnen sich eng an die der UIRL an[74].

b) Die Europaratskonvention über zivilrechtliche Haftung von 1993

Die Konvention des Europarats über die zivilrechtliche Haftung für Schäden aus umweltgefährdenden Tätigkeiten vom 21.06.1993[75] enthält ein eigenes Kapitel über den Zugang zu Informationen. Artikel 13 bis 15 treffen Bestimmungen über den Zugang zu behördlichen Informationen, die mit denen der UIRL praktisch identisch sind. Artikel 16 gewährleistet den Zugang zu Informationen des Anlagenbetreibers soweit diese notwendig sind, um das Recht auf Schadenersatz geltend zu machen.

---

[72] BGBl. 1994 II, 1360; ILM 32 (1993) 1069

[73] Art. 9 Abs. 1 und 2

[74] Art. 9 Abs. 3

[75] ILM 32 (1993) 1230; dazu: Beyerlin, Rdnr. 553.

IV. Das Umweltinformationsrecht im deutschen Rechtssystem

In Deutschland wurde die UIRL durch das Umweltinformationsgesetz vom 08.07.1994[76] umgesetzt. Die Schaffung eines Rechts auf freien Zugang zu Umweltinformationen war nicht unumstritten[77], da es einen Traditionsbruch mit dem bisher geltenden Prinzip der beschränkten Aktenöffentlichkeit vollzogen hat[78]. Nach diesem Prinzip, das in § 29 VwVfG kodifiziert worden ist, hat die Behörde den Beteiligten des Verwaltungsverfahrens im Sinne von § 13 VwVfG Einsicht in die Akten zu gestatten, die das Verfahren betreffen, soweit deren Kenntnis zur Geltendmachung oder Verteidigung ihrer rechtlichen Interessen erforderlich ist. Zweck der Preisgabe von behördlichen Informationen ist primär der Rechtsschutz[79]. Es handelt sich um eine Ausprägung des Anspruchs auf rechtliches Gehör[80] in einem rechtsstaatlich fairen Verfahren. Die Grenzen sind in § 29 Abs. 2 und § 30 VwVfG festgelegt, wonach keine Verpflichtung zur Herausgabe der Information - in Form der Gestattung der Akteneinsicht – besteht, wenn die ordnungsgemäße Erfüllung der Aufgaben der Behörde oder das Wohl des Bundes oder eines Landes beeinträchtigt würde oder Geheimnisse des persönlichen Lebensbereiches oder Betriebs- und Geschäftsgeheimnisse unbefugt offenbart würden.

Weiterreichende Informationsrechte gegenüber der Verwaltung kannte das deutsche Recht nur in speziellen Verfahrensarten, die eine größere Öffentlichkeit berühren, wie dem immissionsschutzrechtlichen Verfahren, dem atomrechtlichen Genehmigungsverfahren, dem gentechnikrechtlichen Verfahren, dem Planfeststellungsverfahren und dem Verfahren der Umweltverträglichkeitsprüfung. In diesen Verfahren be-

---

[76] BGBl. I, S. 1490, neu bekannt gemacht am 31.08.2001, BGBl. I, S. 2218.

[77] Schrader, NuR 2000, S. 487, 488 stellt fest, dass Deutschland die Richtlinie „widerstrebend, verspätet und restriktiv" umsetzte; vgl. dazu z.B. auch Wegener, Umweltinformationsgesetz – Deutsche Geheimniskrämerei in europäischer Perspektive, Anmerkung zum Urteil des EuGH vom 09.09.1999, EuR 2000, S. 227 ff., Hesselhaus, Wie durchsichtig muss die „gläserne Umweltverwaltung" sein ? Mängel bei der Umsetzung der EG-Richtlinie über den freien Zugang zu Umweltinformationen in Deutschland, EuZW 2000, S. 298 ff.; zur Situation vor Erlass des UIG: Mengel, Akteneinsicht in Verwaltungsverfahren, Die Verwaltung 1990, S. 377.

[78] Siehe dazu insbesondere Reinhardt, Umweltinformation als subjektives Recht, Die Verwaltung 1997, S. 161 ff.

[79] Koebke, a.a.O., S. 14, Eifert, a.a.O., S.544

[80] Kopp/Ramsauer, VwVfG, § 29 Rdnr. 2 f.

steht zum einen ein Einsichtsrecht in öffentlich auszulegende Unterlagen, die jedoch im Umfang beschränkt sind[81]. Darüber hinaus besteht im immissionsschutzrechtlichen, im atomrechtlichen und im gentechnikrechtlichen Genehmigungsverfahren ein Anspruch auf eine ermessensfehlerfreie Entscheidung der zuständigen Behörde auf Einsicht in die Akten, die das Verfahren betreffen[82]. Dabei hat die Behörde zwischen den Interessen des Auskunftssuchenden und denen des Vorhabenträgers am Geheimnisschutz abzuwägen[83]. Im Umweltbereich gibt es ferner die landesrechtlich geregelte Einsicht in Wasserbücher[84], die Einsicht in Emissionskataster, Luftreinhalte- und Lärmminderungspläne[85], sowie den Anspruch auf Information nach § 9 Umwelthaftungsgesetz (UHG), der einschlägig ist, wenn die begründete Annahme besteht, dass eine Anlage einen Schaden verursacht hat und soweit dies zur Feststellung, ob Schadensersatz nach UHG besteht, erforderlich ist. Gegen Private besteht nach §§ 8, 10 UHG ein Auskunfts- und Akteneinsichtsrecht, das ebenfalls auf Informationen beschränkt ist, die zur Geltendmachung von Schadensersatzansprüchen erforderlich sind[86]. Zu unterscheiden ist das Umweltinformationsrecht von der Umweltberichterstattung[87]. Auf der Grundlage des Umweltstatistikgesetzes werden etwa zum Zwecke der Umweltplanung Erhebungen über Umweltbelastungen und Umweltschutzmaßnahmen in einer Bundesstatistik durchgeführt[88]. Dabei sind je nach Art des betroffenen Bereichs Unternehmen oder die zuständigen Landesbehörden auskunftspflichtig[89].

---

[81] § 10 Abs. 3 BImschG i.V.m. § 10 Abs. 1 der 9. BImschV; § 6 Abs. 1,3,4 AtVfV; § 18 Abs. 3 S. 1 i.V.m. § 10 Abs. 3 BImschG; § 73 Abs. 3 VwVfG, § 78g VwVfG, § 9 Abs. 3 UVPG; zum Planungsverfahren vgl. Schrader, Informationsrechte im Planungsverfahren, NuR 2000, S. 487 ff.

[82] § 10a der 9. BImschV, § 6 Abs. 4 S.1 AtVfV; § 4 GenTAnhV

[83] Ausführlich zu den verschiedenen Informationsrechten im deutschen Recht: Koebke, a.a.O., S. 3 ff.

[84] Vgl. z.B. Art. 94 BayWG, § 117 BaWüWG; Turiaux, S. 24.

[85] Gemäß §§ 46, 47, 47a BImschG; die freie Einsehbarkeit ergibt sich aus dem Umkehrschluss zu § 27 Abs. 3 BImschG, jedoch besteht ein Ermessen der Behörde; vgl. Turiaux, S. 24.

[86] Näher zum UHG und seinem Verhältnis zum UIG: Fluck/Theuer, § 4 Rdnr. 148 ff.; weitere Ansprüche gegen Private ergeben sich aus § 35 Abs. 1 GenTG (ebenfalls zur Verfolgung von Schadensersatzansprüchen) und § 11a der 12. BImschV (bzgl. der Sicherheitsmaßnahmen für Störfälle); vgl. Turiaux, S. 34

[87] Vgl. Hoppe/Beckmann/Kauch, Umweltrecht, 2.A., § 9 Rdnr. 64 ff.

[88] Vgl. § 1 Gesetz über Umweltstatistiken (UStatG) vom 21.09.1994, BGBl. I S. 2530, zuletzt geändert durch Gesetz vom 19.12.1997, BGBl. I S. 3158

[89] Vgl. § 18 UStatG.

Außerhalb des Umweltbereichs gibt es andere Einsichtsrechte, die völlig unabhängig von bestimmten Verfahren aufgrund eines persönlichen Bezugs der Information gewährt werden. Dazu gehört der Auskunftsanspruch nach Bundesdatenschutzgesetz[90] sowie nach dem Stasiunterlagengesetz[91].

Das Recht auf Umweltinformation nach der UIRL bzw. dem UIG erscheint dagegen völlig losgelöst von weitergehenden subjektiv-öffentlichen Rechten und Grundrechten. *Reinhardt* kritisiert dies als „unbefriedigenden Befund der Informationsweitergabe als Selbstzweck"[92]. Die Übermittlung von Informationen von der Behörde an den Bürger diene nicht länger der Verwirklichung einer übergeordneten freiheits- oder eigentumsrechtlichen Gewährleistung, sondern werde vielmehr selbst zur eigenständigen Rechtsposition, zum „eigentlichen" materiellen Recht[93]. *Reinhardt* zweifelt an dem Nutzen dieser neuen Rechtsfigur, da im deutschen Recht de lege lata der Bürger auch bei Kenntnis einer objektiven Verletzung umweltrechtlicher Vorschriften aufgrund des Informationsanspruches daran gehindert sei, diese Kenntnis effektiv umzusetzen, sofern er nicht die Verletzung einer subjektiven Rechtsposition darlegen könne[94]

Rechtssystematisch hat das UIG als Umsetzung der UIRL in der Tat einen gewaltigen Bruch mit dem bisher gekannten öffentlichen Recht in Deutschland vollzogen, indem es den Anspruch auf Informationen vom Verwaltungsverfahren gelöst und als eigenständiges materielles Recht ausgestaltet hat und im Umweltbereich das Amtsgeheimnis durch das Öffentlichkeitsprinzip abgelöst hat. Jedoch sind - ganz abgese-

---

90 Bundesdatenschutzgesetz vom 20.12.1990, BGBl. I, 2954, vgl. insbes. § 19 BDSG, der einen Auskunftsanspruch über personenbezogene Daten und den Zweck der Speicherung der Daten gibt.

91 Stasi-Unterlagen-Gesetz vom 20.12.1991, BGBl. I S. 2272; §§ 13, 15, 16 und 17 geben den verschiedenen Betroffenen ein Auskunftsrecht; vgl. Bergmann/Möhrle/Herb, Datenschutzrecht, Teil I, Ziff. 4.2.2

92 Reinhardt, Umweltinformation als subjektives Recht - Das Umweltinformationsgesetz vom 8. Juli 1994 als Beispiel konzeptionsdefizitärer Transformationsgesetzgebung; Die Verwaltung 1997, S.161, 164

93 Ders., S. 173

94 Ders., S. 173; zur Kritik an der Idee des Umweltschutzes durch Umweltinformation im übrigen unten, VI.

hen vom europäischen[95] und internationalen Kontext – auch in der deutschen Rechtsordnung Ansatzpunkte erkennbar, die das Recht auf Umweltinformation in einem sinnvollen Gesamtzusammenhang erscheinen lassen. Zum einen kennt auch das seit langem etablierte immissionsschutzrechtliche Verfahren Informationsrechte des Einzelnen, die von subjektiven Rechtspositionen bzw. dem Gedanken des Rechtsschutzes losgelöst sind. Sie dienen u.a. dazu, in den sehr komplexen Verfahren zusätzliche Informationen - etwa über mögliche Auswirkungen des Vorhabens - zu beschaffen. Auch dienen sie der Transparenz des Verwaltungshandelns und der Verwirklichung der Partizipation im Rechtsstaat sowie der Legitimation des Verwaltungshandelns und des Ergebnisses des Verfahrens[96]. Das deutsche Recht kannte somit auch vor dem UIG Informationsrechte, die nicht allein dem Rechtsschutz dienten.

Zum zweiten wird von einigen Landesverfassungen ein Grundrecht auf freien Zugang zu behördlichen Informationen anerkannt. So haben die Verfassungen der Bundesländer Sachsen[97], Sachsen-Anhalt[98] und Thüringen[99] ein Grundrecht auf Umweltinformation aufgenommen. Brandenburg ist einen Schritt weitergegangen und hat zusätzlich ein allgemeines Akteneinsichtsrecht in der Verfassung geschaffen[100]. Das UIG kann auch zur Verwirklichung dieser landesrechtlichen Grundrechte beitragen.

---

95 Vgl. dazu insbesondere Schoch, Individualrechtsschutz im deutschen Umweltrecht unter dem Einfluss des Gemeinschaftsrechts, NVwZ 1999, S. 457 ff.

96 Vgl. Roßnagel, in: Koch/Scheuning (Hrsg.): GK-BImschG, § 10 Rn. 4-9; Hatje, Verwaltungskontrolle durch die Öffentlichkeit, EuR 1998, S. 734 ff.

97 Art. 34 der Verfassung des Freistaats Sachsen lautet: „Jede Person hat das Recht auf Auskunft über die Daten, welche die natürliche Umwelt in ihrem Lebensraum betreffen, soweit sie durch das Land erhoben oder gespeichert worden sind und soweit nicht Bundesrecht, rechtlich geschützte Interessen Dritter oder überwiegende Belange der Allgemeinheit entgegenstehen“.

98 Art. 6 Abs. 2 der Verfassung des Landes Sachsen-Anhalt: „Jeder hat das Recht auf Auskunft über die Vorhaben und Daten im Verfügungsbereich der öffentlichen Gewalt, welche die natürliche Umwelt in seinem Lebensraum betreffen, soweit nicht Bundesrecht, rechtlich geschätzte Interessen Dritter oder das Wohl der Allgemeinheit entgegenstehen. Das Nähere regeln die Gesetze“.

99 Art. 33 der Verfassung des Freistaats Thüringen: „Jeder hat das Recht auf Auskunft über Daten, welche die natürliche Umwelt in seinem Lebensraum betreffen und die durch den Freistaat erhoben worden sind, soweit gesetzliche Regelungen oder Rechte Dritter nicht entgegenstehen.“

100 Art. 21 Abs. 4 der Verfassung des Landes Brandenburg: „Jeder hat das Recht auf Einsicht in Akten und sonstige amtliche Unterlagen der Behörden und Verwaltungseinrichtungen des Landes und der Kommunen, soweit nicht überwiegende öffentliche oder private Interessen entgegenstehen.“

Schließlich wird die Spaltung zwischen der Kenntnis einer objektive Rechtsverletzung und der Möglichkeit des Zugangs zu Gericht aufgrund der Verletzung eines subjektiven Rechts teilweise durch die Verbandsklage[101] überwunden. Bisher gab es die Möglichkeit der Klage von anerkannten Naturschutzverbänden ohne Geltendmachung einer eigenen Rechtsverletzung auf landesrechtlicher Ebene in dreizehn der sechzehn Bundesländer[102]. Nunmehr plant die Bundesregierung die bundesweite Einführung der Verbandsklage im Rahmen der Novellierung des Bundesnaturschutzgesetzes. Nach dem Vorbild der Landesnaturschutzgesetze sollen den vom Bundesumweltministerium und den Ländern anerkannten Naturschutzverbänden Rechtsbehelfe gegen Befreiungen von Verboten und Geboten zum Schutz von Naturschutzgebieten, Nationalparks und anderen Schutzgebieten sowie gegen Planfeststellungsbeschlüsse über Vorhaben, die mit Eingriffen in Natur und Landschaft verbunden sind, nach Maßgabe der Verwaltungsgerichtsordnung (VwGO) zustehen, ohne dass sie in eigenen Rechten verletzt sein müssen[103]. Dies gilt jedoch nur für eine Verletzung von Naturschutzrecht, die den Verein in seinem satzungsmäßigen Aufgabenbereich berührt und wenn er sich in dem betreffenden Verfahren zur Sache geäußert hat[104]. Diese Möglichkeit des Zugangs zu Gerichten für einen bestimmten Teil der Öffentlichkeit zur objektiven Rechtskontrolle bestimmter umweltrelevanter Verfahren ergänzt das Umweltinformationsrecht in sinnvoller Weise. Will man den Bürger als wirksa-

---

Art. 39 Abs. 7 der Verfassung des Landes Brandenburg lautet: „Das Land, die Gemeinden und Gemeindeverbände sind verpflichtet, Informationen über gegenwärtige und zu erwartende Belastungen der natürlichen Umwelt zu erheben und zu dokumentieren; Eigentümer und Betreiber von Anlagen haben eine entsprechende Offenbarungspflicht. Jeder hat das Recht auf diese Informationen, soweit nicht überwiegende öffentliche oder private Interessen entgegenstehen. Das Nähere regelt ein Gesetz"; vgl. das Akteneinsichts- und Informationszugangsgesetz vom 10.03.1998, GVBl. I/1998, S. 46.

[101] Zum ganzen Themenkomplex etwa: Ziekow, Klagerechte von Naturschutzverbänden gegen Maßnahmen der Fachplanung, VerwArch 2000, S: 485 ff.; Balleis, Mitwirkungs- und Klagerechte anerkannter Naturschutzverbände, 1996.

[102] Keine Verbandsklage gab es in Bayern, Baden-Württemberg und Mecklenburg-Vorpommern; vgl. den Entwurf der Bundesregierung für ein Gesetz zur Neuregelung des Rechts des Naturschutzes und der Landschaftspflege und zur Anpassung anderer Rechtsvorschriften (BNatschGNeuregG) vom 02.02.2001; veröffentlicht auf den Internetseiten des BMU (www.bundesumweltministerium.de).

[103] § 59 Abs. 1 des Regierungsentwurfs des BNatschGNeuregG v. 02.02.2001

[104] § 59 Abs. 2 des Entwurfs

mes Mittel der Vollzugskontrolle benutzen, müssen ihm neben den reinen Informationsansprüchen auch Beteiligungsrechte und der Zugang zu Gerichten zustehen. Mit der Einführung der bundesweiten Verbandsklagemöglichkeit wird die Wirksamkeit des Umweltinformationsrechts als Mittel des Umweltschutzes verstärkt.

V. Informationsrechte in anderen europäischen Staaten und den USA

In Europa gibt es schon seit längerem eine Tendenz zur Schaffung allgemeiner Zugangsrechte zu behördlichen Informationen, unabhängig davon, ob sie sich auf die Umwelt beziehen. In Dänemark, Frankreich, Griechenland, den Niederlanden, Finnland und Schweden bestand schon vor Umsetzung der UIRL ein Recht auf Zugang zu behördlichen Informationen, das nicht auf den Umweltbereich beschränkt war. Unter den nordischen Ländern stellt das Prinzip der Aktenöffentlichkeit eines der wichtigsten traditionellen Elemente des öffentlichen Rechts dar[105]. In Schweden wurde bereits 1766 im Pressegesetz ein allgemeines Zugangsrecht zu administrativen Akten geschaffen, das heute Verfassungsrang genießt[106]. Auch in Finnland sieht die Verfassung vom 17.07.1919 ein allgemeines Informationszugangsrecht vor[107]. In Dänemark gibt es ein Gesetz von 1985, das jedermann ein Informationszugangsrecht zu allen Tätigkeiten der Verwaltung - mit bestimmten Ausnahmen - einräumt[108]. Auch in Frankreich[109], den Niederlanden[110] und Griechenland[111] gibt es einfache Ge-

---

105 So Trantas, Akteneinsicht und Geheimhaltung im Verwaltungsrecht, S. 553.

106 Es findet sich heute im Pressegesetz von 1946, welches Verfassungsrang genießt; vgl. Trantas, S.554, näher dazu: Koebke, S.57 ff., Askelöf/Heurgren, Akteneinsicht in Schweden, in. Winter (Hrsg), Öffentlichkeit von Umweltinformationen, S. 473 ff.

107 Art. 10 Abs. 2 der finnischen Verfassung

108 Vgl. Schwanenflügel, a.a.O., S.94; näher: Peschel, Akteneinsicht in Dänemark, in: Winter (Hrsg); Öffentlichkeit von Umweltinformation, S. 159 ff.

109 Gesetz Nr. 78-753 (Loi sur l'accès aux documents administratifs) vom 17.07.1978, näher bei Koebke, S. 65 ff.; daneben gab es schon ausführliche Bestimmungen über die Information der Öffentlichkeit im Gesetz über die genehmigungsbedürftige Anlagen vom 19.07.1976, vgl. Schwanenflügel, a.a.O., S. 94.

110 Gesetz über die Öffentlichkeit der Verwaltung vom 31.10.1991, bereits vorher im „Wet openbaarheid van Bestuur„ vom 09.11.1978; näher bei Koebke, S. 62 f.

111 Gesetz 1599/1986 über die Beziehungen zwischen dem Staat und den Bürgern; es konkretisiert Art. 10 Abs. 3 der Verfassung, wonach ein Recht auf freien Informationszugang besteht, soweit vom Gesetzgeber vorgesehen; vgl. Schwanenflügel, a.a.O., S. 94, Koebke, S. 72 f.

setze, die den Bürgern ein allgemeines Informationszugangsrecht einräumen. In Belgien wurde durch die Verfassungsreform von 1993 ein allgemeines Zugangsrecht in die Verfassung aufgenommen[112]. In Portugal sah die Verfassung bereits seit 1976 ein allgemeines Zugangsrecht zu Informationen vor, jedoch wurde das erforderliche konkretisierende Gesetz erst am 26.08.1993 erlassen[113]. In Italien gab es vor Erlass der UIRL bereits ein Zugangsrecht zu Umweltakten, das jedoch elektronische Daten nicht erfasste[114]. Ein allgemeines Aktenzugangsrecht, welches allerdings die Geltendmachung eines Eigeninteresses erfordert, wurde 1990 geschaffen[115].

Im Vereinigten Königreich ist man im Laufe der neunziger Jahre vom traditionellen Geheimhaltungsprinzip weggegangen, indem man 1994 einen *Code of practice on access to government information* erließ. Dieser kehrte die bisherige grundsätzliche Geheimhaltung[116] behördlicher Information mit Ausnahmen in eine grundsätzliche Öffentlichkeit mit Ausnahmen um. Der Code ist allerdings kein Gesetz, sondern lediglich eine Anweisung an die Verwaltungsbehörden[117]. Ein Informationsfreiheitsgesetz befindet sich derzeit noch im Gesetzgebungsverfahren. In Irland ist 1998 eine *Freedom of Information Bill* in Kraft getreten. In Österreich gab es auch schon vor Inkrafttreten der UIRL ein Auskunftspflichtgesetz, wonach allerdings kein Akteneinsichtsrecht, sondern ein Auskunftsrecht gegenüber Behörden bestand[118].

Damit gilt das Prinzip der beschränkten Aktenöffentlichkeit im Verwaltungsverfahren in Europa nur noch in Deutschland, Luxemburg und Spanien[119], wobei in Spanien in der Verfassung das Recht auf Akteneinsicht enthalten ist, es aber an der Ausge-

---

112 Art. 32 der belgischen Verfassung, in geänderter Form vom 01.01.1995, vgl. Trantas, S. 556.

113 Gesetz Nr. 65/93, vgl. bei Koebke, a.a.O., S. 73

114 Gesetz 349/1986 vom 08.07.1986; dazu: Ladeur, Akteneinsicht in Italien, in: Winter (Hrsg), Öffentlichkeit von Umweltinformationen, S, 249 ff.

115 Gesetz 241/19990 vom 07.08.1990; vgl. Koebke, a.a.O., S. 72; weiterführende Hinweis bei Trantas, a.a.O., S. 557.

116 Zur alten Rechtslage unter dem *Official Secrets Act* siehe: Burmeister, Akteneinsicht in Großbritannien, in: Winter (Hrsg), Öffentlichkeit von Umweltinformationen, S, 211 ff.

117 Koebke, a.a.O., S. 69

118 In Verbindung mit Art. 20 Abs. 4 der Bundes-Verfassungsgesetz; vgl. Kahl, Der europarechtlich determinierte Verfassungswandel, in: Haratsch/Kugelmann/Repkewitz (Hrsg), S. 12 f., näher: Trantas, S.559 f., FN 34.

119 Vgl. Trantas, S. 556 mit weiterführenden Hinweisen.

staltung zum allgemeinen Zugangsrecht durch den Gesetzgeber bislang fehlt[120]. Wie lange sich der Grundsatz des Amtsgeheimnisses in diesen Staaten noch hält, ist fraglich. In Deutschland gibt es Bestrebungen auf Bundesebene, ein allgemeines Akteneinsichtsrecht durch ein „Informationsfreiheitsgesetz“ einzuführen[121]. Die Länder Berlin[122], Brandenburg[123] und Schleswig-Holstein[124] haben entsprechende Landesgesetze bereits erlassen. Im übrigen hat die Europäische Kommission ein Grünbuch über die Informationen des Öffentlichen Sektors in der Informationsgesellschaft veröffentlicht[125]. Darin wird die Möglichkeit angesprochen, bindende Rechtsvorschriften zu erlassen, um in allen Mitgliedstaaten ein allgemeines Akteneinsichtsrecht einzuführen. Es erscheint allerdings fraglich, ob hierzu eine Kompetenz der Gemeinschaft besteht[126].

Für die Kommission und den Rat selbst galt bisher ein Verhaltenskodex, nach dem der Öffentlichkeit ein möglichst weiter Zugang zu den Dokumenten, deren Urheber

[120] Koebke, a.a.O., S. 74

[121] Vgl. den Entwurf des Bundesinnenministeriums für ein Informationsfreiheitsgesetz, der teilweise auf den Regelungen des UIG beruht und zur Bedeutung des allgemeinen Akteneinsichtsrechts auch auf die Aarhus-Konvention verweist; veröffentlicht unter www.bmi.bund.de/dokumente/Artikel/ix_28349.htm.

[122] Informationsfreiheitsgesetz v. 15.10.1999, BerlGVBl., S. 561

[123] Akteneinsichts- und Informationszugangsgesetz v. 10.03.1998, BbgGVBl. I, S. 46; dazu Partsch, Brandenburgs Akteneinsichts- und Informationszugangsgesetz (AIG) – Vorbild für Deutschland ?, NJW 1998, S. 2559, Breidenbach/Palenda, Das Akteneinsichts- und Informationszugangsgesetz des Landes Brandenburg – Ein Vorbild für die Rechtsentwicklung Deutschlands !, NJW 1999, S. 1307.

[124] Gesetz über die Freiheit des Zugangs zu Informationen für das Land Schleswig-Holstein v. 09.02.2000, SchlHHGVOBl., S. 166; dazu: Bäumler, Neue Informationsverarbeitungsgesetze in Schleswig-Holstein, NJW 2000, S. 1982 ff.

[125] EG-Kommission, Informationen des öffentlichen Sektors in der Informationsgesellschaft – eine Schlüsselressource für Europa, KOM 1998, 585 endg.; für einen Überblick über die Tätigkeiten der EU siehe Kloepfer/Neun, Rechtsfragen der europäischen Informationsgesellschaft, EuR 2000, S. 512 ff.

[126] Die Kommission sieht den Zugang zu Informationen des öffentlichen Sektors als besonders wichtig für das Funktionieren des Binnenmarktes an, weil die Marktteilnehmer nur dann fundierte Entscheidungen treffen könnten, wenn sie einfachen Zugriff auf benutzerfreundlich aufbereitete Daten der öffentlichen Verwaltung hätten; vgl. Grünbuch, S. 1. Möglicherweise würde ein Richtlinienvorschlag daher auf Art. 95 EGV gestützt.

diese Institutionen sind, gewährt werden soll[127]. Er geht auf die Erklärung Nr. 17 zum Maastrichter Vertrag und die Beschlüsse des Europäischen Rates von Kopenhagen zurück, die auf die Bedeutung der Transparenz der Arbeit der europäischen Organe für deren demokratischen Charakter und ihre Akzeptanz in der Bevölkerung hinwiesen[128]. Der Kodex wurde durch Beschlüsse von Rat[129] und Kommission[130] umgesetzt und begründet inzwischen ein gerichtlich überprüfbares Recht für die Unionsbürger[131]. Im übrigen hat gemäß Art. 255 EGV jeder Unionsbürger das Recht auf Zugang zu Dokumenten des Europäischen Parlaments, des Rates und der Kommission nach Grundsätzen und Bedingungen, die binnen zwei Jahren nach Inkrafttreten des Vertrages von Amsterdam gemäß Art. 251 EGV festzulegen sind[132]

In den Beitrittskandidatenstaaten Polen, Tschechien und Ungarn sehen die Verfassungen ein Grundrecht auf Auskunft oder Akteneinsicht vor. Allerdings hat bisher nur Ungarn die notwendigen einfachen Gesetze erlassen[133]. Auch in Russland gibt es einen allgemeinen Informationsanspruch auf der Ebene der einfachen Gesetze[134].

In der europäischen Diskussion wird häufig auf das Beispiel der USA Bezug genommen[135]. Dort wurde 1966 der *Freedom of Information Act* (FOIA)[136] verabschie-

---

[127] Verhaltenskodex vom 06.12.1993 für den Zugang der Öffentlichkeit zu Rats- und Kommissionsdokumenten (93/730/EG), ABl. EG Nr. L 340 vom 31.12.1993, S. 41; abgedruckt bei Fluck/Theuer, a.a.O., D III 1

[128] Vgl. die Präambel des Verhaltenskodexes, siehe vorherige FN.

[129] Beschluß des Rates vom 20.12.1993 über den Zugang der Öffentlichkeit zu Ratsdokumenten (93/731/EG), ABl. EG Nr. L 340 vom 31.12.1993, S. 43

[130] Beschluß der Kommission vom 08.02.1994 über den Zugang der Öffentlichkeit zu den der Kommission vorliegenden Dokumenten (94/90/EGKS, EG, Euratom), ABl. EG Nr. l 46 vom 12.02.1994, S. 58

[131] Vgl. Urteil des EuG vom 19.07.1999 - RS T-14/98 -, NVwZ 1999, S. 1216; näher zum Ganzen: Koebke, a.a.O., S. 74 ff.

[132] Dazu unten, 3. Kapitel, I.2.

[133] Vgl. Nolte, Die Herausforderung für das deutsche Recht der Akteneinsicht, DÖV 1999, S. 363, 365; näher zur Situation in den Staaten Mittel- und Osteuropas, unten 3. Kapitel, III.

[134] Ders., S. 365

[135] Schon Schröder, Staatstheoretische Aspekte einer Aktenöffentlichkeit im Verwaltungsbereich, Die Verwaltung 1971, S. 301 ff.; Eifert, a.a.O., S. 544, 550; Koebke, a.a.O., S. 51 ff.; Gurlit, Akteneinsicht in den Vereinigten Staaten, in: Winter (Hrsg), Öffentlichkeit von Umweltinformationen, S. 511 ff., Gurlit: Die Verwaltungsöffentlichkeit im Umweltrecht, S. 50 ff.

[136] „Freedom of Information Act", 5 USC § 552, abgedruckt in: Fluck/Theuer, F I.

det, der ebenfalls unabhängig vom Umweltbereich den allgemeinen Zugang zu den Informationen bei den Behörden des Bundes sowie den privaten Einrichtungen, die Verwaltungsaufgaben wahrnehmen, regelt. Ferner schafft er eine aktive Informationspflicht der Behörden zum Zwecke der Verbreitung der Kenntnisse der Bürger darüber, wie die Behörden aufgebaut sind und welche Informationen grundsätzlich bei ihnen erhältlich sind. Da dieses Gesetz nicht als ausreichend angesehen wurde, um dem *right to know* der Bevölkerung Rechnung zu tragen, wurden weitere spezielle Gesetze erlassen, die sich speziell mit Informationen über Umweltrisiken befassen[137]. Dabei sind auch Informationen, die von Betreibern an die Behörden gegeben werden müssen, von Bürgern einsehbar und bei Fehlen der vorgeschriebenen Informationen ist das Einholen durch die Bürger einklagbar[138]. Auch das US-amerikanische Umweltrecht bedient sich also des Bürgers zur Vollzugskontrolle. Das Beispiel der USA zeigt auch, wie wichtig der sachgerechte Umgang mit den behördlichen Informationen ist. Nach einer Studie aus dem Jahr 1987 wurden rund 80 % aller an die *Federal Drug Agency* gestellten Informationsansprüche unmittelbar oder mittelbar über Anwälte und professionelle Informationshändler von Konkurrenzunternehmen geltend gemacht[139]. Leider hat sich diese Aussage einer einzelnen betroffenen Behörde in der Literatur festgesetzt und wird nun überall als aussagekräftig dargestellt[140].

---

137 Eifert, a.a.O., S. 550

138 Eifert, a.a.O., S.550

139 Gurlit, Akteneinsicht in den Vereinigten Staaten, in: Winter (Hrsg), Öffentlichkeit von Umweltinformation, S. 521 unter Bezugnahme auf die Anlage zum *Annual Report* der FDA von 1987.

140 Z.B. Fluck, Freier Zugang zu Umweltinformation aus Sicht der Industrie, UTR Band 22, S. 25, 47.

VI. Kritik und Stellungnahme

Zusammenfassend ist festzustellen, dass dem Recht auf Informationen über die Umwelt schon heute eine bedeutende Rolle zukommt. Auf völkerrechtlicher Ebene gibt es zwar noch kaum verbindliche Regelungen, auf der Ebene des Rechts der Europäischen Gemeinschaft und der Nationalstaaten ist das Recht auf Umweltinformation jedoch schon stark ausgeprägt. Es wird nicht nur als Mittel des Umweltschutzes, sondern auch als wichtiges Element der Demokratie betrachtet und genießt teilweise Verfassungsrang. In vielen Staaten ist das Recht der Öffentlichkeit auf Zugang zu Informationen nicht auf Umweltinformationen beschränkt, vielmehr bestehen allgemeine Informations- und Akteneinsichtsrechte. Für die praktische Wirksamkeit des Umweltinformationsrechts als Mittel des Umweltschutzes kommt es maßgeblich auf das Interesse und die Verständigkeit der Bürger und der Umweltverbände an, die erst durch ihr Verhalten zum „Umweltschutz durch Umweltinformation“ beitragen[141].

Die Argumente der Kritiker in Deutschland können nicht überzeugen. Zum einen befürchten sie die Gefährdung der Funktionsfähigkeit der Umweltverwaltung, da die Beamten und Angestellten des öffentlichen Dienstes, die mit knappen personellen und finanziellen Ressourcen den eigentlichen Umweltschutz betreiben, sich zunehmend auch noch mit Informationsgesuchen des Bürgers beschäftigen müssten[142]. Dazu ist festzustellen, dass diese Überforderung der Behörden mit Bürgeranfragen bisher in der Praxis nicht eingetreten ist[143]. Neue Informations- und Kommunikationstechnologien wie das Internet machen im übrigen eine Organisation der vorhandenen Informationen möglich, die einen schnelleren Zugriff und eine schnellere Herausgabe erlauben. Groß angelegte Aktionen zur Lahmlegung von Behörden sind bisher ebenfalls ausgeblieben. Diese könnten im übrigen auch mit den gesetzlichen Möglichkeiten des Umweltinformationsrechts weitgehend bewältigt werden, da etwa

---

[141] So auch Hoffman, a.a.O., S. 20

[142] Erbguth/Stollmann, Zum Entwurf eines Umweltinformationsgesetzes, UPR 1994, S. 81 unter Hinweis auf die Stellungnahme des Bundesrats vom 17.12.1993 (BR-Drs. 797/93, S.1), die von zu erwartendem Verwaltungsmehraufwand spricht; in diese Richtung auch Kollmer, Klage auf Umweltinformation nach dem neuen Umweltinformationsgesetz (UIG), NVwZ 1995, S. 868, 863.

[143] Vgl. etwa die empirische Studie von Albin, Die Vollzugskontrolle der europäischen Umweltrechts, S. 152 ff., auch Nolte, a.a.O., S. 365, 373.

§ 7 Abs. 3 UIG bestimmt, dass offensichtlich missbräuchliche Anträge abzulehnen sind.

Die Befürchtung, dass Rechte betroffener Dritter, wie das Recht auf informationelle Selbstbestimmung und das Betriebs- und Geschäftsgeheimnis, durch das Recht auf Umweltinformation verletzt werden können, ist zwar – wie das Beispiel der USA zeigt - berechtigt, sie kann aber nicht als Argument gegen das Recht an sich dienen. Die Abkehr vom Geheimhaltungsprinzip bringt datenschutzrechtliche Probleme mit sich, die Kollision der verschiedenen Interessen ist aber durch die Aufnahme der entsprechenden Ausnahmevorschriften und deren sachgerechte Handhabung lösbar. Mit *Reinhardt* ist allerdings zuzugeben, dass die Frage des Umfangs der behördlichen Ermittlungsbefugnisse bei Umkehr des Geheimhaltungsprinzips in ein Öffentlichkeitsprinzip neu gestellt und beantwortet werden muss[144].

Ferner wird das Problem einer Entwertung von Parlamenten und Gerichten aufgeworfen, zu der es angeblich durch die Einbindung der Bürger in die Vollzugskontrolle kommen kann[145]. Diese Einschätzung erscheint zumindest aus deutscher Sicht angesichts des bisherigen geringen Ausmaßes an Anfragen übertrieben. Außerdem kann und soll der informierte Bürger die Kontrolle der Legislative und Judikative nur ergänzen[146]. Während die parlamentarische Kontrolltätigkeit vorwiegend der allgemeinen Kontrolle dient, kann das Recht auf Umweltinformation zu einer Kontrolle im Einzelfall führen[147]. Die parlamentarische und die judikative Kontrolle setzen außerdem die Kenntnis rechtswidriger Zustände voraus, die durch das Recht der Allgemeinheit auf Umweltinformationen leichter erworben werden kann. Soweit der Auskunftsbegehrende eine subjektive Rechtsverletzung aufgrund des Erhalts der Information zu erkennen glaubt, kann er sich an die Judikative wenden. Ist dies nicht der Fall, bleibt der Weg einer Petition an das Parlament oder die Weitergabe der Information an eine in einem Parlament vertretene Partei, die mit den parlamentari-

---

144 Reinhardt, Umweltinformation als subjektives Recht, S. 1179 ff.

145 So z.B. Schmidt-Aßmann, Deutsches und europäisches Verwaltungsrecht, DVBl. 1993, S. 924, 933, Mengel, Akteneinsicht in Verwaltungsverfahren, Die Verwaltung 1990, S. 381, 384

146 So auch Hofmann, a.a.O., S. 13

147 So Jans, Akteneinsicht in den Niederlanden, S. 378

schen Mitteln einem Vorgang nachgehen kann. Es besteht daher keine Gefahr der Entwertung der von der Verfassung vorgesehenen Kontrollinstanzen[148].

Schließlich wird in der Praxis vorgebracht, dass der weit überwiegende Teil der Bevölkerung sich für politische Belange gar nicht interessiere und daher das Jedermann-Recht auf Umweltinformationen nutzlos sei bzw. wegen der Menge und Komplexität der Informationen mehr Verwirrung anrichte als nütze. Folgte man dieser Argumentation, stellte man die Demokratie an sich in Frage. Konsequenterweise müssten der Öffentlichkeit alle komplexen und schwierigen Informationen in Entscheidungsprozessen vorenthalten und Entscheidungen von einer angeblich sachverständigeren kleinen Gruppe von Politikern und Beamten getroffen werden. Die Argumente gegen das Recht auf Umweltinformation überzeugen daher insgesamt nicht. Vielmehr erscheint die Argumentation, die die parlamentarische Versammlung des Europarats schon im Jahre 1979 - zugunsten eines allgemeinen Informationsrechts - aufgegriffen hat, zutreffend:

> „2. (Die Versammlung) ist überzeugt, dass die parlamentarische Demokratie nur angemessen funktionieren kann, wenn die Bürger und ihre gewählten Vertreter völlig informiert werden;
>
> 3. ist der Auffassung, dass das öffentliche Leben in der heutigen Gesellschaft so komplex und technisch ist, dass die Regierungsstellen und -behörden häufig Informationen erstellen und besitzen, die aus anderen Quellen nicht zu erhalten sind;
>
> 4. hält es infolgedessen für wünschenswert, dass die Öffentlichkeit vorbehaltlich einiger unvermeidlicher Ausnahmen Zugang zu den Regierungsunterlagen hat;
>
> 5. ist der Auffassung, dass diese Informationsfreiheit ebenfalls eine geeignete Kontrolle für Korruption und die Verschwendung öffentlicher Mittel darstellt;
>
> 6. ist der Auffassung, dass die Steuerzahler, d.h., die Öffentlichkeit im Allgemeinen, die öffentlichen Mittel aufbringen und dass sie deshalb in der Lage sein müssten, herauszufinden, wie diese öffentlichen Mittel in den Regierungsbehörden und -stellen verwendet oder verschwendet werden; ...“[149]

[148] So auch Hatje, a.a.O., S. 745 f.; vgl. dazu auch Kahl in: Haratsch /Kugelmann/Repkewitz, S. 19 f.

[149] Empfehlung Nr. 854 (1979) v. 01.02.1979, abgedruckt in EuGRZ 1979, S. 187 f.

Dies muss um so mehr für Informationen über die Umwelt gelten, die unmittelbare Auswirkungen auf die Lebensbedingungen und die Gesundheit des Menschen haben können. Im folgenden wird gezeigt, wie die Aarhus-Konvention das Recht auf Umweltinformation weiterentwickelt und in konzeptioneller und praktischer Hinsicht ausweitet.

2. KAPITEL: DIE AUSGESTALTUNG DES RECHTS AUF UMWELTINFORMATION DURCH DIE AARHUS -KONVENTION

I. Die Entstehung der Aarhus-Konvention

1. Die UN/ECE und ihre Aktivitäten im Umweltbereich

Die UN/ECE - *United Nations Economic Commission for Europe* (Wirtschaftskommission für Europa) - wurde 1947 als erste regionale Unterorganisation des Wirtschafts- und Sozialrates der Vereinten Nationen gegründet[150]. Ihr ursprünglicher Auftrag war zum Wiederaufbau Europas beizutragen, in dem sie als Forum der Zusammenarbeit und des Austausches in wirtschaftlichen Fragen zwischen den europäischen Staaten untereinander und Europa und der Welt dienen sollte[151]. Hauptanliegen der UN/ECE ist heute die Integration der neuen Marktwirtschaften in Mittel-/Osteuropa und der neuen unabhängigen Staaten der ehemaligen Sowjetunion. Durch die neu entstandenen Staaten ist die Zahl der UN/ECE-Mitglieder von 34 auf 55 gestiegen[152].

Da die in der ECE zusammengeschlossene Region einen Anteil von etwa 64 % der Gesamtproduktion der Welt hat und etwa 60 % der weltweiten Kohlendioxyd-Emissionen verursacht [153], war und ist sie mehr als andere Unterorganisationen der Vereinten Nationen dafür prädestiniert, sich auch mit den Folgen industrieller Tätig-

---

[150] UN-ECOSOC - United Nations Economic and Social Council; vgl. dazu Thiemann, Die Entwicklung der ECE und ihrer Prinzipien im Umweltbereich, 1994.

[151] Näher: Thiemann, a.a.O.; UN/ECE (Hrsg.): The ECE in the age of change; UN/ECE (Hrsg.): ECE 1947-1987

[152] Mitglieder der UN/ECE sind die Mitgliedstaaten der Europäischen Union sowie Albanien, Andorra, Armenien, Aserbaidschan, Bosnien-Herzegowina, Bulgarien, Estland, Georgien, Island, Israel, Bundesrepublik Jugoslawien, Kasachstan, Kirgisistan, Kroatien, Lettland, Liechtenstein, Litauen, Malta, Frühere Jugoslawische Republik Mazedonien, Moldawien, Monaco, Norwegen, Polen, Rumänien, Russische Föderation, San Marino, Slowakei, Slowenien, Schweiz, Tadschikistan, Tschechische Republik, Turkmenistan, Türkei, Ukraine, Usbekistan, Weißrussland und Zypern, ferner Kanada und die USA.

[153] UN/ECE (Hrsg.), The Economic Commission for Europe in the age of change, S. 43

keiten für Mensch und Umwelt zu beschäftigen[154]. Erste Aktivitäten im Umweltbereich fanden in der ECE bereits in den fünfziger Jahren statt, als man als eine der ersten internationalen Organisationen begann, sich mit dem Problem der Gewässerverschmutzung zu beschäftigen[155]. 1969 wurde das Problem der Umweltverschmutzung offiziell in einer Entscheidung der Plenartagung als Priorität der ECE neben ihren traditionellen Aufgaben festgelegt[156]. 1972 wurde als Folge der Stockholmer UN-Umweltschutzkonferenz das *United Nations Environmental Program* (UNEP) gegründet. UNEP hat die Aktivitäten der ECE im Umweltbereich aber nicht übernommen, vielmehr nahmen diese in der Zeit nach 1972 weiter zu[157]. 1979 wurde in Genf die erste rechtsverbindliche multilaterale Konvention im Umweltbereich unter dem Dach der ECE unterzeichnet, die Konvention über weiträumige grenzüberschreitende Luftverschmutzung[158]. Zu ihr sind in den Folgejahren sieben Protokolle, in denen mengenmäßige Leistungsziele zur Reduzierung der Luftverschmutzung enthalten sind, unterzeichnet worden, die letzten beiden in Aarhus auf der Ministerkonferenz im „*Environment for Europe*-Prozess"[159]. Weitere bedeutende verbindliche Überein-

---

[154] Ein ausdrückliches Anerkenntnis der besonderen Bedeutung der UN/ECE-Region für den globalen Umweltschutz findet sich in der *Ministerial Declaration* der Vierten Ministerkonferenz *Environment for Europe*, vom 25.06.1998; vgl. Konferenzbericht UN/ECE-Dokument ECE/CEP/41, Annex II, veröffentlicht unter www.unece.org

[155] Vgl. UN/ECE (Hrsg.), ECE 1947-1987, Kapitel XI, S.86 ff.; Thiemann, a.a.O., S. 18 ff.

[156] Entscheidung 5 (XXIV), ECE, Annual Report 1969

[157] UN/ECE (Hrsg.), The ECE in the age of change, S.43

[158] *Convention on Long-range Transboundary Air Pollution* vom 13.11.1979, BGBl. 1982 II, 374; englischer Text veröffentlicht auf den Webseiten der UN/ECE: www.unece.org; vgl. dazu: Fraenkel, The Convention on Long-Range Transboundary Air Pollution, Harvard Int. Law Journal 1989 (Vol. 30), H.2, S. 456; Beyerlin, a.a.O., Rdnr- 316 ff.

[159] Protokoll betreffend die langfristige Finanzierung des Programms über die Zusammenarbeit bei der Messung und Bewertung der weiträumigen Übertragung von luftverunreinigenden Stoffen in Europa (EMEP) v. 28.09.1984, BGBl. 1988 II, 421; Helsinki-Protokoll betreffend die Verringerung von Schwefelimmissionen oder ihres grenzüberschreitenden Flusses um mindestens 30% v. 08.07.1985, BGBl. 1986 II, 1116; Sofia-Protokoll betreffend die Bekämpfung von Emissionen von Stickstoffoxiden oder ihres grenzüberschreitenden Flusses v. 31.10.1985, BGBl. 1990 II, 1278; Genfer Protokoll betreffen die Bekämpfung von Emissionen flüchtiger organischer Verbindungen oder ihres grenzüberschreitenden Flusses v. 18.11.1991, BGBl. 1994 II, 2358; Oslo-Protokoll betreffend die weitere Reduktion von Schwefelemissionen v. 14.06.1994, BGBl. 1998 II, 131; Protokoll betreffend dauerhafte organische luftverunreinigende Stoffe v. 24.06.1998, engl. Text in ILM 37 (1998), 505; Protokoll über Schwermetalle v. 24.06.1998, engl. Originaltexte der Protokolle auch unter www.unece.org.; zum Ganzen: Beyerlin, Rdnr. 319 ff.

kommen entstanden im Rahmen der ECE mit der sog. Espoo-Konvention[160], dem Übereinkommen über die grenzüberschreitenden Auswirkungen von Industrieunfällen[161] und dem Übereinkommen zum Schutz und zur Nutzung grenzüberschreitender Wasserläufe und internationaler Seen[162].

Im April 1997 hat die ECE anlässlich ihres fünfzigjährigen Bestehens eine *Declaration on the Strengthening of Economic Cooperation in Europe*[163] und einen Aktionsplan angenommen. Darin wird deutlich gemacht, dass der Umweltschutz eines der Hauptarbeitsfelder der ECE darstellt und in der Zukunft auf drei Wegen verfolgt werden soll, nämlich durch den „*Environment for Europe*-Prozess" (dazu unten, 2.), die umweltrechtlichen Konventionen und Bewertungen der Umweltanstrengungen nach den Standards der OECD für die Staaten im Umbruch, die dies wünschen[164].

2. Der „*Environment for Europe*-Prozess": Über die „*Sofia Guidelines*" zur Aarhus-Konvention

1991 organisierte die ECE in Dobric, in der damaligen Tschechoslowakei, die erste gesamteuropäische Umweltministerkonferenz unter dem Titel „*Environment for Europe*"[165]. An der Konferenz, an der Umweltminister aus 34 europäischen Staaten, den Vereinigten Staaten, Brasilien, Japan, Vertreter von UN-Organisationen, anderer Regierungs- sowie nichtstaatlicher Organisationen und der Kommissar für Umwelt der Europäischen Gemeinschaften teilnahmen, wurden die ersten Grundlagen für eine gesamteuropäische Umweltstrategie gelegt[166]. Auf der Zweiten Ministerkonferenz in

---

[160] Übereinkommen über die Umweltverträglichkeitsprüfung im grenzüberschreitenden Rahmen (*Convention on Environmental Impact Assessment in the Transboundary Context*), ILM 30 (1991), 800; vgl. dazu Beyerlin, Rdnr. 453 ff.

[161] *Convention on the Transboundary Effects of Industrial Accidents* vom 17.03.1992, BGBl. 1998 II, 1525, ILM 31(1992), 1330; vgl. dazu Beyerlin, Rdnr. 457 ff.

[162] *Convention on the Protection and Use of Transboundary Watercourses and International Lakes*, vom 17.03.1992, BGBl. 1994 II, 2334; ILM 31 (1992), 1312; vgl. dazu Beyerlin, Rdnr. 185 ff.

[163] Abgedruckt in UN/ECE (Hrsg.), The ECE in the age of change, Annex I, S. 99

[164] UN/ECE (Hrsg.), The ECE in the age of change, S. 81

[165] Vgl. dazu Kummer, The Process „Environment for Europe", YBIEL 6 (1995), S. 695 ff.

[166] Wates, The Aarhus Convention: A New International Framework Regulating Public Access to Environmental Information, Diskussionspapier zur Infoterra 2000-Konferenz des UNEP (Dok, Nr. UNEP/INF2000/WP/5) bezeichnet den Environment for Europe-Prozess als besonders fruchtbaren Boden, weil es sich um einen offenen Prozess gehandelt habe, in dem die nichtstaat-

Luzern 1993 wurde der Bericht der ECE über die Bestandteile eines Umweltprogramms für Europa angenommen, der als eines der sieben Schlüsselelemente den Zugang zu Umweltinformationen bezeichnete[167]. Eine UN/ECE Task Force zur Erarbeitung von Vorschlägen für gesetzgeberische und administrative Maßnahmen zur Förderung der Beteiligung der Öffentlichkeit an Entscheidungsfindung im Umweltbereich wurde in der Folge eingesetzt. Diese bestand aus Vertretern der Regierungen der UN/ECE-Staaten und von nichtstaatlichen Organisationen, die Richtlinien erarbeiteten. Diese wurden auf der Dritten Ministerkonferenz in Sofia 1995 angenommen (daher „*Sofia Guidelines*")[168]. Gleichzeitig wurde empfohlen, dass die UN/ECE-Staaten ein regional verbindliches Instrument entwerfen und verabschieden sollten[169]. Die *Sofia Guidelines* enthielten bereits viele Elemente der Aarhus-Konvention, sie waren jedoch rechtlich unverbindlich[170]. Von einer von der UN/ECE eingesetzten Arbeitsgruppe, an der Vertreter der Mitgliedstaaten der ECE, der Europäischen Gemeinschaften und von Nichtregierungsorganisationen beteiligt waren, wurde schließlich in zehn Übereinkünften von Juni 1996 bis März 1998 die Aarhus-Konvention entworfen[171]. Grundlage für die Arbeiten war ein Dokument mit „*Draft Elements*"[172], die sich an den *Sofia Guidelines* orientierten.

---

lichen Organisationen die Agenda beeinflussen konnten. Vgl. auch „Environment for Europe" process - From Dobris to Kiev, Zusammenfassung auf der Webseite der UN/ECE (www.unece.org/env/europe/dobtosof.htm).

167 Daneben wurden integrierter Umweltschutz, wirtschaftliche Instrumente, nationale Umweltberichte, Öffentlichkeitsbeteiligung und internationale Rechtsinstrumente genannt; vgl., „Environment for Europe" Process, From Dobris to Kiev, a.a.O.

168 UN/ECE (Hrsg.): Guidelines on Access to Environmental Information and Public Participation in Environmental Decision-Making, New York, Genf 1996; vgl. dazu: Shelton, Human Rights and the Environment, YBIEL 6 (1995), S. 179.

169 Vgl. Petkova/Veit, Environmental Accountability beyond the Nation-State: The Implications of the Aarhus Convention, Environmental Governance Notes 4/2000, S. 2; Implementation Guide, S. 2.; fünf Jahre vorher war der Versuch, eine verbindliche ECE-Charter of Environmental Rights and Obligations zu verabschieden in einem frühen Stadium gescheitert; vgl. Pallemaerts, a.a.O., S: 11.

170 Auf die beachtenswerten Abweichungen des Übereinkommens von den *Sofia Guidelines* wird bei der Untersuchung der Konvention an den entsprechenden Stellen eingegangen (unten, II. und III.).

171 Vgl. Implementation Guide, S. 2.

172 UN/ECE, CEP: Draft Elements for the Convention on Access to Environmental Information and Public Participation in Environmental Decision-Making, Dok. Nr. CEP/AC.3/R.1. Vorbereitet wurden die *Draft Elements* mit einer Arbeitsgruppe „*Friends of the Secretariat*", an der Vertreter von Regierungen und nichtstaatlichen Organisationen beteiligt waren, vgl. auch Implementation Guide, S. 2

Im Rahmen der Vierten Ministerkonferenz vom 23. bis 25. Juni 1998 in Aarhus wurde das Übereinkommen am 25. Juni von 35 Staaten und der Europäischen Gemeinschaft gezeichnet. Als einziger Mitgliedstaat der Gemeinschaft[173] zeichnete die Bundesrepublik Deutschland das Übereinkommen zunächst nicht. Im übrigen unterzeichneten neben den EU-Staaten Albanien, Armenien, Bulgarien, Kroatien, Zypern, die Tschechische Republik, Estland, Georgien, Island, Kasachstan, Lettland, Liechtenstein, Litauen, Monaco, Norwegen, Polen, die Republik Moldawien, Rumänien, Slowenien, Schweiz, und die Ukraine. Bis zum Ablauf der Zeichnungsfrist am 21.12.1998 unterzeichneten ferner Weißrussland, Ungarn, Malta und schließlich auch Deutschland[174].

---

[173] Da das Übereinkommen sowohl Zuständigkeiten der EG als auch der Mitgliedstaaten berührt, wurde es als sog. gemischtes Abkommen unterzeichnet; dazu Arnold: Der Abschluss gemischter Verträge durch die Europäischen Gemeinschaften, AVR 19 (1980/81), S. 419 ff.; vgl. auch Streinz, Europarecht, Rdnr. 428

[174] Vgl. die Übersicht auf den Internetseiten der UN/ECE (www.unece.org/env/pp/ctreaty.htm); zur Konferenz detailliert: Brady, Aarhus Convention signed, Environmental Policy and Law 28/3-4 (1998), S. 171 ff., insbesondere zur Rolle Deutschlands und den Gründen für die spätere Unterzeichnung, S. 180 f.; vgl. zu den Gründen auch die Unterrichtung durch die Bundesregierung v. 19.06.1998, Bundestags-Drucksache 13/11120.

II. Ziel, Aufbau und Inhalt der Konvention

Der Untersuchung der Artikel 4, 5 und 6 Abs. 6, die den Kern des Umweltinformationsrechts enthalten, muss zunächst eine Analyse der Präambel und des Allgemeinen Teils vorausgehen, soweit sie wichtige Hinweise auf die konzeptionelle und praktische Erweiterung des Rechts enthalten. Ferner sind auch die Vorschriften der zweiten und dritten Säule der Konvention über die Öffentlichkeitsbeteiligung und den Zugang zu Gerichten zu betrachten, da die drei Säulen nicht isoliert nebeneinander stehen, sondern sich gegenseitig stützen und ergänzen. Das Recht auf Umweltinformation wäre weit weniger wirkungsvoll, gäbe es nicht gewisse Einwirkungsmöglichkeiten auf umweltrelevante Entscheidungsverfahren und die Möglichkeit des Zugangs zu Gerichten[175].

1. Präambel und Allgemeiner Teil (Artikel 1 bis 3)

a) Die Erläuterung des Kontexts der Konvention in der Präambel und die Zielbestimmung des Artikel 1

Obwohl die Präambel eines völkerrechtlichen Vertrags keine rechtlichen Verpflichtungen über den Text hinaus erzeugt[176], ist sie dennoch für das Verständnis einer multilateralen Konvention von großer Bedeutung. Zum einen stellt sie die rechtlichen und politischen Zusammenhänge der Konvention mit anderen Verträgen und internationalen Entwicklungen dar. Zum zweiten ist sie für die Auslegung von Bedeutung. Völkerrechtliche Verträge folgen eigenen Auslegungsregeln, die sich von denen nationaler Rechtsordnungen unterscheiden. Das Wiener Übereinkommen über das Recht der Verträge[177] und das Wiener Übereinkommen über das Recht der Verträge zwischen Staaten und Internationalen Organisationen oder zwischen Internationalen Organisationen[178] bestimmen jeweils in Art. 31 Abs. 1, dass ein Vertrag

---

[175] Scheyli, a.a.O., S. 228

[176] Vgl. Treviranus, Preamble, in: Bernhardt (Hrsg.), Encyclopedia of Public International Law, Bd. III, S. 1097

[177] Vom 23.05.1969, BGBl. 1985 II, S. 926, für die Bundesrepublik am 20.08.1987 in Kraft getreten (Bek. V. 26.11.1987, BGBl. II, S.757), abgedruckt in Sartorius II, Völkerrechtliche Verträge, Nr. 320.

[178] Vom 21.03.1986, bisher nicht in Kraft getreten; engl. Fassung bei Menon, The Law of Treaties between States and International Organizations, 1992, im Anhang.

nach Treu und Glauben in Übereinstimmung mit der gewöhnlichen, seinen Bestimmungen in ihrem Zusammenhang zukommenden Bedeutung und im Lichte seines Zieles und Zweckes auszulegen ist. Gemäß Abs. 2 gehört zum Zusammenhang der „Vertragswortlaut samt Präambel und Anlagen" eines Vertrages[179]. Die Präambel ist damit eine erstrangige Quelle der Interpretation. Da die Präambel meist auch Aufschluss über Ziel und Zweck eines Vertrages gibt, ist sie auch für die teleologische Auslegung von großer Bedeutung, die von Art. 31 Abs. 1 als vorrangige Auslegungsmethode bestimmt wird. Beide Übereinkommen sind zwar auf die Aarhus-Konvention nicht direkt anwendbar[180], sie können jedoch hinsichtlich der Auslegungsregeln herangezogen werden, da sie insoweit Völkergewohnheitsrecht kodifizieren[181].

aa) Die Aarhus-Konvention als Konkretisierung eines Rechts auf Leben in einer gesunden Umwelt

aaa) Der Wortlaut des Übereinkommens

Die Erwägungsgründe der Präambel beginnen mit dem Hinweis auf Grundsatz 1 der Erklärung von Stockholm von 1972[182]. Dieser stellte erstmals auf völkerrechtlicher Ebene die Verbindung zwischen Umweltschutz und Menschenrechten her:

> „Der Mensch hat ein Grundrecht auf Freiheit, Gleichheit und angemessene Lebensbedingungen in einer Umwelt, die so beschaffen ist, dass sie ein Leben in Würde und Wohlergehen ermöglicht, und hat die feierliche Pflicht, die Umwelt für gegenwärtige und künftige Generationen zu schützen und zu verbessern."[183]

---

[179] Die Auslegung muss gemäß Art. 33 Abs. 1 WVRK i.V.m. Art. 22 des Übereinkommens anhand der drei gleichberechtigten Originalsprachen Englisch, Französisch und Russisch vorgenommen werden. Für diese Arbeit wird jeweils der englische Wortlaut zur Auslegung herangezogen.

[180] Die Wiener Vertragsrechtskonvention (WVRK) ist nur auf Verträge zwischen Staaten anwendbar (vgl. Art. 1 WVRK), die Aarhus-Konvention ist jedoch nicht nur von Staaten, sondern auch von der Europäischen Gemeinschaft unterzeichnet worden. Im übrigen sind nicht alle Unterzeichnerstaaten auch Vertragsparteien der WVRK, vgl. Vertragsparteien der WVRK in Fundstellennachweis B der BGBl. v. 31.12.1999. Das Wiener Übereinkommen über das Recht der Verträge zwischen Staaten und Intern. Organisationen ist bisher nicht in Kraft getreten, das keine ausreichende Anzahl von Ratifikationen vorliegt.

[181] Vgl. Treviranus, a.a.O., S. 1097

[182] ILM 11 (1972), 1416, 1420

[183] Übersetzung bei: Hüfner/Naumann: Das System der Vereinten Nationen, 1974; vgl. engl. Originaltext, vor Inhaltsverzeichnis.

Mit dem Verweis stellt auch die Aarhus-Konvention an vorderster Stelle eine Verknüpfung zu den Grund- und Menschenrechten her. Sie verdeutlicht diesen Ansatz in den Erwägungsgründen 6 und 7, in denen anerkannt wird, dass der Schutz der Umwelt essenziell für den Genuss grundlegender Menschenrechte ist und dass jeder Mensch ein Recht auf ein Leben in einer Umwelt, die der Gesundheit und dem Wohlergehen zuträglich ist, hat. Artikel 1 der Konvention erklärt den Schutz dieses Rechtes schließlich zum Zweck des ganzen Übereinkommens[184]. Dass die in der Konvention niedergelegten Rechte ihm dienen sollen, kommt auch in Erwägungsgrund 8 zum Ausdruck, der die Erwägung enthält, dass zur Wahrnehmung dieses Rechts und zur Erfüllung der Pflicht zum Umweltschutz der Zugang zu Informationen, die Beteiligung an Entscheidungsverfahren und der Zugang zu Gerichten unerlässlich sind. Die Konvention gibt dem Einzelnen mithin die in ihr niedergelegten Rechte „an die Hand" um dieses Recht ausüben zu können und um seine Pflicht gegenüber der Umwelt wahrnehmen zu können.

Fraglich ist, welche Qualität das „Recht" auf ein Leben in einer gesunden Umwelt hat, das der siebte Erwägungsgrund und Artikel 1 über das gesamte Übereinkommen stellen. Gerade im Umweltvölkerrecht wird der Begriff *„right"* häufig verwendet, um einem bestimmten Interesse ein höheres Gewicht zu verleihen oder einen bestimmten Status zuzuschreiben[185]. Er bezeichnet nicht notwendigerweise ein gerichtlich durchsetzbares Recht[186], sondern durchaus auch ein moralisches Recht. Das Vereinigte Königreich hat bei der Unterzeichnung erklärt, Artikel 1 und den siebten Erwägungsgrund als Ausdruck einer Bestrebung (engl. *aspiration*) zu verstehen, die zur Aushandlung der Konvention motiviert habe, jedoch kein *„legal right"* darstelle und dass die justiziablen Rechte, die die Konvention garantiert, sich auf die in den Be-

[184] Artikel 1 lautet: „Um zum Schutz des Rechts jeder männlichen/weiblichen Person gegenwärtiger und künftiger Generationen auf ein Leben in einer seiner/ihrer Gesundheit und seinem/ihrem Wohlbefinden zuträglichen Umwelt beizutragen, gewährleistet jede Vertragspartei das Recht auf Zugang zu Informationen, auf Öffentlichkeitsbeteiligung an Entscheidungsverfahren und auf Zugang zu Gerichten in Umweltangelegenheiten in Übereinstimmung mit diesem Übereinkommen."

[185] Boyle/Birnie, International Law and the Environment, 1992, S. 188

[186] Ders., S. 188

stimmungen niedergelegten Rechte auf Zugang zu Informationen, Öffentlichkeitsbeteiligung und Zugang zu Gerichten beschränken[187].

Wegen der Bezugnahme auf Prinzip 1 der Erklärung von Stockholm wäre es jedoch auch denkbar, dieses Recht als Grundrecht im Sinne von höherrangigem Recht, das über dem Recht der nationalen Rechtsordnungen steht, anzusehen. Artikel 1 und der siebte Erwägungsgrund sprechen jedoch gerade nicht von einem *Grundrecht*, sondern nur von einem „*Recht*, in einer (der) ... Gesundheit und (dem) ... Wohlbefinden zuträglichen Umwelt (zu leben)" (Hervorhebung durch den Autor). Für die Interpretation des Vereinigten Königreiches, dass die Aarhus-Konvention selbst keine weitergehenden Rechte als die in ihren Bestimmungen festgelegten schafft, insbesondere kein Grundrecht auf eine gesunde Umwelt, spricht auch der Wortlaut und der Aufbau der Konvention. In der Präambel wird zunächst Prinzip 1 von Stockholm in Erinnerung gerufen (engl. *recalling*). Die Erklärung von Stockholm ist jedoch völkerrechtlich nicht bindend[188], sondern kodifiziert außerrechtliche staatliche Verhaltensregeln[189]. Zudem stellt sie auch nach überwiegender Ansicht kein Grundrecht auf ein Leben in einer gesunden Umwelt per se auf, sondern bekräftigt, dass für die Grundrechte auf Freiheit, Gleichheit und angemessene Lebensbedingungen ein angemessener Zustand der Umwelt erforderlich ist[190]. Nachdem auf weitere für die Konvention relevante unverbindliche Dokumente hingewiesen wird (engl. ebenfalls *recalling*)[191], und die Notwendigkeit bekräftigt wird (engl. *affirming*), den Zustand der Umwelt zu schützen, zu erhalten und zu verbessern und eine nachhaltige und umweltverträgliche Entwicklung zu gewährleisten, folgen die beiden fraglichen Erwägungsgründe 6

---

[187] Vgl. den Text der Erklärung unter www.unece.org/env/pp/ctreaty.htm; zu den übrigen Erklärungen, siehe unten, IV.1 Buchstabe c.

[188] Vgl. Beyerlin, a.a.O., Rdnr. 17 ff.; ders., Rio-Konferenz 1992: Beginn einer neuen Umweltrechtsordnung, ZaöRV 54, S. 124, 126

[189] Ders., a.a.O., Rdnr. 140

[190] Kiss/Shelton, International Environmental Law 1991, S. 22; Desgagné, Integrating Environmental Values into the European Convention on Human Rights, AJIL 89 (1995), S. 263; dafür spricht auch, dass Prinzip 1 der Erklärung von Rio dies nicht wiederholt, sondern formuliert: „(Human beings) are entitled to a healthy and productive life in harmony with nature."; ILM 31 (1992), 876.

[191] Grundsatz 10 der Erklärung von Rio, die Weltcharta für die Natur von 1982, die GV-Resolution 45/94 von 1990 über die Notwendigkeit eine gesunde Umwelt für das Wohl der Menschen zu si-

und 7, die mit dem Wort „*recognizing*“ beginnen, deutsch übersetzt mit: „in der Erkenntnis“[192]. Danach wird zum einen anerkannt bzw. erkannt, dass ein angemessener Umweltschutz für die Ausübung grundlegender Menschenrechte, wie des Rechts auf Leben, unabdingbar ist. Daraus kann jedoch nicht gefolgert werden, dass ein angemessener Schutz der Umwelt selbst ein Grundrecht darstellen soll. Zum anderen wird aus dieser Erkenntnis heraus anerkannt, was in Prinzip 1 der Erklärung von Stockholm niedergelegt ist - das Recht jedes Menschen, in einer seiner Gesundheit und seinem Wohlbefinden zuträglichen Umwelt zu leben und die Pflicht, die Umwelt zu schützen und zu verbessern - jedoch gerade unter Vermeidung des Begriffes „Grundrecht“ (engl. *fundamental right*).

bbb) Umweltgrundrechte im internationalen Recht

Ein Grund- oder Menschenrecht auf ein Leben in einer gesunden Umwelt gibt es bisher auch in rechtsverbindlicher Form auf internationaler Ebene nicht[193]. In den völkerrechtlichen Menschenrechtsverträgen, die in weiten Teilen der UN/ECE-Region gelten, findet sich ein solches Grundrecht nicht: Weder die Europäische Menschenrechtskonvention (EMRK) des Europarates vom 04.11.1950[194] noch der Internationale Pakt über bürgerliche und politische Rechte (IPBPR)[195] und der Internationale Pakt über wirtschaftliche, soziale und kulturelle Rechte vom 19.12.1966 (IPwirtR)[196] beinhalten ein ausdrückliches Recht auf ein Leben in einer gesunden Umwelt.

Gerade die EMRK ist allerdings ein Beispiel für die Erkenntnis des sechsten Erwägungsgrundes der Aarhus-Konvention, dass ein angemessener Schutz der Umwelt für

---

chern und die Europäische Charta Umwelt und Gesundheit von 1989; vgl. Erwägungsgründe 2, 3 und 4.

[192] Die englische Formulierung bringt eine stärkere Bindung an die Aussagen zum Ausdruck, vgl. die deutschen Bedeutungen von “recognize”: anerkennen oder (klar) erkennen, vgl. Dietl/Lorenz, Wörterbuch für Recht, Wirtschaft und Politik.

[193] Boyle, Environmental Rights in Existing Human Rights Treaties, S. 89 ff.; vgl. auch den *Implementation Guide* zur Aarhus-Konvention, ein von der UN/ECE herausgegebener, jedoch nicht bindender Leitfaden zur Umsetzung der Aarhus-Kovention (oben, FN 13), S. 16.

[194] Konvention zum Schutze der Menschenrechte und Grundfreiheiten, BGBl. 1954 II, S. 214; Sartorius II, Nr. 130; ausführlich zu dem Themenkomplex: Kley-Struller, a.a.O.

[195] BGBl. 1976 II, S. 1068; Sartorius II, Nr. 20

[196] BGBl. 1976 II, S. 428; Sartorius II, Nr. 21

die Verwirklichung der Menschenrechte unabdingbar sein kann. Dabei hat in den Entscheidungen der Menschenrechtskommission und des Europäischen Gerichtshofs für Menschenrechte (EGMR) in Straßburg vor allem das Recht auf Privatsphäre (Art. 8 EMRK) eine bedeutende Rolle gespielt[197]. So hat der EGMR im Fall Lopez Ostra gegen Spanien[198] entschieden, dass eine schwere Umweltverschmutzung und damit verbundene Immissionen das Wohlbefinden des Einzelnen so vermindern können, dass die Achtung des Privat- und Familienlebens gemäß Art. 8 EMRK beeinträchtigt werden kann, wobei erhebliche Unannehmlichkeiten genügen und eine ernsthafte Gesundheitsgefährdung nicht vorzuliegen braucht. Artikel 8 kann nach der Rechtsprechung des Gerichts auch das Recht auf Zugang zu Informationen begründen[199]. In den entschiedenen Fällen ging es allerdings nicht um Umweltinformationen, sondern um den Zugang zu anderen Informationen, die aus persönlichen Gründen für die Antragsteller von besonderer Bedeutung waren[200]. Artikel 8 garantiert danach ein Recht auf Zugang zu Informationen, wenn diese für die Privatsphäre des Einzelnen lebenswichtig sind, die Vertraulichkeit der Informationen zum Schutz gleichwertiger Interessen nicht entgegensteht und eine Abwägung der Interessen nach dem Verhältnismäßigkeitsgrundsatz durchgeführt wird, die den Ermessensspielraum der Staaten in Erwägung zieht[201]. Es ist durchaus denkbar, diese Rechtsprechung auf den Zugang zu Umweltinformationen zu übertragen, denn auch solche Informationen können unter Umständen für die Privatsphäre des Einzelnen von vitalem Interesse sein, etwa

---

[197] Das Recht auf Leben (Art. 2) und das Verbot unmenschlicher oder erniedrigender Behandlung (Art. 3) sind dagegen bisher noch nie so weit ausgelegt worden, dass ein Fall von Beeinträchtigung durch Umweltverschmutzung gefallen wäre; vgl. Kley-Struller, a.a.O., S. 512 ff.; Boyle, a.a.O., S. 91

[198] Urteil vom 09.12.1994 - 41/1993/436/515; 303c ECHR, A (1993); deutsch abgedruckt in EuGRZ 1995, S. 530 ff; englischer Text in: HRLJ 1994, S. 444 ff.; bestätigt im Urteil vom 19.02.1998 - 116/1996/735/932, Guerra u.a. gegen Italien, abgedruckt in NVwZ 1999, S. 57 ff.

[199] Urteil vom 26.08.1987, Leander gegen Schweden, 116 ECHR, A (1987); Urteil vom 07.07.1994, Gaskin gegen Vereinigtes Königreich, 160 ECHR, A (1989); zu beiden Fällen bei Desgagné, a.a.O., 263 ff.

[200] Im Fall Leander ging es um Einsicht in ein polizeiliches Register, dessen Inhalt zur Ablehnung einer Verbeamtung geführt hatte. Im Fall Gaskin wurden einem Betroffenen keine Informationen über seine Kindheit in einer Adoptivfamilie gewährt, die er benötigte, weil er eine Misshandlung befürchtete.

[201] Vgl. Weber, Environmental Information and the European Convention on Human Rights, HRLJ 1991, S. 177, 79.

Informationen über gesundheitsgefährdende Altlasten auf einem Grundstück. Bisher gibt es jedoch hierzu keine Rechtsprechung.

Das Grundrecht auf Achtung des Eigentums (Art. 1 des Zusatzprotokolls[202]) ist nach der Rechtsprechung der früheren Europäischen Kommission für Menschenrechte nur dann tangiert, wenn durch Umweltbeeinträchtigungen ein Grundstück oder sonstiges Eigentum stark in seinem Wert herabgesetzt wird, wobei eine Verletzung nur dann vorliegt, wenn der Staat die Werteinbuße überhaupt nicht ausgleicht[203]. Ein Recht auf den Genuss des Eigentums in einer angenehmen Umwelt gibt es nicht[204]. Das Recht auf Zugang zu behördlichen Umweltinformationen könnte sich aus dem Eigentumsgrundrecht danach dann ergeben, wenn diese Informationen notwendig sind, um den Ausgleich eines umweltbedingten Wertverlustes zu erlangen. Einen solchen Fall hatten die Institutionen aber bisher ebenfalls nicht zu entscheiden.

Keinen Schutz bietet die EMRK nach bisheriger Praxis für die richtige Durchführung von im innerstaatlichen Recht vorgesehenen Verfahren zur Genehmigung von umweltrelevanten Anlagen oder Vorhaben, insbesondere für die Öffentlichkeitsbeteiligung. Art. 6 Abs. 1 EMRK gibt jedermann ein Recht auf ein faires Verfahren bei Streitigkeiten in Bezug auf seine zivilrechtlichen Ansprüche und Verpflichtungen und bei gegen ihn erhobenen strafrechtlichen Anklagen, nicht aber in verwaltungsrechtlichen Verfahren[205]. Art. 6 Abs. 1 kann somit nur zur Anwendung kommen, soweit ein Umweltproblem zivilrechtliche Auswirkungen hat, etwa bei der Frage einer Entschädigung[206].

Das Grundrecht der Freiheit der Meinungsäußerung in Art. 10 EMRK umfasst das Recht, Informationen ohne behördliche Eingriffe zu empfangen. Dazu gehört jedoch nach der Rechtsprechung des EGMR nicht das Recht, freien Zugang zu behördlichen

---

[202] Zusatzprotokoll zur Konvention zum Schutze der Menschenrechte und Grundfreiheiten, BGBl. 1957 II, S. 226; Sartorius II, Nr. 131

[203] Vgl. Rayner gegen Vereinigtes Königreich, Beschwerde Nr. 9310/81, DR 47, 4 (ZE) und S. gegen Frankreich, Beschwerde Nr. 13728/88, DR 65, 250

[204] Vgl. Weber, a.a.O., S. 181

[205] Vgl. Churchill, Environmental Rights in Existing Treaties, S. 95 f.

[206] So Kley-Struller, der jedoch darüber hinaus geht und unter Hinweis auf Prinzip 10 von Rio eine generelle Anwendung von Art. 6 Abs. 1 auf Umweltverfahren fordert; a.a.O., S. 510

Informationen zu bekommen oder die Verpflichtung des Staates Informationen zu sammeln und zu verbreiten[207]. Dies trifft auch auf die anderen internationalen Menschenrechtskonventionen zu, die nur das Recht umfassen, sich als allgemein zugänglichen Quellen zu informieren[208]. Das Grundrecht der Informationsfreiheit bietet somit nach klassischem Verständnis keine Basis für ein Recht auf Umweltinformation im Sinne der Aarhus-Konvention.

Auch die Internationalen Menschenrechtspakte von 1966 enthalten keine weitergehenden Umweltgrundrechte, obschon gerade der Internationale Pakt über die wirtschaftlichen, sozialen und kulturellen Rechte (IPwirtR) Ansatzpunkte böte. So kann das Recht auf angemessene Arbeitsbedingungen (Art. 7) Umweltaspekte beinhalten[209]. Ebenso gehört zum Recht auf angemessene Lebensbedingungen (Art. 11) und zum Recht auf Gesundheit (Art. 12) als conditio sine qua non ein Mindestmaß an Freiheit von Umweltverschmutzung. Der IPwirtR hat aber auch trotz seiner Verbindlichkeit für die Vertragsparteien wegen der fehlenden Möglichkeit einer Individualbeschwerde zu einem internationalen Gericht[210] für die UN/ECE-Region eine weitaus geringere Bedeutung als die EMRK.

Ein ausdrückliches Recht auf ein Leben in eine gesunden Umwelt („*right to live in a healthy environment*") findet sich in Artikel 11 des Protokolls zur Amerikanischen Menschenrechtskonvention von 1969[211]. Es enthält jedoch keine nähere Umschreibung, was darunter zu verstehen ist und verpflichtet die Vertragsparteien nur „*to promote the protection, preservation and improvement of the environment*". Im übrigen ist das Zusatzprotokoll mangels ausreichender Ratifikationen bisher nicht in Kraft getreten.

---

[207] Guerra u.a. gegen Italien (FN 198); so schon vorher Churchill, a.a.O., S. 97.

[208] Vgl. Ebbesson, a.a.O., S. 75; Karpen, Das Recht der Öffentlichkeit, sich zu informieren, DVBl. 2000, S. 1110, 1111. Es wird jedoch im Interesse der Meinungs- und Informationsfreiheit teilweise eine erweiterte Auslegung gefordert, vgl. die Londoner Prinzipien zur Gesetzgebung über die Informationsfreiheit bei Karpen, a.a.O., S. 1112.

[209] So auch Churchill, a.a.O., S. 100.

[210] Vgl. Boyle, a.a.O., S. 47

Auch die Afrikanische Menschenrechtscharta von 1981[212] enthält in Art. 24 ein Umweltgrundrecht: „*(a)ll peoples shall have the right to a general satisfactory environment favourable to their development*". Hier wird allerdings ein ganz anderer Ansatz gewählt, in dem zum einen nicht jedes Individuum sondern alle Völker Rechtsträger sind, und zum anderen der Nutzen der Umwelt für die Entwicklung der Völker im Vordergrund steht.

An diesem Beispiel wird deutlich, wie problematisch die Anerkennung eines selbständigen Rechts auf eine gesunde Umwelt – insbesondere im internationalen Recht - überhaupt ist[213]. Abgesehen davon, dass schon der Begriff „Umwelt" so weit ist, dass er von der gesamten Biosphäre bis hin zur unmittelbaren Lebensumwelt einer bestimmten Person alles umfassen kann[214], bestehen in verschiedenen Gesellschaften völlig unterschiedliche Vorstellungen über den Wert der Umwelt und ihre Funktionen. Während aus Sicht von Umweltschützern aus Industriestaaten die Grund- und Menschenrechte auch dazu benutzt werden sollen, die Natur vor Ausbeutung zu schützen und Artenvielfalt zu erhalten, in dem ein Recht des Menschen auf Naturgenuss oder gesunde Umwelt postuliert wird, wird in unterentwickelten Staaten hauptsächlich die Nutzung der Umwelt zur wirtschaftlichen Entwicklung als grundlegendes Recht angesehen. Außerdem wird auch innerhalb der Industrienationen sehr unterschiedlich bewertet, welches Maß an Umweltverschmutzung im Hinblick auf die wirtschaftliche Entwicklung hinzunehmen ist[215]. Vor Gericht einklagbare Grundrechte in Bezug auf die Umwelt, die auf die Einhaltung bestimmter Umweltstandards abzielen, sind daher auf internationaler Ebene höchst problematisch zu schaffen. Inwieweit sich die Grund- und Menschenrechte überhaupt als Mittel des Umweltschutzes eignen, ist auch fraglich, da zwar Immissionen oder andere unmittelbare Beeinträchtigungen abwehrbar sein können, der notwendig anthropozentrische Ansatz sich

---

211 Additional Protocol to the Inter American Convention on Human Rights in the Area of Economic, Social and Cultural Rights vom 14.11.1988, Text in: 28 ILM (1989), 156; American Convention on Human Rights vom 22.11.1969; Text in: ILM 9 (1970), 673

212 African Charter in Human and Peoples' Rights 1981, 21 ILM (1982), 52, Text auch in Brownlie, Basic Documents on Human Rights, S. 551

213 In diesem Rahmen kann nur kurz auf die Problematik eingegangen werden. Näher dazu etwa: Boyle, a.a.O., S. 48 ff.; Boyle/Birnie, a.a.O., S. 188 ff.; Kiss/Shelton, S. 22 ff.

214 Kiss/Shelton, a.a.O., S. 22

215 Zur Unklarheit darüber, was eine "gesunde Umwelt" ist, Boyle, a.a.O., S. 50.

aber etwa zur Erhaltung der Artenvielfalt kaum eignet[216]. Im Grunde müssten für einen wirksamen globalen Umweltschutz die Grundrechte der Erde als Lebensraum in einem eigenen verbindlichen völkerrechtlichen Vertrag festgeschrieben werden[217]. Wohl aus dieser Unsicherheit heraus hat auch die Erklärung von Rio Prinzip 1 der Erklärung von Stockholm nicht wieder aufgegriffen.

Wie die Aarhus-Konvention zeigt, lassen sich dagegen Rechte, die nicht auf die Erhaltung einer bestimmten Umweltqualität gerichtet sind, sondern Beteiligungsrechte darstellen, sehr wohl auf der Ebene des Völkerrechts festlegen. Teilweise werden solche Beteiligungsrechte als Realisierung eines Umweltgrundrechts angesehen[218], teilweise als Ersatz für ein eben nicht fassbares Grundrecht auf eine gesunde Umwelt[219].

ccc) Umweltschutz in den Verfassungen der UN/ECE-Region und im Gemeinschaftsrecht

In den nationalen Verfassungen der UN/ECE-Region wird der Umweltschutz meist nicht in Form eines Grundrechtes, sondern als Staatszielbestimmung erwähnt. So bekennen sich außer dem Grundgesetz auch das Verfassungsrecht Österreichs, Belgiens, der Niederlande, Schwedens, Finnlands, Griechenlands sowie nahezu alle neuen demokratischen Verfassungen der mittel- und osteuropäischen Staaten zum Staatsziel Umweltschutz[220]. In den Verfassungen Spaniens und Portugals wird zwar dem Wortlaut nach ein Grundrecht auf eine der Entfaltung der Persönlichkeit förderliche Umwelt gewährt, jedoch handelt es sich auch hier nicht um durchsetzbare Individualrechte im Sinne des klassischen Grundrechtsverständnisses[221]. Somit ergibt sich aus der gemeinsamen Verfassungstradition in der EU kein Grundrecht auf eine gesunde

[216] Vgl. ders., S. 51.

[217] Einen solchen ökozentrischen Ansatz hat die Weltcharta für Natur, die jedoch nicht rechtsverbindlich ist; vgl. Beyerlin, Rdnr. 26; vgl. auch Boyle, a.a.O., S. 52.

[218] So Kiss/Shelton, International Environmental Law, 1991, S. 26: "The participation of citizens in concrete cases of environmental conservation is the true realization of the right to environment: ..."

[219] Thym, Umweltschutz in den Verfassungen der EU-Mitgliedstaaten, NuR 2000, S. 557, 560; vgl. auch Calliess, Die Charta der Grundrechte der Europäischen Union, - Fragen der Konzeption, Kompetenz und Verbindlichkeit, EuZW 2001, 261, 265.

[220] Vgl. ausführlich bei Thym, a.a.O, S. 557 ff.; Übersicht bei Butt/Kübert/Schultz, Soziale Grundrechte in Europa, Luxemburg 1999

Umwelt. Es kann daher nicht als Allgemeiner Grundsatz des Gemeinschaftsrechts angesehen werden. Die Charta der Grundrechte, die am 08.12.2000 in Nizza feierlich proklamiert wurde und möglicherweise zu einem späteren Zeitpunkt in der EU für verbindlich erklärt werden wird, enthält daher auch nur eine Art „Staatszielbestimmung"[222] und keine Umweltgrundrechte. Ein Grundrecht auf Umweltinformation kennen dagegen die Verfassungen der Beitrittskandidatenländer Polen und Tschechische Republik sowie die Verfassungen von Georgien, Moldawien und der Ukraine[223].

ddd) Fazit

Unabhängig davon, welche Qualität man dem Recht auf ein Leben in einer gesunden Umwelt, welches der siebte Erwägungsgrund und Artikel 1 der Aarhus-Konvention anerkennen, zubilligt, ist der Ansatz, dass das Umweltinformationsrecht der Verwirklichung eines solchen Rechts dient, für ein rechtsverbindliches Instrument neu. Er findet sich weder in der EG-Umweltinformationsrichtlinie, noch in den *Sofia Guidelines*. Auch die *Draft Elements* für die Konvention enthielten weder entsprechende Erwägungsgründe noch die Zielbestimmung des Artikels 1[224]. Die Protokolle der Sitzungen der Arbeitsgruppe, die die endgültige Version der Konvention erarbeitet hat, lassen keine Schlüsse auf die Motivation der Signatarstaaten zu. Der Vorschlag, die Erwägungsgründe 6 und 7 und eine so gefasste Zielbestimmung als Artikel 1 aufzunehmen, wurde zunächst von der belgischen Delegation unterbreitet und von Dänemark und Italien sowie den NGOs unterstützt und fand schließlich eine Mehrheit bei den Delegierten[225].

Das Recht auf Umweltinformation nach der Aarhus-Konvention kann somit nunmehr als Ausprägung eines Rechts auf ein Leben in einer gesunden Umwelt angesehen

---

221 Vgl. Thym, a.a.O., S. 559 f.

222 Art. 37 lautet: „Ein hohes Umweltschutzniveau und die Verbesserung der Umweltqualität müssen in die Politiken der Union einbezogen und nach dem Grundsatz der nachhaltigen Entwicklung sichergestellt werden."; vgl. dazu Calliess, EuZW 2001, 261, 265 f.

223 Siehe unten, 3. Kapitel, IV.

224 Vgl. UN/ECE, CEP: Draft Elements for the Convention on Access to Environmental Information and Public Participation in Environmental Decision-Making, Dok. Nr. CEP/AC.3/R.1.

225 Vgl. UN/ECE, CEP: Report on the First Session, Dok. Nr. CEP/AC.3/CRP.1 und Report on the Sixth Session, Dok. Nr. CEP/AC.3/12.

werden[226]. Dies stellt in konzeptioneller Hinsicht eine Neuerung und Ausweitung gegenüber dem rein pragmatischen Ansatz der UIRL dar und kann für die teleologische Auslegung der einzelnen Bestimmung von Bedeutung sein. Betrachtet man die in der Literatur anhand der UIRL diskutierten Funktionen des Umweltinformationsrechts[227], so ist festzustellen, dass sie alle letztlich zur Verwirklichung eines solchen Rechts beitragen können - Kontroll-, Legitimations- und Harmonisierungsfunktion auf mittelbare Weise und Präventions-, Informations-, Autonomiesicherungs- und Rechtsschutzfunktion unter Umständen sogar auf unmittelbare Weise.

bb) Weitere Besonderheiten in der Präambel

Der zweite für die konzeptionelle Ausweitung des Umweltinformationsrechts wichtige Aspekt der Präambel ist die Betonung der Bedeutung der Umsetzung der Konvention für die Stärkung der Demokratie in der UN/ECE-Region (Erwägungsgrund 21). Neben den aus der Diskussion der UIRL bereits bekannten Erwägungen, wie der Stärkung der Transparenz behördlicher Entscheidungen, der verbesserten Legitimation (Erwägungsgründe 10 und 11) und der verbesserten Informationslage der Behörden durch den Austausch von Informationen (Erwägungsgrund 16), soll das Umweltinformationsrecht nach der Aarhus-Konvention ausdrücklich auch zur Stärkung der Demokratie beitragen.

Öffentlichkeitsbeteiligung, die in einem weiten Sinne verstanden auch den Zugang zu Informationen und die aktive Informierung der Öffentlichkeit umfaßt[228], ist ein wichtiger Bestandteil der Demokratie. Sie erlaubt zum einen die unmittelbare Mitwirkung des Souveräns an konkreten Entscheidungen, die die Allgemeinheit betreffen. Zum anderen kann eine wirksame Delegation der Macht in Wahlen nur durch einen mündigen, informierten Bürger stattfinden[229]. Ferner ist der Zugang der Öffentlichkeit zu behördlichen Informationen eine Grundvoraussetzung für eine zu-

---

[226] So auch Scheyli, a.a.O., S. 221, FN 13; Wates, The Aarhus Convention - A New International Framework Regulating Public Access to Environmental Information, Discussion Paper zur Infoterra 2000-Konferenz v. 11.-15-09.2000 in Dublin, UNEP-Dokument Nr. UNEP/INF2000/WP/5

[227] Vgl. oben, 1. Kapitel, III.1 Buchstabe c.

[228] In diesem Sinne versteht Ebbesson den Begriff „*public participation*“, The Notion of Public Participation in International Environmental Law, a.a.O., S. 51 ff.

[229] Vgl. Hesse, Grundzüge des Verfassungsrechts der Bundesrepublik Deutschland, § 5 Rdnr. 152.

sätzliche Kontrolle staatlicher Tätigkeit über die Kontrolltätigkeit der Parlamente und Gerichte hinaus. Diese ist in solchen Staaten besonders wichtig, in denen Verwaltung und Justiz noch von diktatorischen Strukturen geprägt ist und die Parlamente erst seit relativ kurzer Zeit verschiedene politische Gruppierungen kennen. In den neuen unabhängigen Staaten der ehemaligen Sowjetunion fehlt es aufgrund dieser Strukturen häufig noch an der ordnungsgemäßen Ausführung des geltenden Rechts, insbesondere im Umweltbereich[230]. Aber auch in den alten Demokratien der UN/ECE-Region haben sich durch Beherrschung des politischen Prozesses durch die etablierten Parteien Strukturen entwickelt, die sich von der Idee der Volksherrschaft zum Teil weit entfernt haben – man denke nur an die in der BSE-Krise offensichtlich gewordene Verquickung von Verbands- und Parteiinteressen zu Lasten der Allgemeinheit. Unmittelbare Partizipation an Entscheidungsprozessen und eine verstärkte Kontrolle der delegierten Machtausübung durch den Souverän selbst, können dazu dienen, diese Strukturen aufzubrechen. Dem Umweltinformationsrecht wird durch die Aarhus-Konvention also eine weitere Funktion zugewiesen – die Demokratiefunktion.

Untrennbar damit verbunden ist die wichtige Rolle, die den nichtstaatlichen Organisationen (engl. *non-governmental organizations*, abgek. NGOs) bei der Ausübung der niedergelegten Rechte zukommen soll. Die Präambel würdigt daher in Erwägungsgrund 13 deren besondere Rolle und Art. 3 Abs. 4 legt im Rahmen der allgemeinen Bestimmungen fest, dass die Vertragsparteien für eine angemessene Anerkennung und Unterstützung von Vereinigungen, Organisationen oder Gruppen sorgen, die sich für den Umweltschutz einsetzen und sicherstellen müssen, dass ihr innerstaatliches Rechtssystem mit dieser Verpflichtung vereinbar ist. Diese Verpflichtung ist zwar wenig konkret, dennoch ist es aber beachtlich, dass eine Stärkung der Stellung nichtstaatlicher Umweltorganisationen in der Konvention angelegt ist. Unzumutbar hohe Hürden für die rechtliche Anerkennung solcher Vereinigungen würden gegen die Aarhus-Konvention verstoßen.

---

[230] Vgl. die Berichte bei Brady, a.a.O., S. 171 ff.

b) Die Vorgaben für die Umsetzung der Konvention durch den Allgemeinen Teil

Der Allgemeine Teil (Art. 1 - 3) gibt eine Struktur für die Umsetzung der Konvention vor. An erster Stelle steht – wie bereits diskutiert - das Ziel der Konvention, die in der Konvention festgelegten Rechte der drei Säulen zu garantieren, um damit dem Recht eines jeden auf ein Leben in einer gesunden Umwelt zu dienen. Artikel 2 legt durch die Bestimmung einiger Begriffe den Anwendungsbereich der Konvention fest, Artikel 3 stellt allgemeine Bestimmungen für die Auslegung und Umsetzung des Übereinkommens auf.

aa) Begriffsbestimmungen

aaa) „Behörde" (*public authority*)

Durch die Definition, was eine Behörde im Sinne der Konvention darstellt, wird der Kreis der Anspruchsgegner bzw. Verpflichteten bestimmt. Gemäß Art. 2 Nr. 2 bedeutet „Behörde"

> „a) eine Stelle der öffentlichen Verwaltung auf nationaler, regionaler und anderer Ebene;
> b) natürliche oder juristische Personen, die aufgrund innerstaatlichen Rechts Aufgaben der öffentlichen Verwaltung, einschließlich bestimmter Pflichten, Tätigkeiten oder Dienstleistungen im Zusammenhang mit der Umwelt, wahrnehmen;
> c) sonstige natürliche oder juristische Personen, die unter der Kontrolle einer unter Buchstabe a oder Buchstabe b genannten Stelle oder einer dort genannten Person im Zusammenhang mit der Umwelt öffentliche Zuständigkeiten haben, öffentliche Aufgaben wahrnehmen oder öffentliche Dienstleistungen erbringen;
> d) die Einrichtungen aller in Artikel 17 näher bestimmten Organisationen der regionalen Wirtschaftsintegration, die Vertragsparteien dieses Übereinkommens sind".

Buchstabe a bezieht alle Stellen der öffentlichen Verwaltung (engl. *government,* franz. *administration publique*) auf den verschiedenen staatlichen Ebenen ein und beschränkt sich nicht, wie die UIRL, auf solche öffentlichen Stellen, die Belange des Umweltschutzes zu wahren haben. Hierin liegt die erste erhebliche praktische Ausweitung des Umweltinformationsrechts durch die Konvention, die besonders in den Vertragsstaaten relevant werden wird, die kein allgemeines Recht auf Zugang zu behördlichen Informationen kennen. Die Beschränkung auf „Umweltbehörden" hat im Geltungsbereich der UIRL vielfach dazu geführt, dass Anträge unter Hinweis auf die fehlende Anwendbarkeit der Richtlinie auf die betreffende Behörde negativ verbeschieden wurden[231]. Da aber gerade auch andere Stellen der öffentlichen Verwaltung wie Finanz- und Wirtschaftsministerien über Daten verfügen, die für die Situation der Umwelt erheblich sein können, erscheint diese Ausweitung gerechtfertigt. Wie bereits erwähnt, hat die Einführung des Zugangsrechts nicht zu einer übermäßigen Belastung der Umweltverwaltung geführt, so dass nichts gegen die Ausweitung auf alle Bereiche der öffentlichen Verwaltung spricht. Vielmehr ist die Kontrollfunktion des Umweltinformationsrechts gerade in den Bereichen der Verwaltung notwendig, deren Hauptaufgabe nicht der Umweltschutz ist, sondern die Umweltbelange lediglich beachten müssen oder Entscheidungen treffen, die sich auf die Situation der Umwelt auswirken, da hier die Gefahr der mangelnden Würdigung ökologischer Belange noch größer erscheint, als in der Umweltverwaltung im engeren Sinne.

Neben den Behörden im eigentlichen Sinne[232] definieren die Buchstaben b und c auch andere natürliche oder juristische Personen als „Behörden" im Sinne der Konvention, wenn sie entweder aufgrund innerstaatlichen Rechts Aufgaben der öffentlichen Verwaltung wahrnehmen (Buchstabe b) oder unter der Kontrolle einer Stelle der öffentlichen Verwaltung gemäß den Buchstaben a oder b öffentliche Zuständigkeiten haben, öffentliche Aufgaben wahrnehmen oder öffentliche Dienstleistungen erbringen, die mit der Umwelt im Zusammenhang stehen (Buchstabe c). Durch diese Begriffsdefinition soll verhindert werden, dass durch die zunehmende Privatisierung von ehemals öffentlichen Aufgaben, Umweltinformationen aus dem Anwendungsbereich der Konvention herausfallen[233]. Dies dient in erster Linie der Realisierung der Präventions- und der Autonomiesicherungsfunktion des Umweltinformationsrechts. Die Möglichkeiten des Bürgers, potenziell umweltverschmutzende Tätigkeiten zu kontrollieren und seine Autonomie gegenüber Umweltrisiken zu sichern, soll durch die Verlagerung staatlicher Aktivität auf Private nicht geschmälert werden. Da für

---

231 Kommission der Europäischen Gemeinschaften, Bericht der Kommission an den Rat und das Europäische Parlament über die Erfahrungen aus der Anwendung der Richtlinie 90/313/EWG des Rates vom 07.06.1990 über den freien Zugang zu Informationen über die Umwelt, KOM (2000) 400 endg. vom 29.06.2000, S. 10

232 Der Behördenbegriff ist schon im deutschen Verwaltungsrecht nicht ganz unumstritten, vgl. Maurer, Allg. Verwaltungsrecht, § 21, Rdnr. 30 ff.. Das UIG verweist auf § 1 Abs. 4 VwVfG und legt damit einen sehr weiten Behördenbegriff zu Grunde. Es ist davon auszugehen, dass hier alle Stellen gemeint sind, die hoheitlich tätig werden. Der Implementation Guide spricht von Einheiten „with political power", vgl. S. 32.

die Behördeneigenschaft gemäß Buchstabe b eine innerstaatliche Rechtsgrundlage erforderlich ist, bleibt es allerdings den Vertragsparteien überlassen, zu bestimmen, was als Aufgabe der öffentlichen Verwaltung gilt[234]. Dabei verwendet der englische Originaltext in Buchstabe b den Begriff „*public administrative functions*“ im Gegensatz zu „*public responsibilities or functions or providing public services*“ in Buchstabe c. Daran wird noch stärker als in der deutschen Übersetzung deutlich, dass Buchstabe b nur staatliche, d.h., öffentlich-rechtliche Aufgaben meint, die der Staat nach der Verfassungsordnung für sich in Anspruch nimmt[235] und die aufgrund eines Rechtssatzes an eine andere natürliche oder juristische Person übertragen wurden. In der deutschen Rechtsordnung ist dies die mittelbare Staatsverwaltung – soweit Teile von ihr, wie etwa die Gemeinden nicht schon unter Buchstabe a fallen - einschließlich der sog. Beliehenen[236]. Eine Aufgabe im Bereich des Umweltschutzes ist auch hier nicht erforderlich. Erfasst werden also alle Stellen, die auf gesetzlicher Grundlage öffentlich-rechtliche Aufgaben erfüllen. Von Buchstabe b wären daher die Körperschaften des öffentlichen Rechts, wie die Industrie- und Handelskammern, die rechtsfähigen Anstalten des öffentlichen Rechts, wie Rundfunkanstalten und die Stiftungen des öffentlichen Rechts erfasst[237]. Beispiele für Beliehene, die über Umweltinformationen verfügen könnten, wären etwa der Bezirksschornsteinfeger oder Sachverständige des Technischen Überwachungsvereins (TÜV)[238].

Buchstabe c dagegen unterwirft auch natürliche oder juristische Personen dem Behördenbegriff, die keine *Verwaltungs*aufgaben wahrnehmen, sondern eine öffentliche Zuständigkeit, Aufgabe oder Dienstleistung haben bzw. erbringen. Dies kann im Gegensatz zur Verwaltungsaufgabe nur als Zuständigkeit, Aufgabe oder Dienstleistung zu verstehen sein, deren Erfüllung bzw. Erbringung im öffentlichen Interesse liegt[239].

---

233 Vgl. Implementation Guide, S. 32.

234 Implementation Guide, S. 32

235 Vgl. Fluck/Theuer, § 2 Rdnr. 23/24 zum Begriff der "öffentlich-rechtlichen Aufgabe" in § 2 Nr. 2 UIG, der auf Art. 6 UIRL zurückgeht, der seinerseits jedoch von „*public responsibilities*“ spricht.

236 Beliehene sind Privatpersonen, die mit der hoheitlichen Wahrnehmung bestimmter Verwaltungsaufgaben betraut sind, vgl. Maurer, § 23, Rdnr. 56.

237 Vgl. zu den verschiedenen Fallgruppen mittelbarer Staatsverwaltung: Maurer, § 23 Rdnr. 1 ff.

238 Vgl. Maurer, § 23 Rdnr. 56.

239 So Turiaux, §§ 2, 3 Rdnr. 101, Scherzberg, UPR 1992, S. 50, von Schwanenflügel, a.a.O., S. 99, Erichsen, NVwZ 1992, S. 411 für die Formulierung der UIRL „*public responsibilities*“; die An-

Dieser sehr weite Ansatz wird dadurch eingeschränkt, dass es sich um eine Tätigkeit im Zusammenhang mit der Umwelt (engl. „*in relation to the environment*“) handeln und eine Kontrolle durch eine staatliche Behörde oder eine auf Rechtsgrundlage geschaffene andere Stelle mit öffentlich-rechtlicher Zuständigkeit gegeben sein muss. Aufgaben oder Dienstleistungen, die im öffentlichen Interesse liegen, sind etwa die Versorgung mit Energie, Wasser, Telekommunikation, die Entsorgung von Abfall und Abwasser oder Verkehrsdienstleistungen. Für den Anwendungsbereich kommt es entscheidend darauf an, welche Anforderungen man an die „Kontrolle“ durch die Verwaltung stellt[240], sowie auf die Auslegung des Begriffs „*in relation to the environment*“. Da diese Formulierung weiter als Art. 6 UIRL ist, der auf „*responsibilities for the environment*“, wörtlich übersetzt: Verantwortlichkeiten für die Umwelt, abstellt, kann sie nicht so ausgelegt werden, dass diese Stellen als Haupt- oder Nebenzweck für den Vollzug des Umweltschutzes zuständig sein müssen[241]. Ausreichend erscheint eine Tätigkeit, die entweder zumindest auch dem Schutz der Umwelt dient, wie etwa die Abfall- oder Abwasserentsorgung, oder bei der gesetzlich spezifische Umweltbelange zu beachten sind, wie bei Unternehmen der Wasserwirtschaft[242].

Die UIRL sah bisher in Art. 6 nur vor, dass die Mitgliedstaaten Sorge dafür tragen müssen, dass Stellen, die „*public responsibilities for the environment*“ wahrnehmen und der Aufsicht von Behörden unterstellt sind, die bei ihnen vorhandenen Informationen entweder selbst oder über die zuständige Behörde zugänglich machen[243]. Die Aarhus-Konvention trifft keine Bestimmung darüber, ob die betroffenen Stellen die Informationen unmittelbar zugänglich machen müssen oder auch hier der Weg über die zuständige Aufsichtsbehörde möglich ist. Wegen des Verweises auf die inner-

---

sicht von Fluck/Theuer, § 2, Rdnr. 23/24 ist wegen der begrifflichen Unterscheidung für die Aarhus-Konvention nicht haltbar.; grundlegend zum „Öffentlichen Interesse“: Uerpmann, Das Öffentliche Interesse, 1999.

[240] In Deutschland ist es umstritten, was unter „Aufsicht“ i.S.v. § 2 Abs. 2 UIG zu verstehen ist. Vgl. einerseits Fluck/Theuer, § 2 Rdnr. 71 für die enge Auslegung, andererseits Turiaux, § 2 Rdnr. 104.

[241] So Fluck/Theuer für Art. 6 UIRL, § 2 Rdnr. 27/28, a.A. unter Hinweis auf den englischen und französischen Wortlaut: von Schwanenflügel, a.a.O., S. 98, auch Turiaux, § 2 Rdnr. 103, Kimber/Ekardt, Zugang zu Umweltinformationen in Großbritannien und Deutschland, NuR 1999, S. 262, 266.

[242] Vgl. für Deutschland § 1a WHG.

[243] Art. 6 UIRL

staatlichen Rechtsvorschriften in Art. 4 Abs. 1 S. 1, der die Verpflichtung der Vertragsstaaten zur Gewährleistung des freien Zugangs, aber keinen unmittelbaren Anspruch des Einzelnen gegen „Behörden" im Sinne der Konvention begründet[244], erscheint eine solche Regelung im innerstaatlichen Recht möglich. Dies vermeidet die Problematik, dass Personen des Privatrechts hoheitlich nach den Bestimmungen des öffentlich-rechtlichen Umweltinformationsrechts handeln müssten[245].

Buchstabe d schließlich bestimmt, dass auch die Organe der Europäischen Gemeinschaft selbst, die voraussichtlich als einzige Organisation der regionalen Wirtschaftsintegration Vertragspartei des Übereinkommens werden wird, in den Anwendungsbereich der Konvention fallen. Dies betrifft insbesondere den Zugang zu den bei den Organen vorhandenen Umweltinformationen. Auch dies stellt eine wichtige Ausweitung des Umweltinformationsrechts dar, da die UIRL nur für Behörden der Mitgliedstaaten gilt[246]. Nach der Aarhus-Konvention muss sich auch die EU selbst im Umweltbereich durch den Bürger kontrollieren lassen.

Ausgenommen vom Behördenbegriff sind gemäß Art. 2 Nr. 2 S. 2 der Konvention, ebenso wie in der UIRL, Gremien oder Einrichtungen, die in gerichtlicher oder gesetzgeberischer Eigenschaft handeln[247].

bbb) „Informationen über die Umwelt" (*environmental information*)

Die Konvention weitet auch die Definition des Begriffes der Umweltinformation aus. Die Definition von „Zustand von Umweltbestandteilen" zählt in Buchstabe a nur beispielhaft mehr Elemente ausdrücklich auf als die UIRL, bringt aber keine Erweiterung. Dagegen beseitigt Buchstabe b zumindest Unklarheiten über den Begriff, in dem er über Faktoren und Tätigkeiten, die sich auf die Umweltbestandteile auswirken oder wahrscheinlich auswirken[248] hinaus, auch Kosten-Nutzen-Analysen und

---

[244] Vgl. unten, III.1.

[245] Dazu unten, 3. Kapitel. I.1.Buchstabe b.

[246] Zum Zugang zu Informationen der EU-Organe, siehe oben, 1. Kapitel, V. und unten, 3. Kapitel I.2. zur Umsetzung der Aarhus-Konvention.

[247] Dazu Turiaux, §§ 2, 3, Rdnr. 93 ff; Fluck/Theuer, § 3, Rdnr. 108 ff..

[248] Hinsichtlich des Grades der Wahrscheinlichkeit der Auswirkungen auf die Umwelt sind die englische Version der Konvention, die von „*likely to affect*" spricht und die ebenfalls für die Auslegung verbindliche russische und französische Version unterschiedlich. Sie verlangen keine

sonstige wirtschaftliche Analysen und Annahmen, die bei umweltbezogenen Entscheidungsverfahren verwendet werden, mit einbezieht. Dahinter steht die Überlegung, dass die Ergebnisse wirtschaftlicher Analysen einen großen Einfluss darauf haben, ob bestimmte Projekte weitergeführt werden und es deshalb für die Öffentlichkeit wichtig sein kann, die Grundlagen einer solchen Analyse zu untersuchen[249]. Buchstabe c weitet den Begriff der Umweltinformation schließlich auf Daten über den Zustand der menschlichen Gesundheit und Sicherheit, Bedingungen für menschliches Leben, Kulturstätten und Bauwerke aus, soweit diese vom Zustand der Umweltbestandteile oder, über diese Bestandteile, durch Faktoren oder Tätigkeiten nach Buchstabe b betroffen sind oder sein können. Damit wird der Interdependenz von Mensch, gestalteter und natürlicher Umwelt Rechung getragen[250]. Durch die ausdrückliche Einbeziehung der menschlichen Gesundheit wird besonders die Autonomiesicherungsfunktion des Umweltinformationsrechts gestärkt und die Bedeutung des Umweltschutzes für das Grundrecht auf Gesundheit gewürdigt.

ccc) „Öffentlichkeit" (*public*) und „betroffene Öffentlichkeit" (*public concerned*)

Die Definition der Begriffe „Öffentlichkeit" und „betroffene Öffentlichkeit" in Art. 2 Nr. 3 und 4 sind für das Umweltinformationsrecht insofern von Bedeutung, als dass sie den Kreis der Anspruchsberechtigten festlegen. Den verfahrensunabhängigen Informationsanspruch nach Art. 4 Abs. 1 können danach als Öffentlichkeit „eine oder mehrere natürliche Personen und, in Übereinstimmung mit den innerstaatlichen Rechtsvorschriften, deren Vereinigungen, Organisationen oder Gruppen" geltend machen. Der Anspruch nach Art. 6 Abs. 6 auf bestimmte Information im Rahmen der Öffentlichkeitsbeteiligung in Verfahren ist nur für die „betroffene Öffentlichkeit" gegeben. Das sind gemäß Art. 2 Nr. 5 „die von umweltbezogenen Entscheidungsverfahren betroffene oder wahrscheinlich betroffene Öffentlichkeit oder die Öffentlichkeit mit einem Interesse daran; im Sinne dieser Begriffsbestimmung haben nichtstaatliche Organisationen, die sich für den Umweltschutz einsetzen und alle nach innerstaatlichem Recht geltenden Voraussetzungen erfüllen, ein Interesse." Dass die Voraussetzungen des innerstaatlichen Rechts nicht unzumutbar sein dürfen, ergibt

„Wahrscheinlichkeit", sondern sprechen von der „Möglichkeit" (franz. *risquent*), vgl. Implementation Guide, S. 37. Die deutsche Übersetzung lehnt sich an die englische Version an.

[249] Implementation Guide, S. 38

[250] Implementation Guide, S. 38 f.

sich aus Art. 3 Abs. 4 und dem dreizehnten Erwägungsgrund (vgl. auch oben, Buchstabe a, Unterpunkt bb).

bb) Allgemeine Bestimmungen für die Umsetzung

Bei der Umsetzung sind die in Artikel 3 genannten allgemeinen Bestimmungen zu beachten. Neben dem Grundsatz, dass jede Vertragspartei die erforderlichen Gesetzgebungs-, Regelungs- und sonstigen Maßnahmen zur Harmonisierung der Bestimmungen zur Umsetzung des Übereinkommens und zur Sicherung eines klaren, transparenten und einheitlichen Rahmens zur Durchführung herstellen muss (Abs. 1), müssen sich die Vertragsparteien nach Abs. 2 bemühen, sicherzustellen, dass öffentliche Bedienstete und Behörden der Öffentlichkeit Unterstützung und Orientierungshilfe für den Zugang zu Informationen, zur Erleichterung der Öffentlichkeitsbeteiligung an Entscheidungsverfahren und für den Zugang zu Gerichten geben. Dies entspricht für den Bereich der Umweltinformation gegenwärtig in vielen Signatarstaaten noch nicht der behördlichen Praxis[251]. Der *Implementation Guide* weist darauf hin, dass damit Hilfestellung in jedem Einzelfall gemeint sei, da Abs. 3 die allgemeine Förderung des Bewusstseins, von den Möglichkeiten der Konvention Gebrauch zu machen, behandle[252]. Eine Konkretisierung einer solchen „Service-Pflicht" findet sich in Art. 4 Abs. 5[253].

Von besonderer Bedeutung für die Auslegung des Übereinkommens ist auch die Festlegung, dass das Recht der Vertragsstaaten unberührt bleibt, Maßnahmen beizubehalten oder zu ergreifen, die einen weitergehenden Zugang zu Umweltinformationen, eine umfangreichere Öffentlichkeitsbeteiligung und einen weitergehenden Zugang zu Gerichten ermöglichen, als dies aufgrund des Übereinkommens erforderlich ist (Abs. 5). Auch verlangt die Konvention keine Verdrängung bisher bestehender Rechte in diesen Bereichen (Abs. 6). Damit wird deutlich, dass sich die Bestimmungen des Übereinkommens als Mindeststandards verstehen, auf denen aufbauend die Vertragsparteien der Öffentlichkeit Rechte gewähren sollen. Das Übereinkommen versteht sich damit als „*floor, not a ceiling*".

---

[251] Vgl. etwa Kimber/Ekardt, a.a.O., S. 262 ff.
[252] Vgl. Implementation Guide, S. 43.
[253] Dazu unten, III.1. Buchstabe f.

Gemäß Absatz 7 fördern die Vertragsparteien nicht nur die innerstaatliche Anwendung der Grundsätze des Übereinkommens, sondern auch die Anwendung bei internationalen umweltbezogenen Entscheidungsverfahren und im Rahmen internationaler Organisationen bei Angelegenheiten, die im Zusammenhang mit der Umwelt stehen. Diese Bestimmung wird teilweise wegen der häufig mangelnden Transparenz in internationalen Foren als besonders bedeutsam angesehen[254]. Nach dem *Implementation Guide* sollen unter die Bestimmung sowohl bilaterale als auch multilaterale Verhandlungen, Konferenzen oder Arbeitsgruppen zu umweltbezogenen Themen fallen, also keine Beschränkung auf Entscheidungsverfahren im engeren Sinne zu sehen sein[255]. Hinsichtlich der internationalen Organisationen wird in der Literatur besonders betont, dass darunter auch Organisationen fallen, die Entscheidungen fällen, die indirekt Umweltauswirkungen haben, wie die Vergabe von Krediten durch die Europäische Investitionsbank und die Weltbank oder ökonomische Entscheidungen der *World Trade Organization*[256]. Da diese Bestimmung wenig konkret ist, erscheint es jedoch sehr fraglich, ob sie tatsächlich irgendeine Wirkung entfaltet. Ein Recht auf Zugang zu Umweltinformationen, die in den genannten und anderen internationalen Organisationen vorhanden sind, wird durch die Konvention jedenfalls nicht geschaffen.

Für die Ausweitung des Umweltinformationsrecht ist Abs. 9 von besonderer Bedeutung, da er festlegt, dass im Rahmen der Bestimmungen der Konvention jedermann die niedergelegten Rechte ohne Benachteiligung wegen Staatsangehörigkeit, Volkszugehörigkeit oder Wohnsitz, bzw. Geschäftssitz ausüben kann. Danach sind nicht nur Staatsangehörige oder Vereinigungen von Personen mit Sitz in dem betreffenden Staat oder einem der Vertragsstaaten nach der Konvention berechtigt, sondern jede existierende natürliche oder juristische Person, sofern sie die Bestimmungen irgendeines Staates über ihre Rechtsfähigkeit erfüllt. Das Recht auf Zugang zu Umweltinformationen bei den Behörden der Vertragsparteien wird damit zu einem universellen Recht.

---

[254] Vgl. Brady, a.a.O., S. 173.
[255] S. 46; vgl. auch Brady, a.a.O., S. 173.

2. Öffentlichkeitsbeteiligung - *public participation* (Artikel 6 bis 8)

Die zweite Säule der Aarhus-Konvention sieht eine Öffentlichkeitsbeteiligung bei konkreten Entscheidungen über bestimmte Vorhaben (Artikel 6), bei der Vorbereitung von Plänen, Programmen und Politiken (Artikel 7) und bei der Vorbereitung bestimmter Vorschriften der Exekutive (Artikel 8) vor.

a) Öffentlichkeitsbeteiligung an Entscheidungen über bestimmte Tätigkeiten (Artikel 6)

aa) Anwendungsbereich

In der Konzeption ähnlich wie die UVP-Richtlinie der Europäischen Gemeinschaft[257] unterscheidet Artikel 6 für seinen Anwendungsbereich zwischen bestimmten Vorhaben, bei deren Zulassungsverfahren zwingend eine Öffentlichkeitsbeteiligung stattfinden muss, weil sie als potenziell umweltschädlich gelten, und übrigen Vorhaben, bei denen die Vorschriften angewendet werden müssen, wenn das innerstaatliche Recht bestimmt, dass die geplante Tätigkeit eine erhebliche Auswirkung auf die Umwelt haben kann. So nimmt Absatz 1 Buchstabe a auf Anhang I der Aarhus-Konvention Bezug, der bestimmte Tätigkeiten auflistet. Dabei handelt es sich weitgehend um Vorhaben, die nach europäischem Umweltrecht wegen ihrer Auswirkungen auf die Umwelt nach der IVU-Richtlinie[258] zulassungsbedürftig sind, bzw. für die eine Umweltverträglichkeitsprüfung durchgeführt werden muss[259]. Beachtenswert ist, dass Anhang I der Aarhus-Konvention im Vergleich zur Auflistung der Espoo-Konvention präziser und umfassender ist und dass die Erheblichkeitsschwellen in einigen Fällen tiefer angesetzt wurden[260]. Dies mag sich aus dem Einfluss der

---

[256] Vgl. Implementation Guide, S. 46; Petkova/Veit, a.a.O., S. 7 ff.

[257] Richtlinie des Rates vom 27.06.1985 über die Umweltverträglichkeitsprüfung bei bestimmten öffentlichen und privaten Projekten (85/337/EWG), ABl. Nr. L 175, 40, geändert durch Richtlinie 97/11/EG des Rates vom 03.03.1997, ABl. Nr. L 73, 5

[258] Richtlinie 96/61/EG des Rates über die integrierte Vermeidung und Verminderung der Umweltverschmutzung vom 24.09.1996, ABl. 1996, Nr. L 257, 26

[259] Dies sind beispielsweise Entscheidungen über die Zulassung von Kraftwerken und Raffinerien, Anlagen zur Herstellung und Verarbeitung von Metallen, Anlagen der chemischen Industrie, der Abfallbehandlung, der Intensivtierhaltung u.a.; vgl. Anhang I der Aarhus-Konvention. Die erfassten Anlagen der UVP-Richtlinie, der IVU-Richtlinie und der Aarhus-Konvention sind allerdings nicht völlig kohärent, was zu Schwierigkeiten bei der Umsetzung führen kann.

[260] Vgl. Scheyli, a.a.O., S. 234 f.

NGOs auf die Konvention erklären, die naturgemäß für möglichst niedrige Hürden für eine Beteiligung der Öffentlichkeit plädieren.

Artikel 6 ist gemäß Absatz 1 Buchstabe b von den Vertragsparteien ferner dann anzuwenden, wenn ein Vorhaben nicht in Anhang I aufgeführt ist, aber erhebliche Auswirkungen auf die Umwelt haben kann. Diese Entscheidung liegt bei den Vertragsparteien selbst. *Scheyli* weist jedoch darauf hin, dass sie dabei an das völkergewohnheitsrechtlich geltende Vorsorgeprinzip gebunden seien[261]. Danach sind bei Gefahr erheblicher Schäden für die Umwelt die notwendigen umweltpolitischen Maßnahmen auch dann zu treffen, wenn keine absolute wissenschaftliche Gewissheit darüber besteht, dass die befürchtete Umweltschädigung tatsächlich eintreten wird, bzw., dass zwischen einem bestimmten Verhalten und der befürchteten Umweltschädigung ein Kausalzusammenhang besteht, wobei die Erheblichkeit dann gegeben ist, wenn irreversible Schädigungen der Umwelt möglich erscheinen oder den Interessen zukünftiger Generationen ernsthafte Nachteile drohen[262]. Nach Absatz 1 Buchstabe c können die Vertragsparteien auf der Grundlage einer Einzelfallbetrachtung, sofern eine solche im innerstaatlichen Recht vorgesehen ist, die Nichtanwendung von Artikel 6 für geplante Tätigkeiten, die der Landesverteidigung dienen, vorsehen, wenn sie der Auffassung sind, dass sich die Anwendung negativ auf den Zweck auswirken würde.

bb) Verfahren

Art. 6 Abs. 2 legt fest, dass die betroffene Öffentlichkeit im Rahmen umweltbezogener Entscheidungsverfahren je nach Zweckmäßigkeit durch öffentliche Bekanntmachung oder einzeln sachgerecht, rechtzeitig und effektiv unter anderem über die geplante Tätigkeit und den Antrag, die Art möglicher Entscheidungen oder den Entscheidungsentwurf, die zuständige Behörde, das vorgesehene Verfahren und die Tatsache, dass die Tätigkeit einem nationalen oder grenzüberschreitenden Verfahren zur UVP unterliegt, informiert wird. Die Formulierung „in sachgerechter, rechtzeitiger und effektiver Weise frühzeitig ... informiert“ aus Abs. 1 wird von den Abs. 3 und 4

[261] Vgl. a.a.O., S. 235 f.; ob das Vorsorgeprinzip bereits Völkergewohnheitsrecht darstellt oder erst im Begriff ist, zu solchem zu werden, ist allerdings umstritten, vgl. Beyerlin, a.a.O., Rdnr. 113, 127; Hohmann, a.a.O., S. 318.

[262] Scheyli, a.a.O., S.236

präzisiert, die bestimmen, dass ausreichende zeitliche Rahmen zur Verfügung stehen müssen, damit die Information der Öffentlichkeit und die effektive Vorbereitung und Beteiligung der Öffentlichkeit gewährleistet sind und die Öffentlichkeitsbeteiligung zu einem Zeitpunkt erfolgen muss, zu dem alle Optionen noch offen stehen. Einen für Entscheidungsverfahren speziellen Informationsanspruch gewährt Art. 6 Abs. 6[263]. Das Ergebnis der Öffentlichkeitsbeteiligung ist bei der Entscheidung angemessen zu berücksichtigen und über die Entscheidung ist die Öffentlichkeit unverzüglich zu informieren (Abs. 8 und 9). Was unter einer angemessenen Berücksichtigung zu verstehen ist, bleibt allerdings offen[264]. Dieses Verfahren gilt für Tätigkeiten nach Anhang I auch bei Überprüfung oder Aktualisierung der Betriebsbedingungen, soweit dies angemessen ist (Abs. 10) und nach innerstaatlichem Recht in machbarem und angemessenem Umfang für die Genehmigung gentechnisch veränderter Organismen (Abs. 11). Zur Umsetzung dieses Artikels sowie von Artikel 7 für die Europäische Gemeinschaft hat die Kommission einen Vorschlag für eine Richtlinie über die Beteiligung der Öffentlichkeit bei der Ausarbeitung bestimmter umweltbezogener Pläne und Programme und zur Änderung der UVP- und IVU-Richtlinie vorgelegt[265].

In der Öffentlichkeitsbeteiligung an konkreten Projekten kommen die zentralen Anliegen des Umweltinformationsrechts besonders zum Tragen, da sich hier für den Bürger die Möglichkeit der Kontrolle der ordnungsgemäßen Anwendung des Umweltrechts und des Vorbringens ihm bekannter, für das Vorhaben relevanter, Informationen bietet. Sie stellt daher eine ganz wesentliche Möglichkeit der Realisierung der Funktionen des Umweltinformationsrechts dar. Der in Deutschland und anderen Signatarstaaten bestehenden Tendenz zur Beschleunigung von Genehmigungsverfah-

---

263 Dazu unten, 3.

264 Lediglich ein Vergleich mit der Formulierung von Artikel 8 läßt darauf schließen, dass es mehr als nur eine Berücksichtigung „so weit wie möglich“ sein muss.

265 Vorschlag der Kommission vom 18.01.2001, KOM 2000, 839 endg.; zur Öffentlichkeitsbeteiligung bei der Entscheidung über die Zulassung von Freisetzungen und das Inverkehrbringen von GVO, vgl. den Gemeinsamen Entwurf des Europäischen Parlaments und des Rates nach Billigung durch den Vermittlungssausschuss einer Richtlinie über die absichtliche Freisetzung gentechnisch veränderter Organismen in die Umwelt und zur Aufhebung der RL 90/220/EWG, Dok. Nr. PE-CONS 3664/00.

ren – auch auf Kosten der Öffentlichkeitsbeteiligung - werden durch die Bestimmung Grenzen auferlegt[266].

b) Öffentlichkeitsbeteiligung bei umweltbezogenen Plänen, Programmen und Politiken (Artikel 7)

Artikel 7 verpflichtet die Vertragsparteien, angemessene Vorkehrungen dafür zu treffen, dass die Öffentlichkeit, nachdem ihr die relevanten Informationen zur Verfügung gestellt worden sind, bei der Vorbereitung umweltbezogener Pläne und Programme beteiligt wird. Dazu verweist Art. 7 auf die Verfahrensvorschriften des Art. 6 Abs. 3, 4 und 8. Nicht ganz eindeutig ist jedoch, was unter „Plänen" und „Programmen" zu verstehen ist, da die Konvention dies nicht definiert. *Scheyli* kommt in systematischer Auslegung zu dem Ergebnis, dass nur politische Planungsinstrumente gemeint sein können, die in der Regel nur verwaltungsinterne Wirkung entfalten, weil Artikel 8 Vorschriften der Exekutive mit Rechtswirkung nach außen behandelt[267]. Andererseits wird die sog. strategische oder Plan-UVP (engl. *strategic environmental assessment, SEA*) als Umsetzung dieser Vorschrift angesehen. Sie bezieht sich jedoch auf Pläne, die als Rahmen für künftige Genehmigungen von UVP-pflichtigen Projekten erstellt werden, also etwa Bebauungspläne[268]. In Art. 7 wird nicht wie bei Art. 6 auf die „betroffene Öffentlichkeit" abgestellt, sondern es der zuständigen Behörde überlassen, unter Berücksichtigung der Ziele der Konvention die Öffentlichkeit zu ermitteln, die sich beteiligen kann. Hinsichtlich der Beteiligung an der Vorbereitung umweltbezogener Politiken werden die Vertragsparteien verpflichtet, sich zu bemühen, im angemessenen Umfang Möglichkeiten zu schaffen. Von Plänen und Programmen sollen sich „Politiken" (engl. *policies*) dadurch unterscheiden, dass sie weniger konkret sind und dass zu ihrem Verständnis der rechtliche, politische und kulturelle Zusammenhang betrachtet werden muss[269].

---

[266] Vgl. dazu Püttner/Guckelberger, Beschleunigung von Verwaltungsverfahren, JuS 2001, S. 218 ff.,

[267] A.a.O., S.239

[268] Vgl. KOM 2000, 839, S. 5.; zur strategischen UVP als Teil des integrierten europäischen Umweltrechts: Schröder, Europarecht und integriertes Umweltrecht, NuR 2000, S. 481.

[269] Vgl. Implementation Guide, S. 118.

c) Öffentlichkeitsbeteiligung während der Vorbereitung exekutiver Vorschriften und/ oder allgemein anwendbarer rechtsverbindlicher normativer Instrumente (Artikel 8)

Artikel 8 schlägt den Vertragsparteien unverbindlich vor, bestimmte Maßnahmen zu ergreifen, um „eine effektive Öffentlichkeitsbeteiligung bei der Vorbereitung exekutiver Vorschriften und sonstiger allgemein anwendbarer rechtsverbindlicher Bestimmungen, die eine erhebliche Auswirkung auf die Umwelt haben können, zu fördern". Abgedeckt werden soll hier die gesamte Tätigkeit der Exekutive bei der Setzung abstrakt-genereller Normen[270]. Das betrifft zum einen den Erlass von Normen, den die Exekutive selbst vornehmen kann. Zum zweiten betrifft dies die Ausarbeitung von Gesetzen, so lange sie noch nicht an die Legislative übermittelt worden sind[271]. Dass der legislative Prozess im engeren Sinne ausgeschlossen ist, ergibt sich schon aus dem Anwendungsbereich der Konvention, die nicht für Gremien oder Einrichtungen gilt, die in gesetzgebender Eigenschaft handeln (Art. 2 Nr. 2 S. 2). Es sollen ausreichende zeitliche Rahmen festgelegt werden, Entwürfe von Vorschriften veröffentlicht werden und der Öffentlichkeit unmittelbar oder durch sie vertretende Stellen die Möglichkeit gegeben werden, Stellungnahmen abzugeben. Das Ergebnis soll so weit wie möglich berücksichtigt werden[272]. Auch diese Vorschrift hat mangels eindeutiger Verpflichtungen weniger Gewicht als die über die obligatorische Öffentlichkeitsbeteiligung nach Artikel 6. Sie mag jedoch insbesondere in den neuen unabhängigen Staaten der ehemaligen Sowjetunion Signalwirkung haben.

3. Zugang zu Gerichten - *access to justice* (Artikel 9)

a) Rechtliche Absicherung der anderen beiden Säulen

Die dritte Säule, die den Zugang zu Gerichten regelt, hat zwei Funktionen. Zum einen stützt sie die ersten zwei Säulen, indem sie die gerichtliche Überprüfung der Verletzung der Rechte aus Artikel 4 (Art. 9 Abs. 1)[273] und Artikel 6 (Art. 9 Abs. 2)

[270] Scheyli, a.a.O., S. 240; Implementation Guide, S. 119

[271] Vgl. Implementation Guide, S. 120.

[272] Die Formulierung „*as far as possible*" wird als weniger stark als „*due account*" in Art. 6 Abs. 8 angesehen; vgl. Implementation Guide, S. 122.

[273] Dazu unten, III.3.

ermöglicht[274]. Hinsichtlich der zweiten Säule ist die Konstruktion des Zugangs zu Gerichten kompliziert. Hier wird der Zugang zu einem solchen Überprüfungsverfahren jedenfalls für die Bestimmungen von Artikel 6 garantiert. Ferner kann der Zugang zu Rechtsschutz auch für sonstige einschlägige Bestimmungen der Konvention eröffnet werden, wenn innerstaatliches Recht dies vorsieht. Beides wird aber insoweit relativiert, als dass dies nur für Mitglieder der betroffenen Öffentlichkeit gilt, die entweder ein ausreichendes Interesse haben oder alternativ eine Rechtsverletzung geltend machen, wenn das Verwaltungsprozessrecht einer Vertragspartei dies als Voraussetzung erfordert (Satz 1 Buchstaben a und b). Dies muss wiederum mit dem Ziel der Konvention im Einklang stehen, der betroffenen Öffentlichkeit im Rahmen des Übereinkommens einen weiten Zugang zu Gerichten zu gewähren (Satz 2). Deshalb gilt das Interesse jeder nichtstaatlichen Organisation, die sich für den Umweltschutz einsetzt, als ausreichend bzw. diese Organisationen gelten als Träger von Rechten im Sinne der Vorschrift (Art. 9 Abs. 2 S. 3 und 4). Durch diese Bestimmung werden die in Satz 1 aufgestellten Voraussetzungen des innerstaatlichen Rechts ausgehöhlt. Zu den Problemen, die sich hieraus insbesondere für das deutsche Verwaltungsprozessrecht ergeben, kann in diesem Rahmen nicht näher eingegangen werden[275].

Durch die rechtliche Absicherung des Rechts auf Zugang zu behördlichen Informationen wird jedenfalls der Kontroll-, der Autonomiesicherungs- und der Rechtsschutzfunktion des Umweltinformationsrechts in besonderer Weise Rechnung getragen.

b) Einklagbarkeit sonstigen Umweltrechts

Zum zweiten und unbeschadet der Absätze 1 und 2 schafft Artikel 9 in Absatz 3 die Verpflichtung der Vertragsparteien, sicherzustellen, dass Mitglieder der Öffentlichkeit, sofern sie etwaige in ihrem innerstaatlichen Recht festgelegte Kriterien erfüllen, Zugang zu verwaltungsbehördlichen oder gerichtlichen Verfahren haben, um die von Privatpersonen und Behörden vorgenommenen Handlungen und begangenen Unter-

[274] Näher bei Scheyli, a.a.O., S. 242 ff.
[275] Zur Problematik der Verbandsklage vgl. etwa Ziekow, Klagerechte von Naturschutzverbänden gegen Maßnahmen der Fachplanung, VerwArch 2000, S. 483

lassungen anzufechten, die gegen umweltbezogene Bestimmungen ihres innerstaatlichen Rechts verstoßen. Hierin liegt wohl eines der größten Probleme der Konvention für das deutsche Recht, denn die Geltendmachung der Verletzung eines subjektiv-öffentlichen Rechts, wie es nach deutschem Recht erforderlich ist und der Unterscheidung vom subjektivem und objektivem Recht entspricht, kann danach im Bereich der Umweltrechts kaum mehr verlangt werden. Die Einschränkung „sofern sie etwaige in ihrem innerstaatlichen Recht festgelegte Kriterien erfüllen", wird man in diese Richtung nicht interpretieren können, da Absatz 2 dieses Problem gesehen und angesprochen hat, Absatz 3 dagegen nicht. Der *Implementation Guide* spricht von einer Bestimmung zum *„direct citizen enforcement*", also eines Vollzuges bzw. der Durchsetzung des Umweltrechts direkt durch den Bürger[276]. Dieses Problem ist in der Literatur bisher, soweit erkennbar, nicht ausreichend diskutiert worden[277]. Zur Durchsetzung der Idee des Umweltschutzes durch Umweltinformation kann diese Bestimmung nur als konsequent bezeichnet werden.

Auf alle drei Absätze bezogen, enthalten die Absätze 4 und 5 Bestimmungen, die effektiven Rechtsschutz sicherstellen sollen. U. a. werden die Vertragsparteien verpflichtet, sicherzustellen, der Öffentlichkeit Informationen über den Zugang zu verwaltungsbehördlichen und gerichtlichen Überprüfungsverfahren zur Verfügung zu stellen. Hier zeigt sich wieder der enge Zusammenhang der drei Säulen und die herausragende Bedeutung, die die Signatarstaaten der aktiven Information der Bevölkerung beimessen.

4. Schlussbestimmungen (Artikel 10 bis 22)

Die Artikel 10 bis 22 der Konvention enthalten übliche Schlussbestimmungen, die Verfahrensfragen wie die Tagung der Vertragsparteien, Änderungen des Übereinkommens, die Überprüfung der Einhaltung und die Beilegung von Streitigkeiten enthalten. Von Bedeutung ist hier Artikel 19 Abs. 1, der eine sog. Ratifikationsklausel enthält, die bestimmt, dass das Übereinkommen der Ratifikation, Annahme oder Ge-

---

[276] Implementation Guide, a.a.O., S. 130

[277] Scheyli a.a.O. problematisiert dies nicht; allgemein zum Bruch des Umweltinformationsrechts mit den Kategorien des subjektiven und des objektiven Rechts: Reinhardt, a.a.O.; zum Themenkomplex der Verbandsklage siehe z.B. Ziekow, a.a.O.

nehmigung[278] durch die Unterzeichner bedarf. Die Konvention wird daher erst mit Vornahme dieser zweiten Stufe für die Unterzeichner verbindlich[279]. Damit wird ein Auseinanderfallen der völkerrechtlichen und der innerstaatlichen Rechtslage vermieden, denn die Ratifikation, Annahme oder Genehmigung werden in der Regel erst vorgenommen, wenn der Vertrag auch innerstaatlich in Kraft gesetzt ist. Ein Beitritt[280] ist gemäß Art. 19 Abs. 2 i.V.m. Art. 17 für alle Mitgliedstaaten der UN/ECE, Staaten, die bei der UN/ECE beratenden Status haben[281] und für Organisationen der regionalen Wirtschaftsintegration, die aus souveränen Staaten, die Mitglieder der UN/ECE sind, gebildet werden und die Zuständigkeiten für die von dem Übereinkommen erfassten Angelegenheiten haben, möglich. Gemäß Art. 19 Abs. 5 ist für solche Organisationen in ihrer Ratifikationsurkunde eine Erklärung über ihren Zuständigkeitsbereich notwendig. Die Europäische Gemeinschaft geht von ihrer Zuständigkeit in den Bereichen Umweltinformationen und Öffentlichkeitsbeteiligung aus[282].

Gemäß Artikel 20 tritt das Übereinkommen am neunzigsten Tag nach der Hinterlegung der sechzehnten Ratifikations-, Annahme-, Genehmigungs- oder Beitrittsurkunde in Kraft. Anfang August 2001 lagen sechzehn solcher Urkunden vorlagen, nämlich die von Turkmenistan (25.06.1999), der ehemaligen jugoslawischen Republik Mazedonien (22.07.1999), der Republik Moldawien (09.08.2000), der Ukraine (18.11.1999), von Weißrussland (11.03.2000), Aserbaidschan (23.03.2000), Georgien (11.04.2000), Rumänien (11.07.2000), Dänemark (29.09.2000), Kasachstan (11.01.2001), Kirgisistan (01.05.2001), Italien (13.06.2001), Tadschikistan (17.06.2001), Albanien (27.06.2001) Ungarn (03.07.2001) und Armenien

---

[278] Die drei Begriffe bezeichnen alle einen innerstaatlichen Akt, in dem zum Ausdruck kommt, dass der Unterzeichner sich an den völkerrechtlichen Vertrag gebunden fühlt; vgl. Menon, a.a.O., S. 32 ff., Verdross/Simma, § 710.

[279] Zur Ratifikationsklausel, vgl. etwa Kimminich, Einführung in das Völkerrecht, S. 232, 272, 465.

[280] Ein Beitritt kann durch eine Partei erfolgen, die nicht an der Ausarbeitung des völkerrechtlichen Vertrages beteiligt war, wenn dieser das vorsieht; vgl. Menon, a.a.O., S. 40; Kimminich, a.a.O., S. 232; Verdross/Simma, § 713.

[281] Gemäß der Entschließung 36 (IV) des Wirtschafts- und Sozialrates vom 28.03.1947.

[282] Vgl. Vorschlag für einen Beschluss des Rates über die Unterzeichnung des Übereinkommens der Kommission vom 02.06.1998 (KOM 1998, 344 endg.), Vorschläge der Kommission für Umsetzungsmaßnahmen liegen für Artikel 4, 5, 6 und 7 bereits vor (vgl. oben, 2., bzw. unten 3. Kapitel, I.1.).

(01.08.2001)[283]. Damit tritt die Konvention am 31.10.2001 in Kraft[284]. Die Bundesrepublik Deutschland koordiniert die Ratifikation mit der der Europäischen Gemeinschaft, da diese als Vertragspartei selbst Rechtsakte zur Umsetzung erlassen wird und das deutsche Recht bei einer vorgezogenen Umsetzung gegebenenfalls erneut an das EG-Recht angepasst werden müsste[285]. Die Europäische Kommission geht jedoch davon aus, dass sie erst etwa im Jahre 2003 soweit sein wird, dass sie ihre Rechtsvorschriften entsprechend angeglichen hat[286].

---

[283] Dabei hat die Republik Kasachstan in einem Bericht über die Ratifikation und Umsetzung der Konvention bereits im Juni 2000 erklärt, dass sie, ebenso wie andere Neue Unabhängige Staaten, erst nach der Ratifikation die innerstaatlichen Rechtsvorschriften angleichen wird; vgl. Report on the activity of ratification and implementation of the Aarhus Convention in the Republic of Kazakhstan, unter www.unece.org/env/pp.htm

[284] Ferner wird die Konvention auch für Estland verbinlich, das am 02.08.2001 seine Ratifikationsurkunde hinterlegt hat. Zu den Vertragsparteien vgl. www.unece.org/env/pp/ctreaty.htm

[285] Vgl. Antwort der Bundesregierung auf die Kleine Anfrage der Abgeordneten Bulling-Schröter und der Fraktion der PDS, BT-Drs. 14/3568 v. 07.06.2000

[286] Vgl. BMU, Ergebnisse der 2. Signatarstaatenkonferenz zur Aarhus-Konvention, Umwelt 9/2000, S. 435; Daher werden weder Deutschland noch die Europäische Gemeinschaft zu den ersten Vertragsparteien gehören, falls es zu einem Inkrafttreten im Jahre 2002 kommt. Die Konvention wäre während dieser Phase für die Signatarstaaten, die noch nicht Vertragsparteien sind, zwar noch nicht verbindlich, diese könnten jedoch bereits gemäß Art. 14 des Übereinkommens Änderungen und Ergänzungen beschließen.

III. Das Umweltinformationsrecht in der Aarhus-Konvention

1. Artikel 4 – Zugang zu Informationen über die Umwelt

a) Grundsätzliche Bestimmungen zu Art und Umfang des Anspruchs (Absatz 1)

Artikel 4 setzt den Rahmen und regelt die Verfahrensweise für die Herausgabe von Informationen über die Umwelt auf Antrag, indem er die Vertragsparteien dazu nach Maßgabe seiner Absätze und im Rahmen der innerstaatlichen Rechtsvorschriften verpflichtet. Zusammen mit Artikel 1 legt er den Grundsatz des freien Zugangs zu Umweltinformationen als Recht eines jeden fest[287].

aa) Der Verweis auf den Rahmen der innerstaatlichen Rechtsvorschriften

Während die Formulierung „nach Maßgabe der folgenden Absätze dieses Artikels" eindeutig die nähere Ausgestaltung und die Grenzen der Verpflichtung der Vertragsparteien durch die Konvention selbst meint, kann der Verweis auf den Rahmen der innerstaatlichen Rechtsvorschriften (engl. *within the framework of national legislation*) verschiedene Bedeutungen haben. Er war in den *Draft Elements* nicht enthalten[288] und wurde von den Verhandlungsdelegationen schon bei der Aushandlung verschieden ausgelegt[289].

Grundsätzlich sind drei verschiedene Bedeutungen denkbar. Erstens kann die Formulierung bedeuten, dass sie den Vertragsparteien nur Flexibilität hinsichtlich der Auswahl der Mittel der Umsetzung der Bestimmungen geben soll, etwa die Wahl zwischen für Umweltangelegenheiten speziellen Rechtsnormen oder allgemeinen Normen über Informationsfreiheit bzw. Öffentlichkeitsbeteiligung, oder auch die Wahl zwischen Gesetzen, Verordnungen und Verwaltungsvorschriften. Dass den Vertragsparteien eine solche Flexibilität zusteht, ist unbestreitbar, da auf die verschiedenen nationalen Rechtssysteme insoweit Rücksicht genommen werden muss.

---

[287] Implementation Guide, S. 29, 49, 53

[288] Draft Elements v. 11.04.1996, vgl. FN 172.

[289] Vgl. Implementation Guide, S. 30.; aus den Sitzungsberichten ergibt sich kein Hinweis auf die Motivationen der Delegationen.

Fraglich ist dagegen, inwieweit die Formulierung zweitens auch einen Spielraum hinsichtlich des Inhalts und Umfangs der Verpflichtungen aus Art. 4 gibt. Soweit Art. 4 unbestimmte Rechtsbegriffe verwendet, die nur durch nationales Recht näher bestimmt werden können, etwa „öffentliche Sicherheit“[290] oder „Betriebs- und Geschäftsgeheimnis“, wird man den Vertragsparteien ebenfalls einen Spielraum zubilligen müssen, weil die Begriffe ausfüllungsbedürftig sind und es keine international gültigen Definitionen gibt. Der Umfang der Verpflichtungen bestimmt sich daher insoweit nach den nationalen Rechtsvorschriften. Eine weitergehende Interpretation dahingehend, dass sich der Inhalt der Verpflichtungen gänzlich nach dem Rahmen der innerstaatlichen Rechtsvorschriften bestimmt, erscheint dagegen nicht haltbar. Zum einen wäre dann die Formulierung „nach Maßgabe der folgenden Absätze“ überflüssig. Zum anderen widerspräche es dem Grundgedanken der Konvention, dass sie Mindeststandards setzen will, über die die Vertragsparteien hinausgehen können, hinter denen sie aber nicht zurückbleiben können, wie es in Art. 3 Abs. 5 und 6 zum Ausdruck kommt[291]. Außerdem ist zu berücksichtigen, dass die Konvention an anderer Stelle die Formulierung „in Übereinstimmung (engl. *in accordance with*) mit ihren innerstaatlichen Rechtsvorschriften“ verwendet (etwa in Art. 6 Abs. 1 Buchstabe b). Diese legt eine solche Interpretation eher nahe, als der Verweis auf den „Rahmen“.

Drittens kann die Klausel auch als Auftrag an Vertragsparteien, Rechtsvorschriften zu schaffen, verstanden werden. Dies ist insbesondere hinsichtlich der Staaten von Bedeutung, in denen keine Transformation des Übereinkommens notwendig ist und es daher direkt zur Anwendung kommt, weil sich die Konvention wegen ihrer Unbestimmtheit an manchen Stellen für die unmittelbare Anwendung nicht eignet[292]. Dagegen spricht allerdings, dass dieser Auftrag sich bereits hinreichend aus Art. 3 Abs. 1 ergibt, die erneute Normierung in Art. 4 Abs. 1 wäre überflüssig. Im Ergebnis ist daher an dieser Stelle davon auszugehen, dass die Formulierung die Wahl der Art und Stellung der Rechtsnorm sowie die Bestimmung des Umfangs des Zugangsrechts durch andere Rechtsbegriffe des innerstaatlichen Rechts ermöglichen soll.

[290] Zum unbestimmten Rechtsbegriff der „öffentlichen Sicherheit und Ordnung“ im Völkerrecht vgl. Bleckmann, Ermessensfehlerlehre, 1997, S. 25 ff.
[291] Vgl. Implementation Guide, S. 31.
[292] Vgl. Implementation Guide, S. 31.

Dass dadurch die effektive Ausübung des Zugangsrechts nicht behindert werden darf, ergibt sich aus dem Zusammenhang mit den Vorschriften des Art. 3.

bb) Anspruch ohne Eigeninteresse

Im Einklang mit dem Verständnis, dass die Öffentlichkeit von Umweltinformation dem Umweltschutz dient und daher grundsätzlich ein öffentliches Interesse daran besteht, verlangt auch die Aarhus-Konvention nicht, dass der Antragsteller ein Interesse an der Information begründet. Die deutsche Übersetzung ist an dieser Stelle ungenau, wenn sie von „Nachweis" spricht. Daraus kann nicht *a maiore ad minus* der Schluss gezogen werden, dass ein Interesse jedenfalls dargelegt werden muss, da die englische Fassung lautet: „*without an interest having to be stated*", also: ohne, dass ein Interesse dargelegt werden muss. Hätte man lediglich im Sinne einer Regelvermutung für das Interesse des Antragstellers auf den Nachweis verzichten wollen, hätte man mindestens entsprechend Art. 3 Abs. 1 UIRL die Formulierung „*having to prove*" verwenden müssen. Selbst dort wird jedoch von der Europäischen Kommission und der h.M. vertreten, dass ein Interesse nicht darzulegen ist[293].

cc) Anspruch auf bestimmte Form der Informationsübermittlung

Die Herausgabe der Informationen hat grundsätzlich in der erwünschten Form zu erfolgen, es sei denn, die Behörde kann begründen, warum ihr eine andere Form angemessen erscheint oder wenn die Informationen in anderer Form der Öffentlichkeit bereits zur Verfügung stehen (Art. 4 Abs. 1 Satz 1, 3. Halbsatz, Buchstabe b). Zusätzlich zu dieser Bestimmung legt bereits der vorhergehende Satz 1, 2. Halbsatz des Artikels fest, dass zu den bereitzustellenden Informationen auch Kopien der eigentlichen Unterlagen, die die begehrten Informationen enthalten, gehören. Dahinter steht der Gedanke, dass es entscheidend sein kann, die Information im Zusammenhang oder in der Originalabfassung zu sehen. Könnte die Verwaltung die Fakten beliebig in anderer Form mitteilen, bestünde die Gefahr bewusster oder unbewusster Filte-

[293] Vgl. die Begründung zum Vorschlag für eine Richtlinie des Europäischen Parlaments und des Rates über den Zugang der Öffentlichkeit zu Umweltinformationen vom 29.06.2000 (KOM 2000, 402 endg.); Turiaux, § 4 Rz. 3 unter Hinweis auf die Begründung der Bundesregierung für das deutsche Umsetzungsgesetz UIG (UIGE, BT-Drs. 12/7138).

rung[294]. In Deutschland hat daher das Bundesverwaltungsgericht zu § 4 Abs. 1 S. 2 UIG entschieden, dass es zwar im pflichtgemäßen Ermessen der Behörde stehe, auf welche Weise der Anspruch auf Informationen über die Umwelt erfüllt werde, dessen Ausübung aber am Zweck der UIRL auszurichten sei und ein Auswahlermessen deshalb nur zwischen solchen Informationsmitteln bestehe, die im wesentlichen gleiche Informationseignung besitzen[295]. Um solche Zweifelsfragen zu vermeiden, nimmt die Aarhus-Konvention hier ausdrücklich diese Bestimmung auf. Der Verweis in Buchstabe b darauf, dass die Informationen „in anderer Weise" zur Verfügung stehen, stellt die Verbindung zu Art. 5 her. Mehr und mehr sollen nach der Konzeption der Konvention Informationen über elektronische Systeme verbreitet werden. Bei Anfragen kann die Behörde auf ein solches Angebot verweisen. Fraglich ist allerdings, inwieweit im Einzelfall auf bereits öffentliche Informationen verwiesen werden darf, da nicht jeder den gleichen Zugang zu veröffentlichten Informationen hat. Bei Informationen, die im Internet zu finden sind, dürfte es von der Verbreitung des Mediums in dem Vertragsstaat abhängen. Hat der Antragsteller die zumutbare Möglichkeit, Zugang zum Internet zu bekommen, ggf. in einer öffentlichen Bibliothek oder einem Internet-Café, kann man wohl darauf verweisen, wobei allerdings gemäß Abs. 8 keine unangemessenen Kosten entstehen dürfen. Ist ihm dies jedoch nur unter unzumutbaren Umständen möglich, etwa weil in der Region, in der er lebt, kaum Zugangsmöglichkeiten bestehen, könnte das Recht auf freien Zugang nicht effektiv ausgeübt werden[296]. Dies widerspräche der Bestimmung des Art. 3 Abs. 2, wonach die Vertragsparteien sich bemühen, sicherzustellen, dass öffentlich Bedienstete und Behörden der Öffentlichkeit Unterstützung und Orientierungshilfe für den Zugang zu Informationen geben.

b) Der zeitliche Rahmen (Absatz 2)

Um die zeitnahe Verwendungsmöglichkeit der Informationen durch den Antragsteller zu gewährleisten, bestimmt Art. 4 Abs. 2, dass die Information so bald wie möglich und spätestens einen Monat nach Antragstellung zur Verfügung zu stellen ist[297].

---

294 Vgl. Scherzberg, DVBl. 1994, S. 733, 737; Schröder, NVwZ 1990, S. 905, 908.
295 BVerwG, Urteil vom 06.12.1996, DVBl. 438, DVBl. 1997, S. 438 f
296 Vgl. Implementation Guide, S. 55.
297 In den *Sofia Guidelines* und den *Draft Elements* waren noch sechs Wochen vorgesehen.

Nur Umfang und Komplexität der Information rechtfertigen eine Fristverlängerung auf bis zu zwei Monate, die dem Antragsteller gegenüber zu begründen ist. Aus Sicht der deutschen Verwaltung mit ihrer heutigen Struktur, Ausstattung und Arbeitsweise ist dieser zeitliche Rahmen extrem eng. Schon die zweimonatige Frist der UIRL hat die Behörden in schwierigeren Fällen vor Probleme gestellt. Die meisten anderen Mitgliedstaaten haben gegenüber der Kommission bei der Anwendung der UIRL nicht über Probleme mit der Frist berichtet, sondern teilweise sogar bei der Umsetzung eine kürzere Frist vorgesehen, da sie zwei Monate für unangemessen lang hielten[298]. Deshalb wurde wohl auch in der Aarhus-Konvention die Monatsfrist als maximal zulässige Regelfrist vorgesehen[299]. Aus deutscher Sicht unbeantwortet bleibt die Frage, wie in der kurzen Zeit ggf. Rechte eines betroffenen Dritten gewahrt werden können, der Widerspruch und gerichtlichen Rechtsschutz gegen die Herausgabe von Informationen einlegen möchte, die er für zu seinem Betriebs- und Geschäftsgeheimnis oder schutzwürdigen personenbezogenen Daten zugehörig hält[300]. Auch für diese Fälle wäre es denkbar gewesen, eine Fristverlängerung vorzusehen, damit die Ausweitung des Umweltinformationsrechts nicht zu einer Verkürzung anderer Rechtspositionen führt.

c) Ausschlussgründe zur Sicherung effektiven behördlichen Handelns (Absatz 3)

Absatz 3 ermöglicht die Ablehnung eines Antrags zum Schutze effektiven behördlichen Handelns. In Buchstabe a wird zunächst klargestellt, dass sich der Anspruch nur auf Informationen bezieht, die bei der Behörde, bei der der Antrag gestellt wird, vorhanden sind. Es besteht also grundsätzlich keine Beschaffungspflicht. Nicht ausdrücklich geregelt ist in der Konvention das Problem, dass Behörden in zunehmendem Maße Informationen Dritter, auf die sie an sich einen gesetzlichen Zugriff haben, aus Gründen der Verwaltungsvereinfachung nicht mehr abrufen, sondern bei dem Dritten belassen. Die geschieht etwa mit Messberichten nach Immissionsschutz-

---

298 Vgl. Bericht der Kommission an den Rat und das Europäische Parlament über die Erfahrungen aus der Anwendung der Richtlinie 90/313/EWG des Rates vom 07.06.1990 über den freien Zugang zu Informationen über die Umwelt, KOM (2000) 400 endg., S. 24 ff.

299 Vgl. Implementation Guide, S. 56.

300 Dazu unten, Buchstabe d.

recht[301]. Diese Informationen wird man nicht von dem Anspruch ausnehmen können, denn dies hätte zur Folge, dass die Verwaltung den Umfang des Umweltinformationsanspruchs in der Hand hätte.

Ferner können die Vertragsparteien vorsehen, dass der Antrag abgelehnt werden kann, wenn er offensichtlich missbräuchlich oder zu allgemein formuliert ist (Buchstabe b). Die Formulierung entspricht genau der von Art. 3 Abs. 3 Alt. 4 UIRL. Die nähere Bestimmung, was darunter zu verstehen ist, obliegt der Vertragsparteien. Der einzige Hinweis, den die Konvention selbst enthält, ist, dass „offensichtlich missbräuchlich" mehr sein muss, als ein Antrag, der lediglich auf umfangreiche und komplexe Informationen abzielt, da in diesem Fall Art. 4 Abs. 2 eine längere Frist zur Beantwortung vorsieht[302]. In der deutschen Rechtsordnung werden hierunter Anträge verstanden, die offensichtlich querulatorisch und ziellos[303] sind, also etwa lediglich der Behinderung der Arbeit einer Behörde, der Verzögerung eines Genehmigungsverfahren u.ä. dienen[304]. Die kommerzielle Verwertung allein macht den Antrag nach h.M. nicht missbräuchlich, da nach der Konzeption des Anspruchs gerade kein berechtigtes Interesse geltend gemacht werden muss[305]. Umstritten ist, wie die Offensichtlichkeit zu bestimmen ist. Während *Gurlit* der Auffassung ist, der Missbrauch müsse aus dem Antrag selbst, etwa durch die Formulierung, erkennbar sein[306], wollen *Fluck/Theuer* es ausreichen lassen, wenn man ihn unschwer aus den Umständen oder anderen Informationen als solchen erkennen kann[307]. Letzterer Auffassung ist zuzustimmen, da die andere Auffassung zu eng erscheint. Ein klarer Rechtsmissbrauch wird sich selten mit dem Antrag allein nachweisen lassen, vielmehr ergibt sich dies eher aus den sonstigen Umständen des Falles, wie einer gleichlautenden Antragstellung bei anderen Behörden, die über die gleiche Information verfügen.

---

[301] Bei Unternehmen, die nach EG-Öko-Audit-Verordnung 1836/93 registriert sind, wird in einigen Bundesländern auf die Übersendung bestimmter Messberichte verzichtet, es genügt wenn die Daten der Behörde zur Verfügung stehen, vgl. z.B. VBBImschG Bayern vom 05.02.1998 (AllMinBl. V. 02.03.1990), Rdnr. 190 b.

[302] Vgl. Implementation Guide, S. 57

[303] Turiaux, a.a.O., § 7, Rz. 49 m.w.N.

[304] Vgl. näher Fluck/Theuer, § 7, Rz. 188 ff.

[305] Fluck/Theuer, § 7 Rz. 194/200

[306] Gurlit, ZRP 1989, S. 253, 255

„Zu allgemein formuliert" ist nach deutschem Rechtsverständnis ein Antrag dann, wenn er nicht erkennen lässt, auf welche Information er gerichtet ist[308] oder wenn er die Information in keiner Weise geeignet spezifiziert, etwa auf alle vorliegenden Informationen über eine bestimmte Industrieanlage gerichtet ist[309]. Zu beachten ist jedoch, dass die Vertragsparteien nach Art. 3 Abs. 2 der Aarhus-Konvention gehalten sind, sicherzustellen, dass die Behörden auf eine zweckmäßige Antragstellung hinwirken. Dies entspricht § 25 VwVfG in Deutschland.

Schließlich enthält Absatz 3 in Buchstabe c die Bestimmung, dass ein Antrag abgelehnt werden kann, der Material betrifft, das noch fertig gestellt werden muss oder interne Mitteilungen von Behörden betrifft, sofern dies nach innerstaatlichem Recht vorgesehen ist oder gängiger Praxis entspricht. Hier unterscheidet sich die Konvention in der Formulierung von dem ähnlichen Ausnahmetatbestand in der UIRL. Das Abgehen von der Formulierung der UIRL - „noch nicht abgeschlossener Schriftstükke" (engl. „*unfinished documents*") deutet darauf hin, dass der Ausnahmetatbestand enger ausgelegt werden soll als die UIRL und dass nur Schriftstück erfasst werden sollen, an denen aktuell gearbeitet wird[310]. An der englischen Originalfassung wird dies deutlicher als in der deutschen Übersetzung: „*material in the course of completion*" impliziert einen laufenden Vorgang der Fertigstellung, während „*unfinished documents*" auch Schriftstücke erfassen könnte, die vorläufig abgeschlossen, aber nicht endgültig fertiggestellt sind. Der Blick auf Art. 6 Abs. 2, 4 und 6, Art. 7 und 8 der Konvention zeigt, dass nach der Konzeption der Aarhus-Konvention gerade Entwürfe in umweltrelevanten Entscheidungsverfahren der Öffentlichkeit zugänglich gemacht werden sollen, weil eine frühzeitige Beteiligung der Bevölkerung ermöglicht werden soll. Sofern diese Artikel einschlägig sind, handelt es sich daher jeden-

---

307 Fluck/Theuer, § 7 Rz. 201/203

308 § 5 Abs. 1 UIG lautet: „Der Antrag muss hinreichend bestimmt sein und insbesondere erkennen lassen, auf welche Information (...) er gerichtet ist."

309 Fluck/Theuer, a.a.O., § 7 Rz. 28. Auf derartige Fälle in Frankreich nimmt der Implementation Guide Bezug, S. 57. Danach hat die französische Kommission für den Zugang zu Dokumenten der Verwaltung (CADA) entschieden, dass ein Antrag auf alle Dokumente, die sich auf eine bestimmte Bärenart beziehen sowie eine Anfrage für alle Gutachten, die in Verfahren der Umweltverträglichkeitsprüfung in einem Jahr abgegeben wurden, zu allgemein waren.

310 Vgl. Implementation Guide, S. 58.

falls bei Entwürfen nicht um „Material, das noch fertig gestellt werden muss" im Sinne von Art. 4 Abs. 3 Buchstabe c. Aber auch soweit es sich nicht um für Entscheidungsverfahren relevantes Material nach Art 6, 7 oder 8 handelt, spricht der Zusammenhang für eine Auslegung, die nur Material beinhaltet, das noch zu keinerlei vorläufigem Abschluss gekommen ist, sondern innerhalb eines absehbaren Zeitrahmens noch bearbeitet wird[311].

Eine Ausnahme für „interne Mitteilungen (engl. „*internal communications*") sieht auch die UIRL in Art. 3 Abs. 3, 3. Alt. vor. Die Konvention ergänzt dies um die Wörter „von Behörden (engl. *of public authorities*)". Dies läßt den Schluss zu, dass verdeutlicht werden sollte, dass nur behördeninterne Mitteilungen, nicht aber verwaltungsinterne Mitteilungen erfasst werden sollen, also Mitteilungen zwischen verschiedenen Behörden. Diese Unterscheidung wird im deutschen Recht gemacht[312]. Dafür spricht die Stellung dieser Ausnahme in Buchstabe c, die im Zusammenhang mit noch fertig zu stellendem Material zum Ausdruck bringt, dass Schutzgut der ungestörte und reibungslose Ablauf behördeninterner Verwaltungsvorgänge ist[313]. Es fragt sich ferner, wo die Abgrenzung zu Art. 4 Abs. 4 a liegt, der die Vertraulichkeit von Beratungen von Behörden („*confidentiality of proceedings of public authorities*") schützt[314].

Beide Ausnahmen des Buchstaben c werden in zweifacher Hinsicht eingeschränkt. Zum einen dürfen sie nur geltend gemacht werden, sofern eine derartige Ausnahme nach innerstaatlichem Recht vorgesehen ist oder gängiger Praxis entspricht. Zum anderen ist das öffentliche Interesse an der Herausgabe der Information zu berücksichtigen. Ein Auskunftsverlangen ist also nicht unbedingt abzulehnen, sondern eine Abwägungsentscheidung zu treffen[315].

---

[311] Vgl. Implementation Guide, S. 58.
[312] Fluck/Theuer, § 7 Rdnr. 165
[313] Vgl. Fluck/Theuer, § 7 Rdnr. 138
[314] Dazu unten, d.
[315] Dazu näher unten, e.

d) Ausschlussgründe zum Schutz anderer Interessen (Absatz 4)

Absatz 4 soll nachteilige Auswirkungen der Offenlegung von Daten auf andere Schutzgüter verhindern. Dabei verwendet die Konvention die Formulierung „wenn die Bekanntgabe negative Auswirkungen hätte auf" (engl. *„if the disclosure would adversely affect"*) im Gegensatz zur UIRL, die nur generell von Auswirkungen spricht[316]. Damit wird festgelegt, dass nicht nur irgendeine Auswirkung auf die nachfolgend aufgezählten Schutzgüter genügt, um die Herausgabe zu verweigern. Soweit die Vertragsstaaten bei der Umsetzung von den Ausschlussgründen Gebrauch machen, müssen sie daher im innerstaatlichen Recht vorsehen, dass eine tatsächliche negative Auswirkung festgestellt wird[317]. Diese Beurteilung erfolgt zwar auf der Ebene der Vertragspartei, zu beachten ist jedoch das Gebot der engen Auslegung der Ausnahmetatbestände und der Berücksichtigung des öffentlichen Interesses an der Herausgabe in Satz 2. Ausdrücklich aufgenommen wurde in Absatz 6 die Bestimmung, dass in den Fällen, in denen Informationen von der Herausgabe nach Abs. 3 Buchstabe c oder Abs. 4 ausgenommen sind, die Teile ausgesondert und zur Verfügung gestellt werden, die nicht von der Ausnahme betroffen sind.

aa) Vertraulichkeit der Beratungen von Behörden

Fraglich ist zunächst die Abgrenzung von Buchstabe a - Vertraulichkeit der Beratungen von Behörden - zu Abs. 3 Buchstabe c - interne Mitteilungen von Behörden. Diese ist zu diskutieren, weil Abs. 4 Buchstabe a die Ausnahme nur zulässt, wenn sie gesetzlich vorgesehen ist, während im anderen Fall auch eine „gängige Praxis" ausreicht. Während in der deutschen Literatur für die Abgrenzung der entsprechenden Vorschriften im UIG[318] diskutiert wird, ob „verwaltungsinterne Mitteilungen" - so die Formulierung von § 7 Abs. 2, 3. Alt. UIG - nur solche sein können, die die innere Organisation und Funktionsfähigkeit der Verwaltung betreffen, weil sonst der Ausschlussgrund der „Vertraulichkeit der Beratungen von Behörden" (§ 7 Abs. 1 S. 1

[316] Art. 3 Abs. 2 UIRL lautet: „Die Mitgliedstaaten können vorsehen, dass ein Antrag auf Zugang zu einer derartigen Information abgelehnt wird, wenn diese folgendes berührt:"
[317] Implementation Guide, S. 58
[318] Diese ist erforderlich weil das § 7 Abs. 1 Nr. 1 UIG kein Ermessen hinsichtlich der Ablehnung einräumt, wenn die Vertraulichkeit der Beratungen von Behörden berührt ist, während dies § 7 Abs. 2, 3. Alt. für verwaltungsinterne Mitteilungen ein Ermessen einräumt.

UIG) leer liefe[319], schlägt der *Implementation Guide* zur Aarhus-Konvention genau diese Interpretation bei Art. 4 Abs. 4 Buchstabe a vor. Danach sollen nur solche Beratungen gemeint sein, die die internen Abläufe der Behörde betreffen und nicht die Beratungen mit materiellem Gehalt, die zuständigkeitshalber durchgeführt werden. Diese Auslegung geht zum einen deshalb zu weit, weil ein Bedürfnis für die Möglichkeit besteht, auch auf dem Gebiet des Umweltschutzes Beratungen innerhalb einer Behörde durchzuführen, deren Beiträge nicht an die Öffentlichkeit gelangen. Anderenfalls würde der Handlungsspielraum der Exekutive zu stark eingeschränkt, weil etwa jede persönliche Äußerung zu einem Thema, die in einem Protokoll festgehalten wird, jedermann zugänglich gemacht würde. Zum zweiten spricht die Einschränkung in Abs. 4 Buchstabe a „sofern eine derartige Vertraulichkeit nach innerstaatlichem Recht vorgesehen ist“ dafür, dass auch inhaltliche Beratungen ausgenommen werden können. *Der Implementation Guide* selbst interpretiert dieses Erfordernis dahingehend, dass nicht die Behörden eine bestimmte Beratung für vertraulich erklären und entsprechende Dokumente vom Anspruch ausnehmen könnten, sondern dass dafür eine gesetzliche Grundlage bestehen muss[320]. Dies machte wenig Sinn, wenn ohnehin nur Beratungen über organisatorische Fragen darunter fielen, insbesondere da es sich bei solchen Informationen regelmäßig nicht um „Umweltinformationen“ handeln dürfte[321]. Für die Abgrenzung kommt es daher maßgeblich auf die Unterscheidung zwischen „Beratungen“ (engl. *„proceedings“*) und „Mitteilungen“ (engl. *„communications“*) an. Bei „Beratungen“ handelt es sich nach deutschem Verständnis um die schriftliche oder mündliche Betätigung der staatsinternen Willensbildung innerhalb einer Behörde oder zwischen verschiedenen Behörden, d.h. im Vordergrund stehen Bewertungen, Diskussion von Entscheidungsvorschlägen und Entscheidungen etc. Jedoch ist nach h.M. und Rechtsprechung nur der Beratungsverlauf selbst, nicht jedoch das Beratungsergebnis geschützt, so dass z.B. fachliche Stellungnahmen von einer Behörde an eine andere nicht darunter fallen[322]. Interne „Mitteilungen“ sind dagegen reine Weitergaben von Informationen[323].

---

[319] So Fluck/Theuer, a.a.O., § 7 Rz. 164, Turiaux, a.a.O., § 7 Rz. 48; anders VG Mainz, Urteil v. 10.11.1995, NUR 1996, S.266.

[320] Implementation Guide, S. 59

[321] Vgl. auch Turiaux, § 7 Rz. 48.

[322] So Fluck/Theuer, a.a.O., § 7 Rz. 56, Scherzberg, DVBl. 1994, S. 738; OVG Schleswig, Urteil v. 15.9.1998,

[323] Vgl. Fluck/Theuer, a.a.O., § 7 Rz. 56.

bb) Internationale Beziehungen, Landesverteidigung und öffentliche Sicherheit

In Buchstabe b kommt der Verweis auf den Rahmen der nationalen Rechtsordnung zum Tragen, denn die Schutzgüter der internationalen Beziehungen, Landesverteidigung und öffentlichen Sicherheit werden von der Konvention nicht näher umschrieben und können daher nur der Bestimmung durch die Vertragsparteien unterliegen.

cc) Gerichtsverfahren

Ein Antrag kann ferner abgelehnt werden, wenn die Bekanntgabe negative Auswirkungen hat auf laufende Gerichtsverfahren, die Möglichkeit einer Person ein faires Verfahren zu erhalten oder die Möglichkeit einer Behörde, straf- oder disziplinarrechtliche Untersuchungen durchzuführen. Die Formulierung „*course of justice*" (laufende Gerichtsverfahren) macht deutlich, dass Material, das zu einem früheren Zeitpunkt Gegenstand eines Gerichtsverfahrens war, nicht ausgenommen ist[324]. Im Hinblick auf zukünftige Gerichtsverfahren können allerdings die anderen Tatbestände eingreifen. Mit der Beschränkung der Untersuchungen auf solche straf- und disziplinarrechtlicher Art vermeidet die Konvention den Streit um die Einbeziehung des Widerspruchsverfahrens als Vorverfahren des verwaltungsgerichtlichen Verfahrens, wie er bei der UIRL geführt wurde[325].

dd) Betriebs- und Geschäftsgeheimnisse

Eine der in der Praxis relevantesten und problematischesten Ausnahmen stellt die Verletzung des Geschäfts- und Betriebsgeheimnisses dar[326]. Die Konvention schränkt ihren Schutz in zweifacher Weise ein. Zum einen müssen die Geschäfts- und Betriebsgeheimnisse rechtlich geschützt sein und ein legitimes wirtschaftliches

---

[324] Vgl. Implementation Guide, S. 59

[325] Dazu: EuGH Urteil v. 17.06.1998 (RS C-321/96), DVBl. 1999, S. 226 m. Anm. Pitschas; Wegener, Umweltinformationsgesetz - Deutsche Geheimniskrämerei in europäischer Perspektive, EuR 2000, S. 228 ff.; Hesselhaus, Wie durchsichtig muss die Umweltverwaltung sein ?, EuZW 2000, S. 298.

[326] Für § 8 Abs. 1 S. 2 UIG vgl. ausführlich Koebke, a.a.O., S. 147 ff. sowie Kim, Der Schutz von Betriebs- und Geschäftsgeheimnissen nach dem Umweltinformationsgesetz, 1999.

Interesse schützen (engl. „*where such confidentiality is protected by law in order to protect a legitimate economic interest*"). Der *Implementation Guide* interpretiert dieses Erfordernis dahingehend, dass das innerstaatliche Recht die Art der betreffenden Information als Geschäfts- oder Betriebsgeheimnis ausdrücklich schützen muss und ein Verfahren durchgeführt werden soll, um zu bestimmen, ob das Geheimnis ein legitimes wirtschaftliches Interesse schützt[327]. Dies erforderte also erstens eine Typisierung möglicher Betriebs- und Geschäftsgeheimnisse und eine Bestimmung, wonach diese vor Offenbarung geschützt werden und zweitens eine Art Abwägung im Einzelfall, ob ein konkretes legitimes Interesse in Frage steht. Über die UIRL geht dies im Wortlaut hinaus: Art. 3 Abs. 2, 4. Spiegelstrich nennt nur „*commercial and industrial confidentiality*", ohne dies näher zu konkretisieren. Dementsprechend hat das deutsche UIG auch keine Bestimmung zur Typisierung von solchen Geheimnissen vorgenommen. Der Begriff wird im deutschen Recht in verschiedensten Rechtsgebieten verwendet, ist aber nirgendwo definiert. Es existiert jedoch eine allgemein akzeptierte Definition, die sich in Rechtsprechung und Lehre entwickelt hat und auf die auch im UIG Rückgriff genommen wird[328]. Wegen des Verweises auf den Rahmen des innerstaatlichen Rechts in Abs. 1 kann ein solche Umsetzung dieser Vorschrift als ausreichend angesehen werden. Eine gesetzliche Typisierung ausgeschlossener Information wäre allerdings im Sinne einer transparenten Umsetzung gemäß Art. 3 Abs. 1 angezeigt. Dies gilt auch im Hinblick darauf, dass Buchstabe d ferner eine „Ausnahme der Ausnahme" aufstellt, indem er bestimmt, dass Informationen über Emissionen, die für den Schutz der Umwelt von Bedeutung sind, generell kein schützenswertes Betriebs- oder Geschäftsgeheimnis darstellen. Somit muss die Relevanz von Emissionen für den Schutz der Umwelt bestimmt werden. Denkbar wäre es, auf Schwellenwerte hinsichtlich der Quantität und/oder der Qualität von Emissionen abzustellen. Im weitesten Sinne sind zwar natürlich alle Emissionen in die Umwelt für den Schutz von Bedeutung[329]. Da Emissionsdaten aber Rückschlüsse auf Produktionsmethoden zulassen können, können sie durchaus Betriebs- und Geschäfts-

---

[327] Vgl. S. 60.

[328] Danach ist als Betriebs- und Geschäftsgeheimnis jede Tatsache anzusehen, die im Zusammenhang mit einem wirtschaftlichen Geschäftsbetrieb steht, nicht offenkundig ist, d.h. nur einem begrenzten Personenkreis bekannt ist, die nach dem Willen des Unternehmers geheim gehalten werden soll und die den Gegenstand eines berechtigten wirtschaftlichen Interesses des Unternehmers bildet. Vgl. Koebke, a.a.O, S. 150; Fluck/Theuer, a.a.O., § 8 Rz. 204/206 m.w.N.

[329] Daher spricht sich der Implementation Guide für eine weite Interpretation aus, vgl. S. 60.

geheimnisse darstellen[330]. Die innerstaatlichen Rechtsordnungen müssen daher ein Verfahren entwickeln, um das Umweltschutzinteresse und das Geschäftsinteresse des Anlagenbetreibers in einen gerechten Ausgleich zu bringen. Einen Ansatz dazu bietet die Einrichtung nationaler Emissionsregister, in die für die Umwelt relevante Emissionen aufgenommen werden (dazu unten, 5. Buchstabe f).

Die Aarhus-Konvention trifft jedenfalls die Wertung, dass der Schutz des Betriebs- und Geschäftsgeheimnisses hinter dem öffentlichen Interesse am freien Zugang zu Umweltinformation zurückzustehen hat, sofern es sich um Emissionen handelt, die für die Umwelt von Bedeutung sind. Hierin liegt eine weitere Ausweitung und Aufwertung dieses Rechts gegenüber anderen Interessen, die erneut vor allem die Präventions- und die Autonomiesicherungsfunktion des Umweltinformationsrechts stärkt.

ee) Rechte auf geistiges Eigentum

Ein Antrag kann ferner abgelehnt werden, wenn die Bekanntgabe negative Auswirkungen auf Rechte auf geistiges Eigentum hätte. Mit der selbständigen Erwähnung dieser Kategorie übernimmt die Aarhus-Konvention nicht die zu enge Einordnung der Rechte auf geistiges Eigentum unter die Betriebs- und Geschäftsgeheimnisse, wie sie die UIRL vornimmt[331]. Unter den Begriff fallen Patentrechte, Warenzeichenrechte, Geschmacksmuster- und Gebrauchsmusterrechte sowie Urheberrechte[332]. Soweit man das sog. Know-how auch zum geistigen Eigentum zählt, überschneidet sich der Begriff mit dem des Betriebs- und Geschäftsgeheimnisses[333]. Bei diesem Ausnahmetatbestand ist daher im Ergebnis nur die mögliche Verletzung des Urheberrechts relevant, denn Patent-, Warenzeichen- und Musterrechte unterliegen ohnehin Publizitätspflichten. Ihr Schutz bezieht sich daher nur auf ein unbefugtes Verwenden, ein Informationsbegehren darf aber nicht unter Hinweis auf solche eingetragenen Rechte abgelehnt werden[334]. Das Urheberrecht kann in der Regel zwar einer Auskunft nicht entgegenstehen, wohl aber dem Kopieren von Unterlagen. Viele umweltrelevante Unterlagen werden allerdings auch als nicht urheberrechtsfähig einzu-

[330] Vgl. Fluck/Theuer, § 8, Rdnr. 251 ff., 336 ff.; a.A. unter Hinweis auf die fehlende Geheimnisqualität bei Abgabe eines Stoffes in die Umwelt etwa Hansmann in: Landmann/Rohmer, Umweltrecht, § 27 BImSchG, Rdnr. 27.

stufen sein, weil ihnen die geistig-schöpferische Leistung fehlt, etwa genormte Antragsunterlagen für Genehmigungsverfahren[335]. Der Umfang des Schutzes richtet sich wiederum maßgeblich nach der innerstaatlichen Rechtsordnung.

ff) Personenbezogene Daten

Die Vertraulichkeit personenbezogener Daten und Akten in Bezug auf eine natürliche Person wird von Art. 4 Abs. 4 Buchstabe f geschützt. Die Herausgabe darf verweigert werden, wenn die betroffene Person der Herausgabe nicht zugestimmt hat und die Vertraulichkeit nach innerstaatlichem Recht vorgesehen ist. Der Begriff der „personenbezogenen Daten" wird in der deutschen Rechtsordnung von § 3 Abs. 1 Bundesdatenschutzgesetz (BDSG) definiert. Danach handelt es sich um „Einzelangaben über persönliche oder sachliche Verhältnisse einer bestimmten oder bestimmbaren natürlichen Person (Betroffener)". Sie wird auch im UIG zugrunde gelegt[336]. Juristische Personen fallen grundsätzlich nicht darunter[337]. Der Begriff ist extrem weit, da alle Informationen darunter fallen, die über den Betroffenen etwas aussagen, völlig unabhängig davon, ob es sich um den Privatbereich handelt oder Informationen, die der Öffentlichkeit ohnehin bekannt sind. Maßgeblich kommt es für die Verweigerung eines Informationsbegehrens daher darauf an, ob ein schutzwürdiges Interesse des Betroffenen besteht oder nicht[338]. Die Konvention wählt einen anderen Ansatz, indem sie fordert, dass die Vertraulichkeit der Information im innerstaatlichen Recht vorgesehen ist. Als Beispiele nennt der *Implementation Guide* Personalakten, Einkommensangaben oder medizinische Angaben[339]. Forderte man eine ausdrückliche gesetzliche Regelung, fielen wesentlich weniger Daten unter die Aus-

---

331 Art. 3 Abs. 2, 5. Spiegelstrich; vgl. Fluck/Theuer, § 8, Rdnr. 111.

332 Vgl. Fluck/Theuer, a.a.O., § 8, Rdnr. 113; Turiaux, a.a.O., § 8, Rdnr. 26; Implementation Guide, S. 61.

333 Vgl. Fluck/Theuer, § 8, Rdnr. 114/119.

334 Fluck/Theuer, a.a.O., § 8, Rdnr. 120 ff.; Turiaux, a.a.O., Rdnr. 26.

335 Ausführlich für das deutsche Urheberrecht und UIG: Fluck/Theuer, a.a.O., § 8, Rdnr. 127 ff., insbes. 138.

336 Fluck/Theuer, a.a.O., § 8, Rdnr. 69; Turiaux, a.a.O., § 8, Rdnr. 4

337 Implementation Guide, S. 61 für die Konvention; Fluck/Theuer, a.a.O., § 8 Rdnr. 73 für das UIG unter Hinweis auf Sonderkonstellationen bei einer 1-Mann-GmbH oder einer OHG.

338 Vgl. auch § 8 Abs. 1 Nr. 1 UIG.

339 Vgl. S. 61.

nahmebestimmung, als bei Anwendung der allgemeinen Prüfung des schutzwürdigen Interesses. Dies ist aber schon deshalb problematisch, weil der Schutz der personenbezogenen Daten eine Ausprägung des Grundrechts auf informationelle Selbstbestimmung ist[340], das in jedem Einzelfall mittels einer Abwägung des schutzwürdigen Interesses gegen das Recht auf freien Zugang zur Anwendung gebracht werden muss. Dies ließe sich mit einer abschließenden Liste von Informationen, die vertraulich behandelt werden müssen, etwa Angaben über wirtschaftliche oder gesundheitliche Verhältnisse von Personen, nicht erreichen. Auch hier wird man wegen des Verweises auf den innerstaatlichen Rechtsrahmen eine solche Handhabung des Ausnahmetatbestandes als zulässig ansehen können.

gg) Freiwillige Informationen Dritter

Art. 4 Abs. 4 Buchstabe g schützt die Interessen von Dritten, die den Behörden Informationen über die Umwelt übermittelt haben, ohne dazu verpflichtet gewesen zu sein. Damit soll der Informationsfluss zwischen Behörden und Bürgern sowie Wirtschaft, der häufig nicht auf einer rechtlichen Grundlage steht, sondern auf guter Zusammenarbeit und freiwilligen Angaben beruht, gesichert werden[341]. Mit der Formulierung „ohne hierzu rechtlich verpflichtet zu sein oder verpflichtet werden zu können“ vermeidet die Aarhus-Konvention die Diskussion, die sich bei der entsprechenden Bestimmung der UIRL und des UIG ergibt. Dort heißt es nur „der dazu gesetzlich nicht verpflichtet war“ (Art. 3 Abs. 2, 6. Spiegelstrich UIRL) bzw. „ohne rechtliche Verpflichtung“ (§ 7 Abs. 4 UIG). Dadurch ist es umstritten, wie Informationen zu behandeln sind, die zu einem Zeitpunkt übermittelt wurden, an dem keine rechtliche Verpflichtung zur Übermittlung bestand, die Behörde aber in der Lage gewesen wäre, eine Auskunft zu verlangen. Fielen diese unter die Ausnahmevorschrift, bestünde die Gefahr, dass Informationen der Öffentlichkeit dadurch entzogen würden, dass eine freiwillige Übermittlung vor Erlass eines entsprechenden Bescheids erfolgte[342]. Konsequenterweise macht die Art. 4 Abs. 4 Buchstabe g daher nur solche

[340] Vgl. etwa Schmitt-Glaeser in: Isensee/Kirchhoff, HdBdStR, Bd. IV, § 129, S. 41, 84 ff., Erichsen, a.a.O., S. 416, Scherzberg, DVBl. 1994, S. 740.

[341] Vgl. Implementation Guide, S. 61.

[342] Turiaux, a.a.O., § 7 Rdnr. 60; Fluck/Theuer, a.a.O., § 7 Rdnr. 239/240 sind der Auffassung, dass einmal freiwillig erteilte Informationen nicht durch die Behörde „umgewidmet“ werden dürften.

Informationen zu „freiwilligen", die die Behörden auf gesetzlicher Grundlage auch nicht hätten erlangen können.

hh) Negative Auswirkungen auf die Umwelt selbst

Da Konstellationen denkbar sind, in denen die Öffentlichkeit von Umweltinformationen der Umwelt selbst nicht nutzen, sondern schaden, sieht Buchstabe h vor, dass die Herausgabe auch verweigert werden darf, wenn sie die Umwelt, auf die sie sich bezieht, negativ beeinträchtigen würde. Die Nennung des sehr konkreten Beispiels der „Brutstätten seltener Arten" verdeutlicht, dass ein unmittelbarer Zusammenhang zwischen Herausgabe der Information und Schädigung der Umwelt bestehen muss, wie er in dem Beispiel erkennbar ist[343].

e) Die Handhabung der Ausnahmetatbestände

Art. 4 Abs. 4 Satz 2 stellt klar, dass die Ausnahmen restriktiv auszulegen sind und das öffentliche Interesse an der Herausgabe in jedem Fall berücksichtigt werden muss. Auch hier sucht die Konvention Diskussionen, wie sie sich an der UIRL entzündet haben, zu vermeiden. Es ist nämlich umstritten, ob es in der europäischen Rechtsordnung eine allgemeinen Auslegungsregel gibt, wonach Ausnahmen von einer Grundsatzbestimmung eng auszulegen sind[344]. Die ausdrückliche Bestimmung weist die Vertragsparteien deutlich darauf hin, dass der freie Zugang zu Umweltinformationen der Grundsatz und die Verweigerung die Ausnahme ist.

Während die *Sofia Guidelines* und ähnlich die *Draft Elements* formulierten: „*the public interest served by disclosure (are to be) weighed against the interests of non-disclosure in each case*", also dass eine Abwägung im Einzelfall stattzufinden habe, spricht die Konvention von „*taking into account the public interest*", also Berücksichtigung des öffentlichen Interesses. Hierin liegt nur auf den ersten Blick eine Abschwächung des Gebotes, weil auch ein Berücksichtigungsgebot – zumindest nach

[343] So für § 7 Abs. 1 Nr. 3 UIG: Turiaux, § 7, Rdnr. 39.

[344] Bejahend: Scherzberg, DVBl. 1994, S. 737, ausdrücklich für die UIRL: Begründung des KOM-Vorschlages v. 29.06.2000, S. 14; ablehnend: Fluck/Theuer, a.a.O., vor § 7 Rdnr. 12 unter Hin-

gemeinschaftsrechtlichem Verständnis – erfordert, dass der betroffene Belang mehr als nur zur Kenntnis genommen wird. Geboten ist, dass die Möglichkeit der Beeinflussung der Entscheidung besteht[345]. Dazu ist letztlich immer eine Abwägung im Einzelfall erforderlich, in die der Belang mit einzubeziehen ist[346]. Da er sowohl im Falle eines Berücksichtigungsgebotes, als auch bei einem Abwägungsgebot im Einzelfall nachrangig sein kann[347], ergibt sich auch keine unterschiedliche Anforderung an den Grad der erforderlichen Beachtung.

Die Berücksichtigung des öffentlichen Interesses an der Herausgabe kann in der Praxis Probleme bereiten, da der Antragsteller nicht verpflichtet ist, der Behörde mitzuteilen, welche Bedeutung die Information hat. Dabei geht es nicht um das subjektive Interesse des Antragstellers, da dieses gemäß Art. 4 Abs. 1 ohnehin nicht maßgeblich ist, sondern um die Bewertung des öffentlichen Interesses an der Herausgabe. Es ist angesichts der Aussagen der Präambel und des Art. 1 denkbar, dass diesem öffentlichen Interesse nach der Konvention ein absoluter Wert zukommt und nur die Bedeutung des Interesses an der Verweigerung auf der anderen Seite zu werten ist. Ebenso ist es möglich, dass in jedem Einzelfall bestimmt wird, in welchem Maße die Öffentlichkeit der Information geeignet, erforderlich und verhältnismäßig ist, um den Zweck der Konvention zu erreichen – zum Schutz des Rechts des Einzelnen auf ein Leben in einer gesunden Umwelt beizutragen. Auch hier wird es der innerstaatlichen Rechtsordnung vorbehalten bleiben, wie dieser „*public interest test*“ aussehen soll[348]. Deutlich wird jedenfalls, dass dem Recht auf Umweltinformation ein höherer Rang als bisher zugewiesen wird, da es selbst in Fällen, in denen höchste Rechtsgüter wie die Landesverteidigung oder das Recht auf ein faires Gerichtsverfahren negativ beeinträchtigt werden, zu berücksichtigen sein soll. Wie bereits oben im Zusammenhang mit den Betriebs- und Geschäftsgeheimnissen erwähnt (dd), legt diese Festlegung eine Aufwertung des Rechts auf Umweltinformation zum Grundrecht nahe –

---

weis darauf, dass die entsprechende Rechtsprechung des EuGH sich auf die Grundfreiheiten des Art. 30 und 36 bezieht und nicht verallgemeinerungsfähig sei.

[345] Vgl. Erbguth/Schink, UVPG, Kommentar, § 12 Rdnr. 19 für die Berücksichtigungsklausel der UVP-Richtlinie m.w.N.

[346] Vgl. Stüer, Handbuch des Bau- und Fachplanungsrechts, Teil A Rdnr. 709 für Berücksichtigungsgebote im deutschen Fachplanungsrecht.

[347] Vgl. Kloepfer, Umweltrecht, § 5 Rdnr. 21 zum Berücksichtigungsgebot.

[348] So auch der Implementation Guide, S. 62.

eine Konsequenz, die die Signatarstaaten allerdings mehrheitlich gerade nicht beabsichtigten.

f) „Service-Pflichten" bei nicht vorhandenen Informationen (Absatz 5)

Da Behörden nur verpflichtet sind, die Informationen herauszugeben, die bei ihnen vorhanden sind, lehnen sie in der Praxis häufig Anträge ab ohne dem Antragsteller mitzuteilen, wo er die Information erhalten kann. Bei den vielfach unübersichtlichen Zuständigkeiten von Behörden wird es so dem nicht rechtskundigen Bürger sehr erschwert, seinen Anspruch durchzusetzen[349]. Die Aarhus-Konvention trifft daher in Art. 4 Abs. 5 die Bestimmung, dass der Antagsteller so bald wie möglich darüber zu informieren ist, bei welcher Behörde er die gewünschten Informationen vermutlich beantragen kann oder dass der Antrag direkt an diese Behörde weiterzuleiten und der Antragsteller darüber zu informieren ist. So legt die Konvention den Behörden zwar nach wie vor keine Beschaffungspflichten auf, jedoch „Service-Pflichten", die dem Recht zur Geltung verhelfen sollen. Nicht festgelegt ist, wann die Monatsfrist für die Antwort zu laufen beginnt, wenn der Antrag bei einer Behörde gestellt wird, die nicht über die Informationen verfügt und den Antrag weiterleitet. Denkbar wäre ein Fristanlauf bei Eingang bei der ersten Behörde, ein Fristanlauf bei Eingang bei der zweiten Behörde oder die Festlegung einer weiteren Frist für die Weiterleitung oder Mitteilung durch die Vertragsparteien. Alle drei Varianten erscheinen vertretbar. Aus der Tatsache, dass eine Auswahlmöglichkeit zwischen Weiterleitung und Mitteilung besteht, kann geschlossen werden, dass die Frist nicht mit Eingang bei der ersten Behörde beginnen muss. Zwar besteht die Gefahr, dass Behörden das Auskunftsverlangen verschleppen und auf Zeit spielen können, um Auskünfte zu verhindern[350], andererseits wäre jedoch die Herausgabe innerhalb eines Monats bei sofortigem Fristanlauf in der Praxis kaum zu bewältigen. Der *Implementation Guide* schlägt vor, dass

---

[349] Ein gutes Beispiel dafür liefert der Beschluss des BayVGH vom 22.11.2000, Az. 22 ZE 00.2779 (nicht veröffentlicht); durch eine Pressemitteilung einer obersten Landesbehörde wurden die Antragsteller auf ein umweltrelevantes Problem aufmerksam und verlangten von der Behörde Auskunft. Tatsächlich befanden sich die Daten aber bei nachgeordneten Behörden, worauf die Antragsteller erst hingewiesen wurden, als sie die aus Ihrer Sicht erforderlichen Maßnahmen nicht mehr ergreifen konnten.

[350] Vgl. den Fall des BayVGH in der vorhergehenden Fußnote

die Vertragsparteien Fristen für die Weiterleitung von Anträgen vorsehen könnten, wie es in einigen UN/ECE-Staaten bereits erfolgt ist[351].

g) Teilweise und vollständige Ablehnung des Antrags (Absätze 6 und 7)

Sind Informationen gemäß Absatzes 3 Buchstabe c oder wegen negativer Auswirkungen auf die Schutzgüter des Absatzes 4 ausgenommen, muss sichergestellt werden, dass nur diese Teile einer Akte oder einer sonstigen Zusammenstellung von Informationen nicht herausgegeben werden, der Teil, der der Ausnahme nicht unterliegt, jedoch zugänglich gemacht wird (Art. 4 Abs. 6). Dies entspricht Art. 3 Abs. 2 Unterabsatz 2 der UIRL[352].

Die Ablehnung eines Antrags muss begründet werden und einen Hinweis auf das nach Artikel 9 vorgesehene Überprüfungsverfahren enthalten. Sie bedarf der Schriftform, wenn der Antrag schriftlich gestellt wurde und der Antragsteller um Schriftform ersucht (Absatz 7, Sätze 1 und 2). Auch hier stellt die Aarhus-Konvention detailliertere Regeln auf, als die UIRL. Art. 3 Abs. 4 S. 2 UIRL bestimmt lediglich, dass die Ablehnung eines Antrags zu begründen ist, Art. 4, dass der Bescheid auf dem Gerichts- oder Verwaltungsweg gemäß der einschlägigen einzelstaatlichen Rechtsordnung angefochten werden kann. Das Bemühen um mehr Transparenz für den Bürger kommt hier wiederum zum Ausdruck.

Absatz 7 Satz 3 gibt den zeitlichen Rahmen für die Ablehnung vor. Entsprechend den Bestimmungen über die Frist für das zur Verfügung stellen in Absatz 2 muss auch die Ablehnung so bald wie möglich und spätestens nach einem Monat erfolgen,

---

351 Vgl. S. 63: in Armenien müssen danach Anträge innerhalb von fünf Tagen weitergeleitet werden. Inwieweit dies der Realität entspricht kann nicht beurteilt werden. In Deutschland benötigt jedoch erfahrungsgemäß ein per Post gestellter Antrag häufig schon so lange, um auf den Schreibtisch des zuständigen Sachbearbeiters zu gelangen. In Ungarn soll dagegen der Fristanlauf mit Eingang bei der ersten Behörde beginnen.

352 Der Europäische Gerichtshof hat im Vertragsverletzungsverfahren gegen die Bundesrepublik Deutschland das Fehlen einer entsprechenden ausdrücklichen Regelung in UIG als nicht hinreichend klare Umsetzung dieser Bestimmung gerügt (Rs. C-217/97, Urteil v. 09.09.1999). Die Argumentation Deutschlands, die auszugsweise Übermittlung ergebe sich aus der Praxis der Behörden und der Rechtsprechung des BVerwG und dem Wort „soweit“ in § 7 Abs. 1 Nr. 1 und § 8 Abs. 1 UIG, ließ der EuGH nicht gelten.

es sei denn, die Komplexität der Informationen rechtfertigt eine Fristverlängerung auf bis zu zwei Monate.

h) Die Erhebung von Gebühren (Absatz 8)

Eine zentrale Frage für die Möglichkeit des effektiven Zugangs zu behördlichen Informationen ist die Erhebung von Gebühren. Wie die UIRL, erlaubt auch die Aarhus-Konvention den Vertragsparteien, für die Bereitstellung von Informationen eine Gebühr zu erheben, die eine angemessene Höhe nicht übersteigen darf (Art. 4 Abs. 8). Die Konvention begnügt sich aber nicht, wie die Richtlinie, mit dieser Feststellung, sondern stellt wiederum genauere Regelungen auf, die die Transparenz erhöhen und damit Missbrauch und Ungleichbehandlung verhindern sollen[353]. So müssen die Vertragsparteien, die Gebühren erheben wollen, den Antragstellern eine Übersicht über die möglichen Gebühren zur Verfügung stellen. Aus dieser muss hervorgehen, unter welchen Umständen sie erhoben oder erlassen werden können und wann die Bereitstellung von Informationen von einer Vorauszahlung dieser Gebühr abhängig ist (Abs. 8 S. 2). Damit kann der Antragsteller im voraus abschätzen, welche Kosten auf ihn zukommen[354]. Über die Veröffentlichung einer Gebührenregelung in Gesetzesblättern und Textsammlungen hinaus, wird man Aushänge in Behörden und Veröffentlichungen im Internet als ausreichend ansehen müssen, um das Erfordernis des „zur Verfügung stellens" zu erfüllen. Eine Übersendung einer Gebührentabelle in jedem Einzelfall nach Antragstellung würde zu einem erheblichen, kaum vertretbaren Verwaltungsaufwand führen.

2. Artikel 5 – Erhebung und Verbreitung von Informationen über die Umwelt

Eine wesentliche Ausweitung des Rechts auf Umweltinformation durch die Aarhus-Konvention liegt in der Schaffung von aktiven Informationspflichten für die Vertragsstaaten. Die Umweltinformationsrichtlinie bestimmte in Artikel 7 lediglich, dass die Mitgliedstaaten die erforderlichen Maßnahmen ergreifen, um der Öffentlichkeit allgemeine Informationen über den Zustand der Umwelt, z.B. durch Umweltzu-

---

[353] Implementation Guide, S. 65
[354] Implementation Guide, S. 65

standsberichte, zur Verfügung zu stellen. Die Konvention konkretisiert diese Pflicht in Artikel 5.

a) Beschaffungspflichten der Behörden und Berichtspflichten der Umweltnutzer

Grundvoraussetzung einer aktiven Informationspolitik ist das Vorhandensein aller relevanten Umweltinformationen bei den zuständigen Behörden. Die entsprechende Bestimmung des Art. 5 Abs. 1 Buchstabe a, wonach die Vertragsparteien dies, ebenso wie die Aktualisierung der Informationen, sicherstellen müssen, ist besonders in den Staaten der UN/ECE-Region, in denen sich die Umweltverwaltungen erst im Aufbau befinden, von großer Bedeutung. Auch das Recht auf Zugang zu behördlichen Umweltinformationen gemäß Artikel 4 liefe leer, wenn die Verwaltung nicht über die zum Schutze der Umwelt notwendigen Daten verfügte[355]. Für die Erreichung der Ziele des Übereinkommens ist diese Bestimmung daher essenziell.

Notwendigerweise müssen die Vertragsparteien gemäß Buchstabe b daher verbindliche Systeme einrichten, die den Behörden Informationen über geplante und laufende Tätigkeiten, die sich erheblich auf die Umwelt auswirken, verschaffen. Diese Verpflichtung bleibt sehr vage. Sie könnte z.B. die rechtlich geregelte behördliche Kontrolle von Emissionen und Immissionen und die rechtliche Verpflichtung zur Eigenüberwachung und zur Erstellung regelmäßiger Berichte von Anlagenbetreibern umfassen[356]. Dadurch, dass von Buchstabe b auch geplante Tätigkeiten erfasst werden, sind die Vertragsstaaten auch verpflichtet, vor der Errichtung von umweltrelevanten Anlagen bzw. dem Bau von Großprojekten o.ä. Informationen über deren Umweltauswirkungen einzuholen. Das Mittel, das u.a. zu diesem Zweck von der Europäischen Gemeinschaft entwickelt wurde, ist die Umweltverträglichkeitsprüfung[357]. Die Projekt-UVP gemäß den Richtlinien 85/337/EWG und 97/11/EG sowie die geplante strategische UVP (Plan-UVP) werden nach dem EU-Beitritt zahlreicher mittel- und osteuropäischer Staaten in den meisten UN/ECE-Staaten zur Anwendung kommen. Die anderen Vertragsstaaten werden vermutlich ähnliche Instrumente nach dem Vorbild der EG-Vorschriften entwickeln.

---

[355] Vgl. Ebbesson, a.a.O., S. 75.

[356] Vgl. Implementation Guide, S. 68 f.

[357] Hoppe/Beckmann/Kauch, Umweltrecht, 2.A., § 8, Rdnr. 71

b) Informationspflichten im Gefahrenfall

Ein Spezialfall der aktiven Verbreitung von Umweltinformation wird von Art. 5 Abs. 1 Buchstabe c aufgegriffen. Bei unmittelbar bevorstehender, durch menschliche Tätigkeiten oder natürliche Ursachen hervorgerufener Gefahr für die menschliche Gesundheit oder die Umwelt sind der betroffenen Öffentlichkeit unverzüglich alle vorliegenden Informationen zu übermitteln, die sie in die Lage versetzen könnten, Maßnahmen zur Vermeidung oder Begrenzung des durch die Gefahr verursachten Schadens zu ergreifen. Systematisch passt die Vorschrift nicht in Absatz 1, der im übrigen den Informationsfluss zu Behörden sicherstellen soll (vgl. oben Buchstabe a). Die Stellung in Absatz 1, neben diesen grundlegenden Bestimmungen zur aktiven Information, erklärt sich möglicherweise aus der hohen Bedeutung, die dieser Vorschrift insbesondere in Osteuropa vor dem Hintergrund des Reaktorunfalls in Tschernobyl im Jahre 1986 beigemessen wurde[358]. Dass die unverzügliche und vollständige Information der Bevölkerung auch innerhalb der EU trotz verbindlicher Rechtsvorschriften[359] nicht immer selbstverständlich ist, zeigt der Fall Guerra gegen Italien[360]. Der Europäische Gerichtshof für Menschenrechte entschied 1998, dass eine Verletzung des Rechts auf Privatsphäre und Familienleben (Art. 8 EMRK) durch den Staat Italien vorlag, da es versäumt wurde, Informationen weiterzugeben, die es den Antragstellern erlaubt hätten, die Risiken, denen sie an ihrem Wohnort durch eine Chemiefabrik ausgesetzt waren, einzuschätzen und ggf. Maßnahmen dagegen zu ergreifen.

Die deutsche Übersetzung ist insoweit missverständlich, als sie davon spricht, dass die Informationen „in die Lage versetzen könnten, Maßnahmen zur Vermeidung oder Begrenzung des *durch die Gefahr verursachten Schadens* (Hervorhebung des Autors) zu ergreifen". Ein Schaden tritt in der Regel nicht durch das Bestehen einer Gefahr ein, sondern erst dann wenn die Gefahr sich realisiert. In der englischen Origi-

---

358 Vgl. Implementation Guide, S. 70

359 Insbesondere die sog. Seveso II-Richtlinie: Richtlinie 96/82/EG des Rates vom 09.12.1996 zur Beherrschung der Gefahren bei schweren Unfällen mit gefährlichen Stoffen, ABl. EG Nr. L 10, 13.

360 Urteil vom 19.02.1998, 116/1996/735/932, Guerra u.a. gegen Italien, NVwZ 1999, S. 57 ff.

nalfassung heißt es „*which could enable the public to take measures to prevent or mitigate harm arising from the threat*", also zur Verhinderung von Schaden, der durch die Gefahr - auch zukünftig - entsteht.

Solche Informationen sind unverzüglich zu verbreiten. Um das leisten zu können, müssen die Vertragsparteien Notfall- bzw. Katastrophenpläne haben, die ein Verfahren zur Information aller geeigneten Stellen beinhalten[361]. Bei der Entwicklung und Durchführung solcher Pläne muss auch darauf geachtet werden, dass es in Katastrophenfällen der menschlichen Sicherheit und der Umwelt auch abträglich sein kann, alle vorhandenen Informationen unkoordiniert herauszugeben, da Fehlinterpretationen von Information die Situation durch das Entstehen von Panikreaktionen verschlimmern kann[362]. Eine gewisse Steuerung der verbreiteten Informationen erscheint daher notwendig, damit die Präventions- und Autonomiesicherungsfunktion des Umweltinformationsrechts zum Tragen kommen können.

c) Praktische Vorkehrungen zur Verbreitung von Informationen

Die Absätze 2 und 3 stellen Grundsätze für die praktischen Vorkehrungen auf, die die Vertragsstaaten treffen sollen. Gemäß Abs. 2 S. 1, 1. Halbsatz muss jede Vertragspartei sicherstellen, dass die Informationen auf transparente Art und Weise zur Verfügung gestellt werden und dass ein effektiver Zugang besteht. Dazu gehört nach Halbsatz 2, dass die Öffentlichkeit in ausreichender Weise mit Meta-Informationen, also Informationen darüber, wo Informationen vorhanden sind, versorgt wird und über die Bedingungen, unter denen Informationen über die Umwelt zugänglich gemacht werden, informiert wird. Wie die deutsche Praxis zeigt, ist dies von enormer Bedeutung[363]. Als praktische Vorkehrungen nennt Abs. 2 Buchstabe b das Führen öffentlich zugänglicher Listen, Register oder Datensammlungen, die Verpflichtung öffentlich Bediensteter, den freien Zugang zu unterstützen sowie die Benennung von

---

[361] Implementation Guide, S. 70., vgl. die entsprechenden Vorschriften der Seveso II-Richtlinie (FN 359).

[362] So die Befürchtung des Bundesrats zu der entsprechenden Vorschrift des Vorschlages der Kommission für eine Richtlinie über den Zugang der Öffentlichkeit zu Umweltinformationen, BR-Drs. 437/00 v. 01.12.00, Ziff. 11; vgl. dazu unten, 3. Kapitel, I.1 Buchstabe b, Unterpunkt hh, ccc.

[363] Vgl. oben, FN 349.

Kontaktstellen. Der Zugang zu den Listen, Registern oder Datensammlungen soll gemäß Buchstabe c gebührenfrei sein. Da es sich um eine beispielhafte Aufzählung handelt, besteht keine Verpflichtung der Vertragstaaten, genau diese praktischen Maßnahmen zu treffen.

Fraglich ist aber, in welcher Weise die Vertragsparteien die Vorschrift generell umzusetzen haben. Auch hier verwendet die Konvention wie in Art. 4 Abs. 1[364], in Abs. 2 S. 1 die Formulierung „im Rahmen der innerstaatlichen Rechtsvorschriften" (engl. „*within the framework of national legislation*"), die mehrere Schlüsse zulässt. Der *Implementation Guide* interpretiert dies zum einen dahingehend, dass eine gewisse Flexibilität hinsichtlich der Umsetzung mit Rücksicht auf die innerstaatlichen Rechtssysteme zugestanden wird und zum anderen in der Weise, dass die Vertragsparteien Rechtsvorschriften erlassen müssen, um ihren Verpflichtungen nachzukommen[365]. Danach müssten Maßnahmen, wie die in Abs. 2 vorgeschlagenen, gesetzlich vorgeschrieben werden. Dafür spricht, dass die Verwaltung durch Rechtsvorschriften tatsächlich angehalten würde, zu mehr aktiver Verbreitung von Umweltinformationen überzugehen und damit den Zielen der Konvention besser Rechnung getragen würde. Auf der anderen Seite besteht die Gefahr, dass zusätzliche Regulierung zu mangelnder Flexibilität führt[366]. Gegen diese Interpretation als Regulierungauftrag spricht auch hier, dass sich die Verpflichtung zu ausreichender Umsetzung durch legislative und administrative Maßnahmen bereits ausreichend aus Art. 3 Abs. 1 ergibt. Nicht haltbar erscheint aber eine Interpretation dahingehend, dass die Verpflichtungen des Art. 5 Abs. 2 nur insoweit zu erfüllen sind, wie die nationale Rechtsordnung es vorsieht. Dies widerspräche zum einen den Grundsätzen des Art. 3 Abs. 1 und 5, zum anderen wurde auch hier die Formulierung „im Rahmen der innerstaatlichen Rechtsvorschriften" im Gegensatz zu „in Übereinstimmung mit ihrem innerstaatlichen Recht", wie etwa in Art. 6 Abs. 1 Buchstabe b, gewählt. Die Klausel erscheint daher an dieser Stelle überflüssig und als Ausdruck des Versuches, an möglichst vielen Stellen des Übereinkommens Spielräume für die Vertragsparteien

[364] Vgl. daher oben 1.
[365] Vgl. S. 71
[366] Zur Umsetzung durch die EG, siehe unten, Kapitel 3. I.1 Buchstabe b, Unterpunkt hh.

zu schaffen, unabhängig davon, ob sie im Lichte der Ziele der Konvention und ihrer sachgerechten Umsetzung Sinn machen oder nicht[367].

Gemäß Absatz 3 Satz 1 stellen die Vertragsparteien ferner sicher, dass Informationen über die Umwelt zunehmend in elektronischen Datenbanken zur Verfügung stehen, die über öffentliche Telekommunikationsnetze leicht zugänglich sind. Satz 2 empfiehlt[368] vier Kategorien von Informationen, die in dieser Form zur Verfügung stehen sollten, nämlich

- Umweltzustandsberichte gemäß Abs. 4,
- Texte von Umweltgesetzen und anderen Gesetzen mit Umweltbezug,
- Politiken, Pläne und Programme mit Umweltbezug,
- Umweltvereinbarungen und sonstige Informationen, die die Anwendung innerstaatlichen Rechts, das die Konvention umsetzt, erleichtern würden.

Letzteres wären also insbesondere Hinweise zum Gebrauch des Umweltinformationsrechts, dem Recht auf Öffentlichkeitsbeteiligung und dem Zugang zu Gerichten.

Durch staatliche Informationstätigkeit entsprechend diesen Vorschriften entfalten sich die Informations- und die Legitimationsfunktion des Umweltinformationsrechts. Erst durch leicht zugängliche Umweltinformationen kann es zur Bewusstseinsbildung beim Bürger, zu Informationsverbreitung und Informationsaustausch sowie einer erhöhten Akzeptanz staatlicher Umweltpolitik kommen. Dabei kommt der rechtlichen Ausgestaltung ein weit geringere Bedeutung zu, als den praktischen Maßnahmen, die dies umsetzen.

---

367 Zur Rolle Deutschlands bei der Abschwächung des Textes der Konvention, vgl. Brady, a.a.O., S. 180 sowie die Resolution der Nichtregierungsorganisationen zur Konferenz von Aarhus, die namentlich Deutschland besonders kritisiert, veröffentlich unter: www.participate.org/arhus/resolution.htm.

368 Die englische Fassung verwendet das Wort „should" nicht „shall", daher handelt es sich lediglich um eine Empfehlung.

d) Arten der durch die Verwaltung zu verbreitenden Informationen

In Artikel 5, Abs. 4 und 5 wird spezifiziert, welche Arten von Umweltinformationen aktiv zu verbreiten sind. Zum einen sind gemäß Abs. 4 in regelmäßigen Abständen von nicht mehr als drei bis vier Jahren nationale Berichte über den Zustand der Umwelt, die Angaben über die Qualität der Umwelt und über Umweltbelastungen enthalten, zu veröffentlichen. Soweit sie in elektronischer Form vorliegen, sind sie gemäß Abs. 3 über Telekommunikationsnetze zugänglich zu machen[369]. Solche Berichte werden in den meisten UN/ECE-Staaten bereits jetzt und häufig sogar im Jahresturnus erstellt[370].

Zum zweiten bestimmt Absatz 5, dass die Vertragsparteien im Rahmen ihrer Rechtsvorschriften Maßnahmen ergreifen, um unter anderem folgende Arten von Informationen zu verbreiten:

- „Gesetze und politische Dokumente, wie zum Beispiel Dokumente über Strategien, Politiken, Programme und Aktionspläne mit Umweltbezug, sowie auf verschiedenen Ebenen der öffentlichen Verwaltung erstellte Berichte über Fortschritte bei ihrer Umsetzung“ (Buchstabe a);
- „völkerrechtliche Verträge, Übereinkünfte und Vereinbarungen zu Umweltfragen und“ (Buchstabe b);
- „soweit angemessen sonstige wichtige internationale Dokumente zu Umweltfragen“ (Buchstabe c).

Da hier im Gegensatz zu Abs. 2 eine Formulierung gewählt wurde, die eine Verpflichtung begründet („*shall take measures*“), hielt man diese Arten von Informationen offenbar für besonders bedeutsam. Fraglich ist, wie weit diese Verpflichtung geht. Es dürfte zur Erreichung des Zweckes der aktiven Umweltinformation kaum hilfreich sein, wenn die Verwaltungen der UN/ECE-Staaten verpflichtet wären, alle existierenden Gesetze und politischen Dokumente mit Umweltbezug aktiv zu verbreiten. Hier muss vernünftigerweise ein Auswahlermessen bestehen, insbesondere

---

[369] Zur möglichen Bedeutung der elektronischen Übertragungswege für die Umsetzung der Aarhus-Konvention vgl. das Diskussionspapier „Furthering the Implementation of the Aarhus Convention through the Use of Electronic Tools“ der UNEP-Konferenz INFOTERRA 2000, Dok. Nr. CEP/WG.5/2000/11, veröffentlicht unter www.unep.org.

[370] Vgl. Implementation Guide, S. 77

weil durch die Formulierung „mit Umweltbezug" (engl. „*relating to the environment*") der Kreis noch über Umweltinformationen i.S.v. Art. 2 Nr. 3 hinaus gezogen wird. Umweltbezogene politische Dokumente sind auch Informationen über Verkehrspolitik, Energiepolitik, Landwirtschaftspolitik u.v.m.[371]. Da beinahe alle Politikbereiche die Umwelt berühren, müssten die Vertragsparteien Tausende von Gesetzen und politischen Dokumenten aktiv verbreiten. Damit träte nicht nur eine Überforderung der Verwaltung, sondern auch eine Überforderung der Bürger ein. Dass alle rechtsverbindlichen Dokumente in offizieller Form und für jedermann, etwa in einem Gesetzesblatt, nachlesbar veröffentlicht werden müssen, ist dagegen eine Selbstverständlichkeit in jedem Rechtsstaat[372]. Gegen ein Auswahlermessen spricht allerdings, dass in Buchstabe c ausdrücklich ein solches statuiert wird („soweit angemessen, engl. „*as appropriate*"), in den anderen Buchstaben jedoch nicht.

Berichte über die Fortschritte bei der Umsetzung existieren gegenwärtig hauptsächlich für die Umsetzung von Rechtsvorschriften der EG. Unklar ist, ob die Konvention die Verpflichtung zur Erstellung solcher Berichte begründet oder nur die Verbreitung ohnehin erstellter Berichte erfordert. Während die deutsche Übersetzung („erstellte Berichte") und der französische Wortlaut, der den bestimmten Artikel verwendet („*les rapports faisant …*"), auf letzteres hindeuten, lässt der englische Wortlaut diesen Schluss nicht unbedingt zu. Im Englischen wird nämlich in Art. 5 Abs. 5 kein Artikel verwendet („*progress reports*"). Ferner stellt sich hier wiederum die Frage, ob Rechtsvorschriften zur Umsetzung erforderlich sind, oder ob eine tatsächliche Bereitstellung ausreichend wäre. Der *Implementation Guide* geht davon aus, dass die Formulierung „im Rahmen ihrer Rechtsvorschriften" den Vertragsparteien eine gewisse Flexibilität geben soll, so dass eine Umsetzung ermöglicht wird, die den Verpflichtungen der Konvention gerecht wird und in das innerstaatliche Rechtssystem passt[373], d.h., dass eine rechtliche Basis geschaffen werden muss.

---

[371] So auch der Implementation Guide, S. 78.

[372] Nicht ganz nachvollziehbar ist daher das Beispiel des Implementation Guide für die Umsetzung von Buchstabe a., der auf das offizielle Register der Republik Moldawien verweist, in dem alle Rechtsvorschriften und „policy documents" veröffentlicht werden müssen; vgl. S. 78.

[373] Vgl. Implementation Guide, S. 77.

Einen weiteren Katalog von Informationsarten, die veröffentlicht werden müssen (engl. „Each party shall:") enthält Absatz 7: Jede Vertragspartei

- „veröffentlicht die Tatsachen und Analysen, die ihres Erachtens bei der Ausarbeitung wichtiger umweltpolitischer Vorschläge relevant und wesentlich sind" (Buchstabe a);
- „veröffentlicht verfügbares erläuterndes Material über ihren Umgang mit der Öffentlichkeit in Angelegenheiten, die unter dieses Übereinkommen fallen, oder macht dieses Material auf andere Weise zugänglich und" (Buchstabe b);
- „stellt in geeigneter Form Informationen über die Wahrnehmung öffentlicher Aufgaben oder die Erbringung öffentlicher Dienstleistungen im Zusammenhang mit der Umwelt durch alle Ebenen der öffentlichen Verwaltung zur Verfügung" (Buchstabe c).

Diese Informationen sollen dazu dienen, der Öffentlichkeit die Hintergründe von umweltpolitischen Entscheidungen zu erläutern und die Kontrolle der Umsetzung dieser Entscheidungen zu ermöglichen[374]. Sie dienen also der Kontroll- und der Legitimationsfunktion. Hier steht der Verwaltung in Buchstabe a allerdings ausdrücklich ein Ermessen dabei zu, welches Hintergrundmaterial zu veröffentlichen ist. Informationen gemäß Buchstabe b über den Umgang der Öffentlichkeit müssen nicht erstellt werden; sie sind nur öffentlich zu machen, soweit sie verfügbar sind. Auch bei der Verpflichtung gemäß Buchstabe c haben die Vertragsparteien durch die Formulierung „in geeigneter Form" einen weiteren Spielraum.

e) Einbeziehung privater Dritter

Während die Absätze 5 und 7 sich auf Informationen beziehen, die die öffentliche Hand verbreiten muss, sollen durch die Absätze 6 und 8 private Dritte mit in das Informationsgefüge einbezogen werden. Gemäß Absatz 6 ermutigt jede Vertragspartei Betreiber, deren Tätigkeiten erhebliche Auswirkungen auf die Umwelt haben können, die Öffentlichkeit regelmäßig über die Umweltauswirkungen ihrer Tätigkeiten und Produkte zu informieren. Dies kann, soweit angemessen, im Rahmen freiwilliger Systeme wie Umweltzeichen oder Öko-Audits geschehen. In engem Zusammenhang damit steht Absatz 8, der den Vertragsparteien die Verpflichtung auferlegt, Strukturen zu entwickeln, um eine ausreichende Produktinformation für die Öffentlichkeit

[374] Vgl. Implementation Guide, S. 79.

sicherzustellen, die eine sachkundige umweltorientierte Verbraucherentscheidung ermöglicht. Dazu gehören etwa Informationen über die Herstellung eines Produktes, die Inhaltsstoffe und die Möglichkeit der Verwertung der Reststoffe. Solche Informationen wären geeignet, eine erhebliche ökologische Steuerungswirkung auszulösen, da dem Verbraucher eine wirklich umweltorientierte Kaufentscheidung ermöglicht würde.

Die Verpflichtung der Vertragsparteien bleibt allerdings sehr vage. Daher sind verschiedenste Umsetzungsmaßnahmen denkbar. Die Aarhus-Konvention gibt aber damit den Anstoß, den Informationsfluss nicht nur zwischen Verwaltung und Bürgern zu verstärken, sondern auch zwischen Umweltnutzern und Bürgern, und stellt die genannten Instrumente erstmals in einen Zusammenhang mit dem Umweltinformationsrecht[375]. Teilweise wird dies als erster Ansatz einer möglichen „vierten Säule“ gesehen, die eine Öffentlichkeitsbeteiligung an umweltrelevanten Entscheidungen, die außerhalb des Staates getroffen werden, behandeln soll. Sie könnte sowohl aktive und passive Informationsgewährung von privaten Umweltnutzern an andere Bürger beinhalten, als auch die Beteiligung von Interessengruppen an unternehmensinternen umweltrelevanten Entscheidungen[376].

Auf der Ebene des Gemeinschaftsrechts gibt es außerhalb des Umweltinformationsrechts im engeren Sinne bereits verschiedene Instrumente, die die direkte Information zwischen Bürger und Unternehmen betreffen. So sind die Mitgliedstaaten der Gemeinschaft gemäß Art. 13 i.V.m. Anhang V der Seveso II-Richtlinie[377] verpflichtet, dafür zu sorgen, dass die Unternehmen, die in den Anwendungsbereich der Richtlinie fallen, ohne Aufforderung die im Anhang detailliert festgelegten Informationen über die Sicherheitsmaßnahmen und das richtige Verhalten im Falle eines Unfalls den Personen mitteilen, die von einem schweren Unfall betroffen werden könnten. Diese Informationen sind regelmäßig zu aktualisieren und der Öffentlichkeit zu-

---

[375] Bisher betrachtete man die freiwilligen Instrumente getrennt; vgl. Schendel, Umweltinformationsrichtlinie und Umweltinformationsgesetz, in: Rengeling (Hrsg.), EUDUR I, § 39, S. 1313

[376] So Stec, Overview of Public Participation in the Commonwealth of Independent States, Review of Central and East European Law 1997, S.355, 375.

[377] Richtlinie 96/82/EG des Rates vom 09.12.1996 zur Beherrschung der Gefahren bei schweren Unfällen mit gefährlichen Stoffen, ABl. EG Nr. L 10, 13; Umsetzung für Deutschland durch die 12. BImSchV (Störfall-Verordnung) vom 26.04.2000, BGBl. I, S. 603.

gänglich zu machen. Im EG-Recht gibt es ferner eine Reihe von Kennzeichnungspflichten für Produkte, die negative Auswirkungen auf den Menschen oder die Umwelt haben können. So sind etwa Produkte, die bestimmte chemische Substanzen enthalten, als umweltschädlich zu kennzeichnen[378]. Nach der sog. Novel-Food-Verordnung[379] ist bei Lebensmitteln, die gentechnisch veränderte Organismen enthalten oder aus ihnen bestehen, anzugeben, ob das gentechnische Verfahren zu einer unterschiedlichen Zusammensetzung oder zu einem unterschiedlichen Nährwert geführt hat und ob Stoffe darin enthalten sind, die für Allergiker problematisch sein könnten[380].

Demgegenüber stehen Instrumente, die auf die freiwillige Öffnung von Unternehmen gegenüber der Öffentlichkeit setzen. Dazu gehört die sog. EG-Öko-Audit- (oder EMAS-) Verordnung[381], wonach Unternehmen, die freiwillig ein Umweltmanagementsystem nach bestimmten Kriterien eingerichtet haben, die Öffentlichkeit mit einer „Umwelterklärung" gemäß Art. 5 der Verordnung u.a. über die Tätigkeiten des Standortes und alle wichtigen Umweltfragen dieser Tätigkeit, über Emissionen, Abfallaufkommen, Rohstoffverbrauch sowie über die betriebliche Umweltpolitik informieren[382]. Ferner gibt es nach der Umweltzeichen- (oder Eco-Label-) Verordnung[383] für Unternehmer die Möglichkeit, das EG-Umweltzeichen zu erlangen, das ein Produkt als besonders umweltfreundlich kennzeichnet. Es kann für Produkte vergeben werden, die dem Ziel der Verordnung entsprechen, Entwicklung, Herstellung, Ver-

---

[378] Gemäß Richtlinie 67/548/EWG, ABl. Nr. L 196, 1, geändert durch RL 79/831/EWG, ABl. Nr. L 259, 10, vgl. Krämer, European Community Eco-Labelling in Transition, in: Yearbook of European Environmental Law 1 (2000), S. 123.

[379] Verordnung (EG) vom 27.01.1997 Nr. 258/97 über neuartige Lebensmittel und neuartige Lebensmittelzutaten, ABl. Nr. L 43, 1

[380] Vgl. näher bei Frenz, Europäisches Umweltrecht, Rdnr. 368.

[381] Verordnung (EWG) Nr. 1836/93 des Rates vom 29.06.1993 über die freiwillige Beteiligung gewerblicher Unternehmen an einem Gemeinschaftssystem für das Umweltmanagement und die Umweltbetriebsprüfung, ABl. EG Nr. L 168 S. 1, ber. ABl. EG 1995 Nr. L 203, S. 17; häufig auch als Umweltaudit- oder EMAS-(= engl. *Eco Management and Audit Scheme*) Verordnung bezeichnet.

[382] Näher zum Öko-Audit etwa: Feldhaus, in: Rengeling (Hrsg.): EUDUR I, § 36, S. 1132 ff.

[383] Die Verordnung (EG) Nr. 1880/2000 zur Revision des gemeinschaftliches System zur Vergabe eines Umweltzeichens vom 17.07.2000, ABl. Nr. L 237, 1, hat die erste VO (EWG) vom 23.03.1992 Nr. 880/92, ABl. L 99, S. 1 abgelöst. Diese setzte erstmalig internationale Standards fest, vgl. Sands, a.a.O., S. 620

trieb und Verwendung umweltfreundlicher Erzeugnisse zu fördern, und die den Gesundheits-, Sicherheits- und Umweltanforderungen der Gemeinschaft genügen. Außerdem muss es besonders umweltfreundlich sein, was sich nach Anforderungen bestimmt, die für bestimmte Produktgruppen festgelegt werden. Ausgeschlossen sind neben Lebensmitteln, Getränken und Arzneimitteln Erzeugnisse, die nach einem Verfahren hergestellt werden, das potenziell signifikante Schäden für Mensch und Umwelt verursacht, oder die gefährliche Stoffe und Zubereitungen darstellen oder enthalten. Das Zeichen wird durch Hoheitsakt von Behörden vergeben und beruht auf einem objektiven und gemeinwohlverpflichteten Bewertungsverfahren. Insofern unterscheidet sich dieses Instrument von anderen Formen der Umweltwerbung[384].

Die Aufnahme dieser Bestimmungen in Art. 5 Abs. 6 und 8 der Konvention, die die Verbindung zu den anderen Mitteln der modernen Umweltpolitik herstellt[385], die das Ordnungsrecht im Sinne des Kooperationsprinzips durch die aktive Einbeziehung der Bürger und der Wirtschaft mit freiwilligen Maßnahmen ergänzt und auf indirekte ökologische Steuerungswirkung setzt, ist zu begrüßen. Sie ist insbesondere dazu geeignet, die Vertragsparteien, die nicht Mitglieder der EU sind, dazu anzuhalten, ähnliche Strukturen aufzubauen, wie sie die Gemeinschaft und ihre Mitgliedstaaten bereits entwickelt haben. Dass die Absätze 6 und 8 keine konkreteren Verpflichtungen enthalten, verwundert angesichts der Tatsache nicht, dass die angesprochenen Maßnahmen bisher nicht als Aufgabe des Umweltinformationsrechts angesehen wurden, und sollte daher auch nicht als Schwäche der Aarhus-Konvention ausgelegt werden. Insbesondere ist Absatz 6 nicht als schwache Grundlage für das *Pollutant Release and Transfer Register* gemäß Art. 5 Abs. 9 anzusehen, sondern als das Ordnungsrecht ergänzende Maßnahme indirekter Steuerung[386].

---

[384] Vgl. von Danwitz, Umweltzeichen in der EG und in Deutschland, in: Rengeling (Hrsg.), EUDUR I, § 40, S. 1314 ff.; Bewertung von Umweltzeichen als Mittel der Umweltpolitik bei Dawkins, Eco-labelling: Consumer right to know or restrictive business practice, in: Wolfrum, Enforcing Environmental Standards - Economic Mechanisms as Viable Means ?, 1996

[385] Schendel, a.a.O., sieht das EG-Umweltinformationsrecht in einer Reihe mit den Instrumenten der UVP, des Öko-Audit und der IVU-Richtlinie, S. 1313.

[386] So im Ergebnis auch Ebbesson, Public Participation in Environmental Law, S. 93.

f) Die Einrichtung von *Pollutant Release and Transfer* Registern (PRTR)

aa) Die Bestimmungen des Übereinkommens

Artikel 5 Absatz 9 der Aarhus-Konvention ist eine Rahmenbestimmung zur Einrichtung nationaler Register zur Erfassung der Umweltverschmutzung in den Vertragsstaaten. Da in der Diskussion der englische Begriff *Pollutant Release and Transfer Register* (PRTR), deutsch etwa „Register über Freisetzungen und Übertragungen umweltverschmutzender Stoffe“[387], verwendet wird, soll er auch hier gebraucht werden. Der Aufbau eines PRTR durch jede Vertragspartei wird als einer der zentralen Punkte des Übereinkommens, insbesondere zur Ausgestaltung des Rechts auf Umweltinformation, angesehen[388]. Gleichwohl bestimmt Art. 5 Abs. 9 lediglich, dass die Vertragsparteien Maßnahmen ergreifen,

> „um schrittweise und gegebenenfalls unter Berücksichtigung internationaler Entwicklungen ein landesweites System von Verzeichnissen oder Registern zur Erfassung der Umweltverschmutzung in Form einer strukturierten, computergestützten und öffentlich zugänglichen Datenbank aufzubauen; diese Datenbank wird anhand von standardisieren Berichten erstellt. Ein derartiges System kann Einträge, Freisetzungen und Übertragungen bestimmter Stoff- und Produktgruppen, einschließlich Wasser, Energie und Ressourcenverbrauch, aus bestimmten Tätigkeitsbereichen in Umweltmedien sowie in Behandlungs- und Entsorgungsstätten am Standort und außerhalb des Standortes umfassen.“

Damit besteht lediglich eine rechtliche Verpflichtung für die Vertragsstaaten, ein solches Register schrittweise aufzubauen. Wie es genau ausgestaltet werden soll und in welchem zeitlichen Rahmen der Aufbau erfolgen soll, legt die Konvention selbst jedoch nicht fest. Die NGOs sehen hierin einen weiteren entscheidenden Schwachpunkt des Übereinkommens[389]. Auch in der Literatur wird das Fehlen einer Bestimmung eines Mindestinhalts kritisiert[390]. Dass die Unterzeichnerstaaten dem PRTR ei-

---

[387] Die Bundesregierung verwendet den Begriff „Schadstoffemissions- und Ausbreitungsregister“, vgl. BMU, Ergebnisse der zweiten Signatarstaatenkonferenz zur Aarhus-Konvention, Umwelt 9/2000, S. 435.

[388] Vgl. UN/ECE, Committee on Environmental Policy: Report on the First Meeting, Dok. Nr. CEP/WG.5/1999/2 v. 05.07.1999.

[389] Vgl. Csagoly, Empowering the Public, The Bulletin 4/2000, S. 6; Statement von Mary Taylor (ECO Forum), „PRTRs“, Diskussionspapier zur ersten Sitzung der Task Force von 21. bis 23.02.2000 in Prag; veröffentlicht unter www.ecn.cz/prtr-tf/NGO-coalition-PRTR-TF.html

[390] Ebbesson, The Notion of Public Participation in International Environmental Law, Yearbook of

ne besondere Bedeutung beigemessen haben, zeigt sich jedoch in Art. 10 Abs. 2 Buchstabe i, in dem festgelegt ist, dass die Vertragsparteien auf ihrer ersten Tagung die Erfahrungen bei der Durchführung der Vorschrift austauschen und prüfen, welche Maßnahmen notwendig sind, um das System weiterzuentwickeln. Dazu gehört gemäß Art. 10 Abs. 2 Buchstabe i, 2. Halbsatz auch die Entwicklung eines Instruments, das der Konvention als Anhang beigefügt werden könnte. Damit ist in der Konvention die Einführung einer möglicherweise rechtsverbindlichen Bestimmung über ein PRTR angelegt. Obwohl das Übereinkommen noch nicht in Kraft getreten war und daher keine Tagungen der Vertragsparteien, sondern lediglich Signatarstaatenkonferenzen stattgefunden haben, hat eine sog. „Task Force PRTR"[391] bereits erste Überlegungen für die Ausgestaltung des Registers angestellt[392], auf deren Grundlage eine zwischenstaatliche Arbeitsgruppe einen Entwurf für ein verbindliches Instrument erstellt hat[393]. Dieses könnte auf der Fünften Ministerkonferenz *Environment for Europe*, die 2002 in Kiev stattfinden wird, unterzeichnet werden[394].

bb) Zweck eines PRTR

Durch die Schaffung solcher Register in Form von elektronischen Datenbanken, die der Öffentlichkeit zugänglich sind, kann der Zugang zu Umweltinformationen erheblich erleichtert und verbessert werden. Bei entsprechender Ausgestaltung ermöglichen sie via Internet einen Überblick über alle Freisetzungen und Transfers bestimmter umweltrelevanter Stoffe einer Industrieanlage bzw. eines Standortes und lassen einen Vergleich zwischen einzelnen Standorten oder Industriezweigen in den verschiedenen Ländern zu. Auf diese Weise kann die interessierte Öffentlichkeit wichtige Umweltinformationen ohne Antragstellung bei der zuständigen Behörde elektronisch abrufen. Die Betreiber der Anlagen oder Standorte werden auf diese

International Environmental Law 8 (1997), S. 51, 93

391 Die Task Force wurde von der 1. Signatarstaatenkonferenz, die von 19.-21.04. in Chisinau/Moldawien stattfand, eingesetzt; vgl. UN/ECE, Committee on Environmental Policy (CEP): Report on the First Meeting, Dok. Nr. CEP/WG.5/1999/2 v. 05.07.1999, S. 23

392 Vgl. UN/ECE, CEP: Pollutant Release and Transfer Register, Report on the first meeting of the task force, CEP/WG.5/2000/5 v. 27.04.2000.

393 UN/ECE, CEP: Elements for a Draft Instrument on Pollutant Release and Transfer Registers, Dok.Nr.: CEP/WG.5/Ac.2/2001/3 v. 26.01.2001.

394 Vgl. UN/ECE, CEP: Report on the Second Meeting, CEP/WG.5/2000/2 v. 19.07.2000, S. 6.

Weise stärker unmittelbar der Öffentlichkeit gegenüber verantwortlich gemacht und möglicherweise einem öffentlichen Druck ausgesetzt, ihre Emissionen zu reduzieren[395]. Gerade im Hinblick auf diese Funktion als Bestandteil der aktiven Umweltinformation durch die Vertragsparteien und das Recht der Bürger auf Umweltinformationen, hat sich die Expertengruppe für ein rechtsverbindliches Instrument ausgesprochen, da ein unverbindliches Instrument dieses Recht nicht in der gleichen Weise schützen könne[396]. Wird nicht wenigstens ein Minimum der Ausgestaltung des PRTR rechtsverbindlich festgelegt, könnten sich erhebliche Unterschiede hinsichtlich der enthaltenen Angaben ergeben, wodurch vor allem der Effekt der Vergleichbarkeit der Daten in den verschiedenen Vertragsstaaten verloren ginge.

Für die staatliche Stelle, die ein Umweltregister führt, kann es auch dazu dienen, einen Überblick über die Freisetzungen und Transfers der erfassten Stoffe zu erhalten. Damit kann zum einen die Einhaltung der gesetzlich vorgeschriebenen Grenzwerte leichter überprüft werden, zum anderen können Ursachen von Umweltverschmutzung besser analysiert werden[397]. Dies ist vor allem für die EU von besonderer Bedeutung, die für die Kontrolle des Vollzuges des europäischen Rechts auf Berichte der Mitgliedstaaten angewiesen ist[398]. Damit können PRTRs nicht nur Mittel der mittelbaren Vollzugskontrolle über den Bürger sein, sondern auch zur unmittelbaren Vollzugskontrolle dienen.

Die *Elements for a Draft Instrument* nehmen in der vorgeschlagenen Präambel Bezug auf das Ziel der Aarhus-Konvention, zum Schutze des Rechts eines jeden Menschen auf ein Leben in einer der Gesundheit und dem Wohlbefinden zuträglichen Umwelt, und bezeichnen das PRTR als Mechanismus, dazu beizutragen[399].

---

[395] UN/ECE, CEP: Pollutant Release and Transfer Register, Report on the first meeting on the task force, CEP/WG.5/2000/5 v. 27.04.2000, Annex II: Discussion Paper, S. 21; Implementation Guide, S. 82

[396] UN/ECE, CEP: PRTR Report, S. 4

[397] Vgl. Implementation Guide, S. 82; UN/ECE, CEP: PRTR Report, Annex II, S. 21 ff. unter Bezugnahme auf die Arbeiten der OECD.

[398] Dazu oben, 1. Kapitel, III.1 Buchstabe c, Unterpunkt aa.

[399] Vgl. Artikel 1 und Erwägungsgrund 9; Siehe oben, 2. Kapitel, II.1. Buchstabe a, Unterpunkt aa.

cc) Ausgestaltung des Aarhus-PRTR

Das PRTR, das im Rahmen der Aarhus-Konvention entwickelt werden wird, soll nach den Vorstellungen der Task Force und der *Elements for a Draft Instrument* Angaben zu einzelnen Chemikalien und anderen Substanzen enthalten und nicht lediglich zu Stoffgruppen, um detailliertere Informationen zu ermöglichen. Diese sollen von einzelnen Anlagen bzw. Standorten gemeldet werden, wenn eine bestimmte Menge des erfassten Stoffes bei Herstellung und/oder Verarbeitung überschritten wird. Auf diese Weise müssen nicht alle Anlagen alle erfassten Stoffe messen und darüber berichten[400]. Die Berichte sollen im Jahresturnus abgegeben werden, um die Daten des PRTR aktuell zu halten[401]. Dabei sollen schrittweise zunächst Daten über Emissionen in Luft, Wasser und Boden sowie Angaben zu Stoffen, die außerhalb des Betriebsgeländes („*off-site*") verbracht werden, um sie wiederzuverwerten, zur Energiegewinnung zu nutzen, zu verarbeiten oder zu entsorgen. Drei Jahre nach Inkrafttreten sollen dann nach den Vorstellungen der *Working Group* anlagenspezifische Informationen über den Verbrauch von Wasser, Energie und Rohstoffen, Reduktionsziele bezüglich der Emissionen und des Verbrauchs an Wasser, Energie und Rohstoffen, Daten über Freisetzungen von Stoffen aus diffusen Quellen, Angaben über Freisetzungen und Transfers von Stoffen in oder über hergestellte Produkte sowie Daten über Transfers möglicher umweltgefährdender Stoffe auf dem Betriebsgelände („on-site")[402] veröffentlicht werden. Ferner sollen die Parteien sukzessive ihre nationalen Register auch auf Freisetzungen und Transfers von radioaktiven Substanzen und Strahlung, Lärm und gentechnisch veränderten Organismen erstrecken[403].

dd) Anderer Ansatz des EU-Registers „EPER"

Diese Vorstellungen unterscheiden sich deutlich von der Struktur des Emissionsregisters EPER (*European Pollutant Emission Register*), das gemäß Art. 15 Abs. 3 der IVU-Richtlinie[404] von der Europäischen Gemeinschaft aufgebaut und im Jahre 2003

[400] UN/ECE, CEP: PRTR Report, S. 5

[401] Art. 4 Abs. 4 der Elements for a Draft Instrument

[402] Art. 5 Abs. 1 und 2 der Elements for a Draft Instrument

[403] Art. 5 Abs. 3 der Elements for a Draft Instrument

[404] Richtlinie 96/61/EG des Rates über die integrierte Vermeidung und Verminderung der Umweltverschmutzung vom 24.09.1996, ABl. EG Nr. L 257 S. 26

eingeführt wird[405]. Nach dieser Vorschrift veröffentlicht die Kommission alle drei Jahre ein Verzeichnis der wichtigsten Emissionen und ihrer Quellen anhand der von den Mitgliedstaaten übermittelten Informationen und legt die Form und die erforderlichen Angaben für die Übermittlung der Emissionen fest. EPER ist als Ausgestaltung dieser Vorschrift kein umfassendes Register, sondern in mehrfacher Hinsicht begrenzt. Zum einen beschränken sich die Angaben auf Emissionen von Anlagen, die von der IVU-Richtlinie erfasst werden[406]. Zum anderen wird das Register gemäß Art. 1 Abs. 2 i.V.m. Anhang A1 der Entscheidung der Kommission über den Aufbau von EPER nur Angaben über Emissionen von 37 Substanzen in die Luft und 26 in Wasser enthalten, nicht jedoch Angaben über Freisetzungen in den Boden und die Verbringung von Abfällen. Teilweise müssen auch nur Stoffverbindungen angegeben werden[407]. Ferner müssen die Mitgliedstaaten zunächst nur alle drei Jahre, beginnend 2003, Bericht erstatten und Daten aus einem zwei Jahre zurückliegenden Zeitraum vorlegen[408]. Die Informationen sind daher nicht sehr aktuell. Um den Aufbau zweier verschiedener Systeme in den Vertragsstaaten, die auch Mitgliedstaaten der Europäischen Union sind, zu vermeiden, wäre es denkbar, den Aufbau und den Anwendungsbereich von EPER als rechtsverbindlichen Kern des PRTR zu übernehmen und das System dann gegebenenfalls zu einem späteren Zeitpunkt zu erweitern. Bis dahin könnten einzelne Vertragsparteien auf freiwilliger Basis ein weitergehendes Register führen und dessen Nutzen erproben[409]. Die Kommission sieht den Aufbau von EPER jedenfalls als erste Umsetzung von Art. 5 Abs. 9 der Aarhus-Konvention und ersten Schritt eines vollständigen und integrierten PRTR in Europa an[410]. Hinsichtlich gentechnisch veränderter Organismen sieht der Entwurf einer

---

[405] Entscheidung der Kommission vom 17.07.2000 über den Aufbau eines Europäischen Schadstoffemissionsregisters (EPER) gemäß Artikel 15 der Richtlinie 96/61/EG des Rates über die integrierte Vermeidung und Verminderung der Umweltverschmutzung (IPPC), 2000/479/EG, ABl. EG Nr. L 197/36

[406] Art. 1 Abs. 1 der Entscheidung der Kommission vom 17.07.2000 über den Aufbau von EPER

[407] Vgl. Anhang A1 (Verzeichnis der bei der Überschreitung des Schwellenwertes zu meldenden Schadstoffe), z.B. Nr. 2 Metalle und ihre Verbindungen.

[408] Art. 2 der Entscheidung der Kommission vom 17.07.2000 über den Aufbau von EPER

[409] UN/ECE. CEP: PRTR Report, S. 5

[410] Statement von Dr. G. Schnabl, Generaldirektion Umwelt der Europäischen Kommission: „European Pollutant Emission Register„ auf der IMPEL-Jahrestagung in Villach, S. 2 ff.; vgl. auch Webseite der Generaldirektion Umwelt unter www./europa.eu.int/comm/environment/ippc/eper.htm.

neuen EG-Freisetzungsrichtlinie die Einrichtung von Registern durch die Kommission und die Mitgliedstaaten vor, die es der Öffentlichkeit ermöglichen sollen, Informationen über gentechnische Veränderungen an Organismen und die Standorte bestimmter GVO abzufragen[411].

ee) Potenzial des PRTR zur Verwirklichung des Rechts auf Umweltinformation

Im Gegensatz zu EPER ist das geplante PRTR nach der Aarhus-Konvention nicht an bestehende Rechtsvorschriften, die den Umfang der Informationen festlegen, die an die Verwaltung weitergeleitet werden, gebunden. Daher könnten in dem Protokoll oder Anhang der Konvention auch neue Berichtspflichten der Industrie festgelegt werden und dadurch die Datenlage bei den Behörden und der Informationsanspruch des Bürgers erheblich erweitert werden. Damit könnte das PRTR gleichzeitig der Umsetzung von Art. 5 Abs. 1 Buchstaben a und b dienen, wonach die Vertragsparteien sicherstellen müssen, dass die Behörden über die für ihre Aufgaben relevanten Informationen verfügen und verbindliche Systeme schaffen, um einen angemessenen Informationsfluss an die Behörde sicherzustellen[412]. Bei einer Ausgestaltung wie sie die Working Group in ihrem ersten Vorschlag sie vorsieht, würde die Datenlage und damit der Zugang zu Umweltinformationen erheblich erweitert, da etwa Informationen über der Energieverbrauch einzelner Anlagen gewonnen würden. Die NGOs sehen das PRTR als eines der wichtigsten Mittel an, um das Recht auf Umweltinformation in der Praxis besser durchzusetzen[413]. Es kann insbesondere der Verstärkung der Kontroll-, der Präventions-, der Informations- und der Autonomiesicherungsfunktion dienen.

Einschränkungen des Zugangs der Öffentlichkeit zu den Daten des Registers können sich aus der Anwendbarkeit der Ausschlussgründe des Artikel 4 Abs. 3 und 4 gemäß Art. 5 Abs. 10 ergeben. Durch die Bestimmung von Art. 4 Abs. 4 Buchstabe d, dass Informationen über Emissionen, die für den Schutz der Umwelt von Bedeutung sind, nicht den Betriebs- und Geschäftsgeheimnissen unterfallen, ist jedoch das grundsätzliche Funktionieren des PRTR sichergestellt. Von dem Ausnahmetatbestand er-

---

[411] Vgl. Art. 31 Abs. 2 und 3 des Gemeinsamen Entwurfs einer neuen Freisetzungsrichtlinie.
[412] So Taylor, PRTRs, a.a.O., UN/ECE, CEP: PRTR Report, Annex II, Discussion Paper, S. 20.
[413] Vgl. Brady, a.a.O., S. 173.

fasst werden können allenfalls noch Daten über die Herstellung und Verwendung von Stoffen, soweit es sich nicht um Emissionen handelt[414]. Die anderen Ausnahmetatbestände sind für das PRTR ohne besondere Bedeutung.

Als Beispiel eines äußerst erfolgreichen bestehenden PRTR wird in der Diskussion das *Toxic Release Inventory* (TRI) der US-amerikanischen *Environmental Protection Agency* (EPA) angeführt[415]. Es entstand bereits 1986 auf gesetzlicher Grundlage[416] und wurde bis heute schrittweise durch weitere Umweltvorschriften erweitert[417]. Nach den aktuellen Bestimmungen müssen Betriebe bestimmter Industriezweige, die festgesetzte Schwellenwerte einer Liste von 600 chemischen Stoffen und 28 chemischen Stoffgruppen überschreiten, an die EPA berichten. Die Berichtspflicht beinhaltet neben identifizierenden Angaben zum Betrieb die Menge der toxischen Chemikalien, die in Luft, Wasser und Boden freigesetzt werden, sowie die Menge der Chemikalien, die außerhalb des Betriebsgeländes („*off-site*") verbracht werden, um sie wiederzuverwerten, zur Energiegewinnung zu nutzen, zu verarbeiten oder entsorgen. Ferner müssen Angaben über die Verarbeitung der Chemikalien auf dem Betriebsgelände („*on-site*") gemacht werden[418]. Diese Daten werden in einem Register geordnet und der Öffentlichkeit als Datenbank u.a. via Internet zugänglich gemacht. Die Freisetzungen und Transfers der enthaltenen Stoffe haben sich nach Angaben des jährlichen Berichts über das TRI seit 1987 um 45 % reduziert[419]. Damit hat das TRI für die Umwelt zweifellos einen großen Erfolg erzielt. Für die Diskussion über das Aarhus-PRTR ist jedoch zu beachten, dass die Betriebe durch das TRI nicht verpflichtet werden, Messungen der Chemikalienkonzentrationen vorzunehmen, sondern nur Schätzungen abgeben müssen, wohingegen EPER auch Messdaten beinhalten wird[420]. Unter dem Aspekt der aktiven Verbreitung von Umweltinformationen ist das TRI in jedem Fall als vorbildlich anzusehen, da es weltweit das erste ver-

---

414 Vgl. Art. 10 Abs. 6 der Elements for a Draft Instrument.

415 Etwa Taylor, a.a.O., UN/ECE, CEP: PRTR Report, S. 3.

416 US Emergency Planning and Community Right to Know Act 42, U.S.C.A.

417 Insbesondere US Pollution Prevention Act 1990, Resource Conservation and Recovery Act und verschiedene Erlässe der US EPA; vgl. 1998 Public Data Release Report der US EPA, veröffentlicht unter www.epa.gov/tri.

418 Vgl. 1998 Public Data Release Report, Kapitel 1, S. 4.

419 Ders., S. 1.

420 Zu den Grenzen des TRI, vgl. 1998 Public Data Release Report, S. 7; zu EPER, vgl. Schnabel,

pflichtende und eine große Anzahl Stoffe umfassende Register für toxische Emissionen aus größeren Betrieben ist, das öffentlich zugänglich ist. Gleichzeitig liefert es den Beweis, dass Umweltschutz durch Umweltinformation möglich ist.

3. Artikel 6 Abs. 6 - Der Informationsanspruch im Rahmen der Öffentlichkeitsbeteiligung

a) Regelung der Konvention

Im Rahmen der Vorschriften über die Öffentlichkeitsbeteiligung an Entscheidungen über bestimmte Tätigkeiten findet sich in dem Übereinkommen eine Sondervorschrift über den Zugang zu Informationen in Form des Akteneinsichtsrechts des Art. 6 Abs. 6. Er kommt nur dann zum Tragen, wenn ein Verfahren zur Entscheidung über die Zulassung einer geplanten Tätigkeit nach Art. 6 Abs. 1 durchgeführt wird, insbesondere also bei Vorhaben nach Anhang I der Konvention[421]. Gemäß Art. 6 Abs. 6 S. 1 verpflichtet jede Vertragspartei

> „(...) die zuständigen Behörden, der betroffenen Öffentlichkeit - auf Antrag, sofern innerstaatliches Recht dies vorschreibt - gebührenfrei und sobald verfügbar Zugang zu allen Informationen zu deren Einsichtnahme zu gewähren, die für die in diesem Artikel (Art. 6, Anm. d. Verf.) genannten Entscheidungsverfahren relevant sind und zum Zeitpunkt des Verfahrens zur Öffentlichkeitsbeteiligung zur Verfügung stehen; das Recht der Vertragsparteien, bestimmte Informationen nach Artikel 4 Absätze 3 und 4 abzulehnen, bleibt hiervon unberührt.“

Satz 2 trifft eine Bestimmung darüber, welche Informationen mindestens und unbeschadet des Artikels 4 zu den relevanten Informationen gehören, auf die ein Anspruch nach Art. 6 Abs. 6 besteht. Dies sind Beschreibungen des Standortes, der geplanten Tätigkeit, der erheblichen Auswirkungen auf die Umwelt, der Maßnahmen zur Vermeidung bzw. Verminderung dieser Auswirkungen sowie eine nichttechnische Zusammenfassung dieser Informationen, ein Überblick über die wichtigsten geprüften Alternativen und in Übereinstimmung mit den innerstaatlichen Rechtsvorschriften die wichtigsten Berichte und Empfehlungen, die an die zuständige Behörde

---

a.a.O., S. 2 ff..

[421] Vgl. dazu oben, II.2. Buchstabe a.

gerichtet wurden. Damit orientiert sich die Aarhus-Konvention an den Vorschriften der Espoo-Konvention[422] zum Inhalt der Dokumentation, die von einem Antragsteller zur Durchführung einer grenzüberschreitenden Umweltverträglichkeitsprüfung vorzulegen sind.

b) Unterschiede und Verhältnis zum Anspruch nach Artikel 4

Abgesehen von dem begrenzten Anwendungsbereich des Anspruchs nach Art. 6 Abs. 6, unterscheidet er sich von dem des Artikels 4 auch dadurch, dass er auf eine „Einsichtnahme" (im englischen *„access to examination"*) und auf Mitglieder der „betroffenen Öffentlichkeit" (*„the public concerned"*) beschränkt ist. Der Zugang zu den Informationen wird danach nur in der Weise gewährt, dass die Unterlagen für den Personenkreis, der von Art. 2 Nr. 5 definiert wird, ausliegen. Dies ist die Öffentlichkeit, die von dem Entscheidungsverfahren betroffen oder wahrscheinlich betroffen ist oder ein Interesse daran hat, wobei nichtstaatliche Umweltorganisationen generell ein fiktives Interesse haben[423]. Eine Übersendung von Akten oder Ablichtungen ist nach Art. 6 Abs. 6 nicht vorgesehen. Auf der anderen Seite besteht ein Anspruch auf gebührenfreie und sofortige Einsichtnahme, was eine Erweiterung des Anspruchs nach Artikel 4 darstellt.

Fraglich ist der Umfang des Anspruchsgegenstandes, da Art. 6 Abs. 6 nicht von „Informationen über die Umwelt", sondern von „relevanten Informationen" spricht. Zum einen gibt dies der zuständigen Behörde ein gewisses Ermessen, nur die Informationen zur sofortigen und kostenlosen Einsichtnahme zur Verfügung zu stellen, die für das Verfahren von Bedeutung sind. Dies ist zweckmäßig, da ansonsten die Möglichkeit der Gebührenerhebung des Art. 4 Abs. 8 unterlaufen werden könnte. Zum zweiten könnten aber auch Informationen, die keine „Informationen über die Umwelt" im Sinne von Art. 2 Nr. 3 des Übereinkommens sind, unter diesen Anspruch fallen. Dies dürfte allerdings wegen der sehr weiten Definition des Begriffes in der Praxis kaum vorkommen. Informationen, die für ein umweltbezogenes Ent-

[422] Art. 4 i.V.m. Anhang II des UN/ECE-Übereinkommens über die Umweltverträglichkeitsprüfung im grenzüberschreitenden Rahmen (*Convention on Environmental Impact Assessment in the Transboundary Context*), ILM 30 (1991), 800; vgl. dazu Beyerlin, a.a.O., Rdnr. 453 ff.

[423] Vgl. oben, 2. Kapitel II.1 Buchstabe b Unterpunkt cc.

scheidungsverfahren relevant sind, sind wohl immer auch Umweltinformationen gemäß Art. 2 Nr. 3 Buchstaben a oder b. Verschiedene Auslegungen läßt die Formulierung „(die) zum Zeitpunkt des Verfahrens der Öffentlichkeitsbeteiligung zur Verfügung stehen“ (engl. „*available at the time of the public procedure*“) zu. Zum einen kann es bedeuten, dass die Behörde nur das Material zur Einsicht auslegen muss, das ihr während der Dauer des Verfahrens vorliegt, sie also keine Informationsbeschaffungspflicht hat. Zum anderen kann die Formulierung jedoch als Klarstellung gedacht sein, dass alle verfügbaren relevanten Daten, auch die im Besitz anderer Beteiligter als der zuständigen Behörde, zugänglich gemacht werden müssen. Für die zweite Interpretation spricht die anschließende Aufzählung derjenigen Informationen, die jedenfalls als relevant anzusehen sind. Diese Bestimmung würde unterlaufen, verstünde man Satz 1 dahingehend, dass die Behörde keine Beschaffungspflicht hinsichtlich der relevanten Informationen träfe[424].

Die Formulierung „unbeschadet des Artikels 4“ (engl. „*without prejudice to the provisions of Article 4*“) in Satz 2 von Art. 6 Abs. 6 bedeutet entgegen der Aussage des *Implementation Guide* nicht, dass der Zugang zu den Informationen sich nach den Voraussetzungen des Artikels 4 bestimmt[425], sondern dass der Anspruch nach Artikel 4 neben dem Anspruch aus Art. 6 Abs. 6 S. 1 mit den Mindestanforderungen des Satzes 2 besteht. Anderenfalls wären die von Artikel 4 abweichenden Bestimmungen in Satz 1 Sinn entleert und der Hinweis auf die Ablehnungsgründe des Art. 4 Abs. 3 und 4 in Satz 1 überflüssig. Das Nebeneinander der Ansprüche während eines laufenden Verfahrens der Öffentlichkeitsbeteiligung ist dagegen durchaus sinnvoll. Die Möglichkeit der gebührenfreien Einsichtnahme in alle relevanten Informationen soll der betroffenen Öffentlichkeit die Gelegenheit geben, sich über die Details eines Vorhabens zu informieren. Aus den gewonnen Erkenntnissen können sich dann gegebenenfalls weitere Fragen ergeben, die dann noch nach Art. 4 gestellt werden können. So sieht auch die IVU-Richtlinie der Europäischen Gemeinschaft in Art. 15 Abs. 1 vor, dass die Anträge auf Genehmigung neuer Anlagen, die u.a. Angaben über die Anlage, die Emissionen und ihre zu erwartenden erheblichen Auswirkungen auf die Umwelt sowie Maßnahmen zur Verminderung derselben, also ähnliche Informa-

---

[424] So auch der Implementation Guide, S. 104.
[425] So aber dort, S. 105.

tionen, wie Art. 6 Abs. 6 der Aarhus-Konvention sie vorschreibt, enthalten, der Öffentlichkeit unbeschadet der Richtlinie 90/313/EWG zugänglich gemacht werden. Diese Richtlinie war mit ihrem subjektiven Recht auf Zugang zu Umweltinformationen das Vorbild der Regelungen des Artikel 4 der Aarhus-Konvention[426]. Die Aarhus-Konvention ergänzt das Umweltinformationsrecht somit um ein Recht auf kostenfreie Akteneinsicht in umweltbezogenen Entscheidungsverfahren

4. Die Absicherung des Rechts auf Umweltinformation durch den Zugang zu Gerichten (Art. 9 Abs. 1, 4 und 5)

Eine Besonderheit für das Völkerrecht stellt es dar, dass die Aarhus-Konvention die völkerrechtlichen Verpflichtungen der Vertragsparteien gegenüber der Öffentlichkeit durch die Möglichkeit des Zugangs zu innerstaatlichen Gerichten absichert. Gemäß Art. 9 Abs. 1 stellt jede Vertragspartei

> „...im Rahmen ihrer Rechtsvorschriften sicher, dass jede Person, die der Ansicht ist, dass ihr nach Artikel 4 gestellter Antrag auf Informationen nicht beachtet, fälschlicherweise ganz oder teilweise abgelehnt, unzulänglich beantwortet oder auf andere Weise nicht in Übereinstimmung mit dem genannten Artikel bearbeitet worden ist, Zugang zu einem Überprüfungsverfahren vor einem Gericht oder einer anderen auf gesetzlicher Grundlage geschaffenen unabhängigen und unparteiischen Stelle hat."

Damit wird den Vertragsparteien die Verpflichtung auferlegt, die Überprüfung der Verfahren, die auf Erhalt von Umweltinformationen auf Antrag gerichtet sind, zu ermöglichen. Dabei verbleibt die Wahl zwischen der Möglichkeit des Zugangs zur ordentlichen Gerichtsbarkeit oder Verwaltungsgerichtsbarkeit, sofern eine solche selbständige vorhanden ist, oder der Überprüfung durch eine andere gerichtsähnliche Stelle. In Frankreich besteht beispielsweise eine unabhängige Kommission für den Zugang zu Dokumenten der Verwaltung, die sich aus Vertretern der Exekutive, der Legislative und der Judikative zusammensetzt[427]. Gemäß Art. 9 Abs. 1 S. 3 sind von dieser Institution getroffene endgültige Entscheidungen für die Behörde, die über die Information verfügt, verbindlich. Die Gründe sind jedenfalls dann schriftlich darzu-

---

[426] Vgl. Scheyli, a.a.O., S. 221.

[427] Commission pour l'access aux documents administratifs, geschaffen durch Gesetz Nr. 78-753 vom 17.07.1978 (Journal Officiel v. 17.07.1978, S. 2651).

legen, wenn der Zugang zu Informationen abgelehnt wird (Art. 9 Abs. 1 S. 4). Wählt die Vertragspartei den Weg, eine Überprüfung durch ein Gericht vorzusehen, muss sie gemäß Art. 9 Abs. 1 S. 2 außerdem sicherstellen, dass die Möglichkeit eines behördlichen Überprüfungsverfahrens oder einer Überprüfung durch eine unabhängige und unparteiische Stelle, die kein Gericht ist, besteht. Hintergrund dieser Bestimmung sind die hohen Gerichtskosten und langen Verfahrensdauern in vielen Jurisdiktionen, die Mitglieder der Öffentlichkeit davon abhalten könnten, ihr Recht auf freien Zugang zu Informationen durchzusetzen[428]. Die Konvention bestimmt daher auch ausdrücklich, dass diese Überprüfungsverfahren schnell und gebührenfrei oder nicht kostenaufwendig sein müssen (Art. 9 Abs. 1 S. 2).

In Art. 9 Abs. 4 legt das Übereinkommen für alle Verfahren nach Artikel 9 - also auch den Zugang zu Gerichten in Verfahren der Öffentlichkeitsbeteiligung und bei Verletzungen sonstigen Umweltrechts - fest, dass diese „angemessenen und effektiven Rechtsschutz" sicherstellen müssen, wozu, soweit angemessen, auch vorläufiger Rechtsschutz gehört. Die gerichtlichen Verfahren dürfen ebenfalls „nicht übermäßig teuer"[429] sein und müssen „fair, gerecht, (und) zügig" (engl. „*fair, equitable*" und „*timely*") verlaufen. Entscheidungen müssen schriftlich getroffen oder festgehalten und öffentlich zugänglich gemacht werden. Damit werden allgemeine Grundsätze des Rechtsstaatsprinzips ausdrücklich festgehalten. Hier zeigt sich erneut die Bedeutung des Übereinkommens für Demokratie und Rechtstaatlichkeit über den Aspekt des Umweltschutzes hinaus. Durch die Aarhus-Konvention werden auch diejenigen UN/ECE-Staaten, in denen die genannten Aspekte des Rechtsstaatsprinzips noch nicht durchgängige Praxis sind, zur Garantie dieser Verfahrensgrundsätze angehalten.

Eine weitere Sonderbestimmungen über die aktive Verbreitung von Information findet sich in Art. 9 Abs. 5, wonach jede Vertragspartei sicherstellen muss, dass der Öffentlichkeit Informationen über den Zugang zu den Überprüfungsverfahren zur Verfügung gestellt werden. Dies konkretisiert den Auftrag des Art. 3 Abs. 3, wonach die Umwelterziehung und das Umweltbewusstsein insbesondere in Bezug auf die in dem

---

428 Vgl. Implementation Guide, S. 127

429 Im englischen Originaltext heißt es „*not prohibitively expensive*", also nicht so teuer, dass die

Übereinkommen geregelten Materien zu fördern ist. Dazu gehört der Hinweis auf die Möglichkeit der Überprüfung in einer ablehnenden Entscheidung nach Art. 4 Abs. 7. Aus der eigenständigen Erwähnung in Art. 9 Abs. 5 ist jedoch zu schließen, dass eine solche Rechtsbehelfsbelehrung alleine nicht ausreicht. Denkbar wären etwa Hinweise im Rahmen der aktiven Verbreitung von Informationen über den Umgang der Verwaltung mit der Öffentlichkeit in Angelegenheiten des Übereinkommens nach Art. 5 Abs. 7 Buchstabe b[430]. Danach könnten z.B. entsprechende Broschüren Hinweise über den möglichen Rechtsschutz enthalten. Nach Art. 9 Abs. 5, 2. Halbsatz prüft jede Vertragspartei ferner die Schaffung angemessener Unterstützungsmechanismen, um Hindernisse finanzieller und anderer Art für den Zugang zu Gerichten zu beseitigen oder zu verringern. Dies stellt wiederum eine Konkretisierung des Gebotes des Art. 3 Abs. 2 dar, wonach die Vertragsparteien sich bemühen, dass u.a. Behörden Unterstützung für den Zugang zu Gerichten geben. Dazu könnte im Sinne des Art. 9 Abs. 5 ein System von Prozesskostenhilfe für Kläger mit geringen finanziellen Mitteln oder die Unterstützung von privaten Organisationen, die kostenlose Rechtsberatung anbieten, gehören[431]. Da es sich nur um einen Prüfauftrag handelt, bestehen keine konkreten Verpflichtungen der Vertragsparteien. Bemerkenswert ist diese Bestimmung dennoch, da sie zeigt, wie stark der Durchsetzungsmechanismus für das Recht auf Umweltinformation verankert werden sollte.

Kosten prohibitiven Charakter haben.

[430] So auch der Implementation Guide, S. 135

[431] Vgl. Implementation Guide, S. 135.

IV. Wirkungen und Bedeutung der Aarhus-Konvention

Bevor die konkreten Auswirkungen der Konvention auf das europäische und deutsche Umweltinformationsrecht untersucht werden (Kapitel 3), soll auf die völkerrechtlichen und allgemeinen innerstaatlichen Wirkungen eingegangen sowie die Bedeutung des Übereinkommens für das Umweltvölkerrecht gewürdigt werden.

1. Völkerrechtliche Wirkungen des Übereinkommens

a) Bedeutung des völkerrechtlichen Vertrages

Bei der Aarhus-Konvention handelt es sich, wie bereits erwähnt, um einen multilateralen völkerrechtlichen Vertrag. Völkerrechtliche Verträge schaffen im Gegensatz zu privatrechtlichen Verträge nicht lediglich subjektive Rechte und Pflichten der Vertragsparteien untereinander, sondern sind auch Rechtsquellen und erzeugen Recht in objektivem Sinn, das als partikuläres Völkerrecht für den Verkehr der Vertragsparteien miteinander gilt[432]. Ein multilateraler völkerrechtlicher Vertrag läßt hinsichtlich seines Inhalts auf bestimmte Rechtsüberzeugungen einer größeren Zahl von Völkerrechtssubjekten schließen und kann daher über den Kreis der Vertragsparteien hinaus zum Entstehen von Völkergewohnheitsrecht beitragen. Literatur und Rechtsprechung berufen sich häufig auf gleichlautende Vertragsbestimmungen, um entsprechende Regeln des Völkergewohnheitsrechts nachzuweisen[433]. Als Übereinkommen von immerhin 39 Staaten und einer internationalen Organisation, hat gerade die Aarhus-Konvention ein solches Potenzial (vgl. dazu auch unten, 3.).

b) Die Verpflichtung zur Einhaltung des Vertrages

Ab dem Tage des Inkrafttretens ist die Aarhus-Konvention für alle Vertragsparteien nach dem völkergewohnheitsrechtlich geltenden Grundsatz *pacta sunt servanda* verbindlich[434]. Für die Unterzeichner, die nicht durch Ratifikation, Annahme oder Ge-

---

[432] Kimminich, Einführung in das Völkerrecht, S. 231

[433] Kimminich, a.a.O., S. 234; vgl. auch IGH, ICJ Reports 1969, S. 41 f. (Nordsee-Festlandssockel-Fall); Verdross/Simma, § 556 ff.

[434] Der Grundsatz wird auch „Grundsatz der Heiligkeit der Verträge" genannt; vgl. Kimminich, a.a.O., S. 236. Art. 26 der WVRK gibt insoweit nur Völkergewohnheitsrecht wieder und hat le-

nehmigung Vertragsparteien geworden sind, zeitigt die Konvention wegen der Ratifikationsklausel des Art. 19 Abs. 1 per se keine Rechtswirkung[435]. Für die Signatarstaaten, die gleichzeitig Mitgliedstaaten der Europäischen Union sind, besteht jedoch insofern eine Besonderheit, als dass sie auch verpflichtet sind, das Recht der Europäischen Gemeinschaft umzusetzen. Gleicht die Europäische Gemeinschaft als Signatar bzw. Vertragspartei ihre Rechtsvorschriften an die Aarhus-Konvention an, entsteht für die Mitgliedstaaten aus Art. 10 EGV die Verpflichtung, alle Maßnahmen zu ergreifen, die zur Erfüllung der Verpflichtungen aus dem EG-Vertrag erforderlich sind, unabhängig davon, ob der Mitgliedstaat das Übereinkommen ratifiziert hat oder nicht. Dies gilt insbesondere für den Bereich des Umweltinformationsrechts, da hier eine Kompetenz der EG gemäß Art. 175 EGV besteht, von der mit Erlass der ersten Umweltinformationsrichtlinie vom 07.06.1990 bereits Gebrauch gemacht wurde.

c) Modifizierung der Verpflichtungen durch Vorbehalte

Änderungen der sich aus dem Vertrag ergebenden völkerrechtlichen Verpflichtungen können sich aus von Vertragsparteien bei Unterzeichnung, Ratifikation, Annahme oder Genehmigung erklärten Vorbehalten ergeben. Unter einem „Vorbehalt“ versteht man die zu einem Vertrag abgegebene einseitige Erklärung, mit der eine Vertragspartei bezweckt, die Rechtswirkung einzelner Vertragsbestimmungen in der Anwendung auszuschließen oder zu ändern[436]. Ein Vorbehalt ist zulässig, sofern der Vertrag ihn nicht verbietet oder vorsieht, dass nur bestimmte Vorbehalte gemacht werden dürfen, und wenn er nicht mit Ziel und Zweck des Vertrages unvereinbar ist[437]. Je nach dem, um welche Art von Vertrag es sich handelt, hat ein zulässiger Vorbehalt verschiedene Voraussetzungen[438]. Ein wirksamer Vorbehalt ändert für die Vertragspartei, die ihn anbringt, im Verhältnis zu den anderen Vertragsparteien die Vertragsbestimmungen in dem darin bestimmten Ausmaß[439]. Bei Unterzeichnung der Konvention haben Dänemark, Deutschland, das Vereinigte Königreich und die Europäi-

---

diglich deklaratorische Bedeutung.

435 Vgl. zur Ratifikationsklausel Kimminich, a.a.O., S. 232, 272.

436 Seidl-Hohenveldern/Stein, Rdnr. 303, Verdross/Simma § 730; vgl. auch Art 2 Abs. 1 Buchstabe d WVRK.

437 Vgl. die Art. 19 ff. WVRK zu Vorbehalten in völkerrechtlichen Verträgen.

438 Näher bei Verdross/Simma, § 732 f.; vgl. auch Art. 20 WVRK.

439 Ders.; vgl. auch Art. 21 WVRK

sche Gemeinschaft Erklärungen abgegeben, die teilweise als Vorbehalte interpretiert werden können[440]. Inhaltliche Modifizierungen hinsichtlich der Verpflichtungen des Umweltinformationsrechts ergeben sich jedoch aus keiner dieser Erklärungen.

d) Mögliche Folgen bei Nichtbeachtung

Das Völkerrecht regelt grundsätzlich nur die Rechtsbeziehungen der Völkerrechtssubjekte untereinander. Die sich aus einem völkerrechtlichen Vertrag ergebenden Rechte und Pflichten, die andere Rechtssubjekte betreffen als die Vertragsparteien selbst, müssen von jeder Vertragspartei im innerstaatlichen Recht umgesetzt werden (dazu sogleich unten, 2.). Auf der Ebene des Völkerrechts ergibt sich nur gegenüber den anderen Vertragsparteien die Verpflichtung, den Vertrag einzuhalten (vgl. oben Buchstabe b). Wird dieses Gebot verletzt, liegt ein völkerrechtliches Delikt vor, das grundsätzlich zur gänzlichen oder teilweisen Aufhebung des Vertrages oder zur Geltendmachung von Schadensersatzansprüchen führen kann[441]. Die völkerrechtliche Haftung begründet einen Anspruch auf Wiedergutmachung, also die Wiederherstellung des Zustandes, der bestehen würde, wenn die Rechtsverletzung nicht eingetreten wäre und/oder auf Genugtuung bei immateriellen Schäden[442]. Solche Konstellationen sind allerdings bei dieser Konvention kaum denkbar, da sich sämtliche Verpflichtungen des Übereinkommens auf Rechtspositionen der Öffentlichkeit, d.h., auf Rechte des Einzelnen oder von Zusammenschlüssen von einzelnen Personen, im innerstaatlichen Recht beziehen. Es fehlt an der Regelung eines zwischenstaatlichen

---

[440] So ist die Erklärung Dänemarks, dass es die Geltung des Übereinkommens aufgrund rechtlicher und tatsächlicher Besonderheiten auf den Faröer Inseln und in Grönland nicht garantieren kann, als Vorbehalt anzusehen, da es den geographischen Geltungsbereich der Konvention ändern will; vgl. Seidl-Hohenveldern/Stein, a.a.O., Rdnr. 303. Die Erklärung Deutschlands dagegen, dass angenommen wird, die Umsetzung werde nicht zu Entwicklungen führen, die Bemühungen zu Deregulierung und Verfahrensbeschleunigung entgegenläuft, ist lediglich als Erklärung zur Auslegung anzusehen, da sie nicht erkennen lässt, welche Bestimmungen der Konvention ausgeschlossen werden sollen. Sie ähnelt einer Rechtsverwahrung, mit der sich ein Staat lediglich gegen die Abfindung mit einer Rechtslage, die außerhalb des Vertrages steht, wie etwa die Anerkennung eines Staates, verwahren will; vgl. Seidl-Hohenveldern/Stein, Rdnr. 315 f.. Die Texte der Erklärungen finden sich auf den Internetseiten der UN/ECE unter www.unece.org/env/pp/ctreaty.htm.

[441] Kimminich, a.a.O., S. 469; vgl. Art. 60 Abs. 2 WVRK hinsichtlich der Beendigung multilateraler Verträge wegen Vertragsverletzung.

[442] Genugtuung kann etwa durch die Bestrafung von Schuldigen oder förmliche Entschuldigung erzielt werden; vgl. Kimminich, S: 487; zum Ganzen: Verdross/Simma, §§ 1294 ff.

Sachverhalts. Wegen dieser rein innerstaatlichen Wirkungen ist die Aarhus-Konvention auch kein völkerrechtlicher Vertrag, der dem Einzelmenschen ausnahmsweise eine völkerrechtliche Rechtsposition einräumt, wie etwa die Europäische Menschenrechtskonvention, die völkerrechtliche Individualrechte und eine Individualbeschwerde bei einem internationalen Gericht zu deren Durchsetzung einräumt[443]. Interessanter ist daher eine Betrachtung der Rechtswirkungen auf innerstaatlicher Ebene.

2. Innerstaatliche Wirkungen

a) Das Verhältnis des Völkerrechts zum innerstaatlichen Recht

Zum Verhältnis des Völkerrechts zum innerstaatlichen Recht werden eine Vielzahl von Theorien vertreten, da das Völkerrecht grundsätzlich selbst keine Normen darüber enthält[444]. Vereinfacht lassen sie sich in den sog. Monismus, der besagt, dass Völkerrecht und innerstaatliches Recht eine einheitliche Rechtsordnung bilden, und den Dualismus, der davon ausgeht, dass es sich um zwei getrennte Rechtsordnungen handelt, die sich nicht überschneiden können, weil sie verschiedene Dinge regeln, unterteilen. Der Monismus hat wiederum zwei Erscheinungsformen, nämlich den Monismus mit Primat des Völkerrechts und den mit Primat des innerstaatlichen Rechts. Innerhalb des Dualismus, lassen sich extreme und gemäßigte Positionen ausmachen[445]. Je nachdem, welcher Theorie man folgt, ergeben sich unterschiedliche mögliche Wirkungen eines völkerrechtlichen Vertrages für das innerstaatliche Recht der Vertragsparteien.

Abzulehnen ist jedenfalls die extreme dualistische Ansicht, wonach das Völkerrecht in keiner Weise beabsichtigt, innerstaatliches Recht zu beeinflussen und nur feststellt, dass ein Bruch des internationalen Rechts vorliegt, wenn ein Staat gegen Völ-

---

443 Verdross/Simma, § 425

444 Vgl. Kimminich, S. 261, 265.

445 Zum Ganzen: Seidl-Hohenveldern/Stein, Rdnr. 539 ff., Kimminich, S. 261 ff; Verdross/Simma, § 71 ff; speziell zum Umweltrecht: Ebbesson, Compatibility of International and National Environmental Law, S. 48 ff.

kerrecht verstößt[446]. Die Erfüllung der Verpflichtungen läge danach völlig im Belieben der Völkerrechtssubjekte und völkerrechtliche Durchsetzungsmechanismen wären gänzlich überflüssig. Diese Ansicht ist heute kaum noch vertretbar, wo eine Vielzahl von Verträgen schon ihrem Zweck nach genau darauf gerichtet sind, im innerstaatlichen Bereich Rechtswirkungen zu erzeugen, sei es unmittelbar oder mittelbar. Dazu gehören insbesondere die Verträge zum Schutz der Menschenrechte und diverse Verträge zum Umweltschutz[447]. Ein Beispiel dafür bietet die Aarhus-Konvention selbst[448], ein anderes ist die Verpflichtung der Vertragsstaaten des Basler Übereinkommens über die Kontrolle der grenzüberschreitenden Verbringung gefährlicher Abfälle und ihrer Entsorgung in Art. 4 Abs. 4, geeignete rechtliche, verwaltungsmäßige und sonstige Maßnahmen zu treffen, um das Übereinkommen durchzuführen und ihm Geltung zu verschaffen, einschließlich Maßnahmen zur Verhinderung und Bestrafung übereinkommenswidriger Verhaltensweisen[449].

Ebenso ist die Theorie des Monismus mit Primat des innerstaatlichen Rechts abzulehnen. Danach ist das Völkerrecht nichts anderes als ein Bestandteil jeder nationalen Rechtsordnung, der sich im Konfliktfall unterzuordnen hat. Auch diese Sichtweise entspricht nicht den tatsächlichen Gegebenheiten, da es in diesem Falle sinnlos wäre, völkerrechtliche Verträge zu schließen, die geltendem innerstaatlichen Recht widersprechen und eine eigenständige Entwicklung des Völkerrechts gar nicht möglich wäre[450].

Zwischen diesen Extrempositionen liegen eine Reihe verschiedener Theorien, die alle die Notwendigkeit der Einhaltung der Normen des Völkerrechts durch das innerstaatliche Recht, aber auch die Notwendigkeit eines staatlichen Umsetzungsaktes im Regelfall anerkennen. Dies entspricht auch der Rechtsüberzeugung und geübten Pra-

---

446 Vgl. Ebbesson, Compatibility, S. 57

447 So auch Ebbesson, Compatibility , S. 57.

448 Gemäß Artikel 1 des Übereinkommens gewährleistet jede Vertragspartei zum Schutze des Rechts auf ein Leben in einer der Gesundheit zuträglichen Umwelt das Recht auf Zugang zu Informationen, auf Öffentlichkeitsbeteiligung und auf Zugang zu Gerichten in Umweltangelegenheiten in ihren innerstaatlichen Rechtsordnungen. Ein Verfahren zur Überprüfung der Einhaltung wird gemäß Art. 15 auf der Tagung der Vertragsparteien festgelegt werden.

449 Übereinkommen vom 22.03.1989, BGBl. 1994 II, 2704

450 Vgl. Seidl-Hohenveldern/Stein, Rdnr. 542 f.; die Theorie wird heute kaum noch vertreten, vgl.

xis praktisch aller Mitglieder der Völkergemeinschaft[451]. Zwischen ihnen muss hier keine Entscheidung getroffen zu werden.

b) Vollziehung der Verpflichtungen durch die Vertragsparteien

Auf welche Weise eine Vertragspartei einer völkerrechtlichen Verpflichtung innerstaatlich Geltung verschafft, bleibt ihr grundsätzlich überlassen und bestimmt sich in der Regel nach dem jeweiligen Verfassungsrecht[452]. Dabei können - vereinfacht betrachtet - drei Arten von Anwendungsbefehlen unterschieden werden. Zum einen kann die innerstaatliche Rechtsordnung bestimmen, dass mit Inkrafttreten des Vertrages nach den Regeln des Völkerrechts die Anwendbarkeit sofort eintritt (sog. self-executing-Wirkung). Demgegenüber steht die Konstruktion, dass erst eine spezielle Ausführungsregelung durch das nationale Recht geschaffen werden muss (spezielle Transformation). Vermittelnd ist der Ansatz, dass der Erlass eines Zustimmungsgesetzes zu dem völkerrechtlichen Vertrag genügt (generelle Transformation)[453]. Ob dem Einzelnen aus dem völkerrechtlichen Vertrag Rechte erwachsen, auf die er sich vor Behörden und Gerichten berufen kann, hängt zum einen davon ab, ob diese Bedingungen eingetreten sind, zum anderen davon, ob der Vertrag überhaupt auf subjektive Rechte des Einzelnen gerichtet ist (sog. self-executing Vertrag)[454].

Häufig wird sich aus den Bestimmungen des Vertrages ergeben, dass der nationale Gesetzgeber tätig werden muss, um die vertraglichen Verpflichtungen umzusetzen. So ist auch die Situation bei der Aarhus-Konvention zu beurteilen. Nach der allgemeinen Bestimmung des Artikel 3 Abs. 1 sind die Vertragsparteien dazu verpflichtet, die erforderlichen Gesetzgebungs-, Regelungs- und sonstigen Maßnahmen zur Umsetzung des Übereinkommens zu ergreifen. Danach ist das Übereinkommen prinzipi-

---

Verdross/Simma, § 72.

451 Seidl-Hohenveldern/Stein bezeichnen dies als gemäßigten Monismus, Rdnr. 554; dieser unterscheidet sich jedoch letztlich nicht vom gemäßigten Dualismus, vgl. Doehring, Rdnr. 700, der diesen als die der Staatenpraxis entsprechende Konstruktion bezeichnet.

452 Doehring, Rdnr. 705 f.; Streinz, Vorgaben des Völkerrechts für das deutsche Umweltrecht, UTR 1999, S. 319, 339; Verdross/Simma, § 847 ff

453 Vgl. Doehring, Rdnr. 706., Seidl-Hohenveldern/Stein, § 556 ff; Verdross/Simma, § 847 ff., letzteres entspricht der Position des Grundgesetzes in Art. 59 Abs. 2. Eine unmittelbare Geltung bestimmt Art 25 GG für die Regeln des Allgemeinen Völkerrechts.

454 Doehring, Rdnr. 707

ell nicht darauf gerichtet, dem Einzelnen unmittelbar eine Rechtsposition zu verschaffen[455]. Im Bereich des Umweltinformationsrechts sind jedoch einige Vorschriften so stark konkretisiert, dass sie genau erkennen lassen, auf welche Rechte des Einzelnen sie gerichtet sind und ohne weiteren Ausführungsakt des Gesetzgebers justiziabel sein könnten. Dies gilt für den gesamten Artikel 4, der das Recht auf freien Zugang zu behördlichen Informationen detailliert regelt. Die Formulierung „im Rahmen der innerstaatlichen Rechtsvorschriften" in Art. 4 Abs. 1 rechtfertigt keine andere Bewertung, da sie, wie gezeigt, nur die Bedeutung haben kann, dass den Vertragsparteien eine gewisse Flexibilität hinsichtlich der Rechtstechnik und hinsichtlich des Einfügens des Rechts in die nationale Rechtsordnung gegeben werden soll. Eine Einschränkung der in Artikel 4 festgelegten Grundsätze kann daraus nicht entnommen werden[456]. Das Recht auf freien Zugang zu Umweltinformationen unter den Bedingungen des Artikel 4 könnte daher in den Rechtsordnungen der Vertragsstaaten, die dies zulassen, unmittelbare Anwendung finden[457]. Das gleiche gilt für die Möglichkeit des Zugangs zu Gerichten gemäß Art. 9 Abs. 1. Weniger konkretisiert sind dagegen die Bestimmungen zur aktiven Verbreitung von Umweltinformationen des Artikel 5. Sie stellen auch keine Rechte des Einzelnen auf, sondern Verpflichtungen der Vertragsparteien.

Welche rechtlichen Auswirkungen das Übereinkommen auf das nationale Recht hat, hängt auch davon ab, auf welche vorhandene Rechtslage es trifft. Der konkrete Umsetzungsbedarf kann nur für jede Rechtsordnung einzeln ermittelt werden. Hier wird die Umsetzung durch die Europäische Gemeinschaft und der Änderungsbedarf im deutschen UIG im Folgenden untersucht werden (3. Kapitel).

---

[455] Beyerlin, Rdnr. 592, Scheyli, a.a.O., S. 250
[456] Vgl. oben, III.1. Buchstabe a Unterpunkt aa.
[457] So auch Scheyli, a.a.O., S. 250 f.

3. Bedeutung des Übereinkommens für das Umweltvölkerrecht

a) Die Aarhus-Konvention als neuer Typus eines umweltvölkerrechtlichen Vertrages

Die Aarhus-Konvention weist Besonderheiten auf, die es rechtfertigen, sie als neuen Typus eines völkerrechtlichen Vertrages anzusehen. Dies gilt in besonderem Maße für die Bestimmungen zum Umweltinformationsrecht. Wie bereits erwähnt (vgl. oben, 1. Kapitel, II.2.), haben sich internationale umweltrechtliche Verträge bisher weitgehend auf Informations- und Konsultationspflichten der Staaten beschränkt. *Adede* stellt in seiner *Anatomy of an Environmental Treaty* von 1993[458] als typische Formulierungen, die Informationen über die Umwelt betreffen, einerseits solche der Zusammenarbeit und des Austauschs von Informationen zwischen Staaten vor[459]. Auf der anderen Seite bezeichnet er als typische Bestimmungen, die den Zugang der Öffentlichkeit zu Informationen betreffen, nur solche, die zur Bewusstseinsbildung und Umwelterziehung gedacht sind[460]. Sie sind stets vage Bestimmungen, nach denen die Vertragsparteien die Information der Öffentlichkeit über die von den Verträgen angesprochenen Umweltprobleme fördern sollen, wie *„(t)hey shall undertake to keep the public broadly informed of the dangers threatening this heritage and of activities carried on in pursuance of this Convention“*[461] oder *„(...) the Parties shall: (...) promote and facilitate (...) in accordance with national laws and regulations, and within their respective capacities: (...) public access to information on climate change and its effects; (...)“*[462].

Diese typischen Muster werden von der Aarhus-Konvention durchbrochen. Sie ist der erste völkerrechtliche Vertrag, der konkrete Verpflichtungen der Vertragspartei-

---

[458] Adede, International Environmental Law Digest, Instruments for International Responses to Problems of Environment and Development 1972 – 1992, Kapitel III, S. 114 ff.

[459] Art. 10 des Übereinkommens zur Verhütung der Meeresverschmutzung vom Landes aus vom 04.06.1974, BGBl. 1981 II, 870, ILM 13 (1974), 352; Art. 4 des Wiener Übereinkommens über den Schutz der Ozonschicht vom 22.03.1985, BGBl. 1988 II, 901, ILM 26 (1987), 1529; Art. 8 des UN/ECE-Übereinkommens über weiträumige grenzüberschreitende Luftverunreinigung vom 13.11.1979, BGBl. 1982 II, 373, ILM 18 (1979), 1442; Art. 4 Abs. 1h FCCC (vgl. oben, FN 19).

[460] Vgl. Adede, a.a.O., S. 116 ff.

[461] Art. 27 des UNESCO-Übereinkommens zum Schutz des Kultur- und Naturerbes der Welt vom 16.11.1972, BGBl. 1977 II, 213, ILM 11 (1972), 1358

[462] Vgl. Art. 6 FCCC.

en über die Gewährung des Zugangs der Öffentlichkeit zu Umweltinformationen und die Verbreitung von Umweltinformationen enthält. Das Übereinkommen gestaltet den freien Zugang sogar ausdrücklich als Recht jedes Einzelnen aus und garantiert dieses Recht durch die Möglichkeit des Zugangs zu innerstaatlichen Gerichten[463].

Besondere Beachtung verdienen dabei zwei Aspekte. Zum einen ähnelt die Aarhus-Konvention damit den internationalen Verträgen über Menschenrechte, weil nicht ein zwischenstaatlicher Sachverhalt geregelt wird, sondern der Einzelne im innerstaatlichen Bereich Begünstigter der Regelungen des Übereinkommens ist[464]. Die Konvention verlangt die Sicherung bestimmter Rechtspositionen im innerstaatlichen Bereich und zwar in solchen Bereichen, die traditionell zur *domain réservé* der Staaten gehören – durch Regelungen, die das Verwaltungsverfahren und das Prozessrecht betreffen[465]. Zum anderen werden die in der Konvention niedergelegten Rechte nicht nur Staatsangehörigen der Vertragsparteien, sondern allen natürlichen oder juristischen Personen gewährt, da Art. 3 Abs. 9 ausdrücklich bestimmt, dass eine Benachteiligung wegen Staatsangehörigkeit, Volkszugehörigkeit oder Wohnsitz bzw. wegen des eingetragenen Sitzes oder tatsächlichen Mittelpunkts einer juristischen Person nicht erlaubt ist.

Mit Inkrafttreten der Aarhus-Konvention wird die These *Ebbessons* ungültig, wonach das Umweltvölkerrecht dem Einzelnen bisher nur Verbote und Verpflichtungen auferlegte, aber keine Freiheiten gewährte[466].

b) Die Einbeziehung der Öffentlichkeit zur Durchsetzung und Erfüllungskontrolle des Umweltvölkerrechts

Ist der ordnungsgemäße Vollzug umweltrechtlicher Vorschriften schon auf innerstaatlicher und europäischer Ebene ein Problem (vgl. oben, 1. Kapitel, III. 1. a), so gilt dies erst recht für das Völkerrecht, da es ihm an einer zentralen Instanz zur

---

[463] Vgl. Scheyli, a.a.O., S. 248 bezeichnet das Übereinkommen daher als bedeutenden Entwicklungsschritt im Umweltvölkerrecht.
[464] Vgl. Verdross/Simma, § 754, Ebbesson, Public Participation, 55
[465] Ebbesson, Public Participation, S. 55
[466] Ebbesson, Compatibility, S. 65

Durchsetzung fehlt[467]. Traditionell oblag die Durchsetzung völkerrechtlicher Pflichten den einzelnen Staaten im Verhältnis zu den Staaten, die ihren Verpflichtungen nicht nachkamen, wobei dies hauptsächlich mit repressiven Mitteln geschah[468]. Da diese Art der Durchsetzung sich kaum für die Normen des Umweltvölkerrechts eignet, die im Staatengemeinschaftsinteresse liegen, greift das moderne Völkerrecht im Bereich des Umweltschutzes häufiger auf kollektive Mittel der Durchsetzung zurück[469]. Bisher stand dabei hauptsächlich die Erfüllungskontrolle, häufig begleitet von Maßnahmen der Erfüllungshilfe durch Internationale Organisationen, im Vordergrund. Diese Mittel bauen im wesentlichen auf Berichts- und Deklarationspflichten der Vertragsparteien und der organisatorischen, technologischen und finanziellen Unterstützung schwächerer Vertragsparteien auf[470]. Privatpersonen und NGOs spielen dabei insofern eine Rolle, als dass sie Quellen zur Verifizierung oder Falsifizierung staatlicher Informationen und Berichte sein können[471]. Um diese Funktion wahrnehmen zu können, benötigen sie bestmögliche Informationen über die Umwelt, insbesondere das Recht auf freien Zugang zu behördlichen Umweltinformationen, wie die Aarhus-Konvention es gewährt. Eine ausdrückliche Bestimmung in Art. 4 Abs. 6 der *Draft Elements*[472], wonach jede Vertragspartei die Öffentlichkeit über die Möglichkeiten zur Übermittlung von Informationen über Nichteinhaltung internationaler Vorschriften informiert, wurde im Laufe der Verhandlungen allerdings gestrichen.

Die Aarhus-Konvention macht Privatpersonen und NGOs nun darüber hinaus auch noch in anderer Weise zu einem Instrument der Durchsetzung des Umweltvölkerrechts. Zum einen erhält sie durch das Recht auf umfassende Information die Mög-

---

467 Beyerlin, Rdnr. 460

468 Zur Repressalie und Retorsion als repressive Mittel des Völkerrechts, vgl. etwa Doehring, Rdnr. 1025 ff.

469 Vgl. Beyerlin, Rdnr. 460 f. und 467 ff.

470 Ausführlich Beyerlin, Rdnr. 479 ff. und 504 ff.

471 Ders., Rdnr. 484, 486, sowie Beyerlin/Marauhn: Rechtsetzung und Rechtsdurchsetzung im Umweltvölkerrecht nach der Rio-Konferenz 1992, S. 100 f.; vgl. auch Cameron: Compliance, Citizens and NGOs, in: Cameron/Werksman/Roderick: Improving Compliance with International Environmental Law, 1996.

472 UN/ECE, CEP Draft Elements for the Convention on Access to Environmental Information and Public Participation in Environmental Decision-Making vom 11.04.1996, Dok. Nr. CEP/AC.3/R.1.

lichkeit, öffentlichen Meinungsdruck zu erzeugen, der die Staaten zur Einhaltung des nationalen und internationalen Umweltrechts zwingen kann[473]. Zum zweiten benutzt das Übereinkommen durch das Recht auf Öffentlichkeitsbeteiligung an Entscheidungsverfahren (Säule II) und den Zugang zu Gerichten (Säule III) das innerstaatliche Verfahrensrecht als Mittel der Kontrolle der Einhaltung des Umweltrechts überhaupt. Diese Möglichkeit wurde bisher vom internationalen Recht kaum genutzt obwohl gerade die innerstaatlichen Verfahren entscheidend für die Durchsetzung des internationalen Umweltrechts sind[474]. Für die effektive Beteiligung an Entscheidungsverfahren ist wiederum das Recht auf Umweltinformation eine conditio sine qua non.

c) Die Einbeziehung von nichtstaatlichen Organisationen in die Verhandlungen und den Aarhus-Prozess

Unter NGOs versteht die herrschende Meinung im Völkerrecht Organisationen nichtgewerblicher Art, die nicht von Staaten gegründet wurden[475]. Ihnen kommt nach bisheriger weit überwiegender Auffassung keine Völkerrechtssubjektivität zu, da sie ihre Existenz nicht von Staaten oder anderen Völkerrechtssubjekten ableiten[476]. Viele NGOs verstehen sich als Vertreter des öffentlichen Interesses, insbesondere solche, die ihrer Zielsetzung nach für den Umweltschutz eintreten[477]. Die Anzahl der international tätigen NGOs und deren Einfluss auf die Entwicklung des Völkerrechts sind in den letzten Jahren und Jahrzehnten zwar beständig gewachsen[478], dennoch waren sie bisher in der Regel vom unmittelbaren Erstellen von Entwürfen und Verhandlungen internationaler Übereinkommen ausgeschlossen[479]. Bei den Verhandlungen zur Aarhus-Konvention haben die sog. *NGO coalition*, ein Zusammenschluss

---

[473] Dazu schon oben zur Kontrollfunktion der UIRL (1. Kapitel, III. 2.a); vgl. Ladenburger, Durchsetzungsmechanismen im Umweltvölkerrecht, 1996, S. 33 ff.

[474] Ebbesson, Compatibility, S. 180

[475] Kimminich, S. 209; teilweise werden sie auch als „Nichtregierungsorganisationen“ (NRO) bezeichnet; ausführlich zu den Begriffen NRO und Völkerrechtssubjektivität: Hobe, Der Rechtsstatus der Nichtregierungsorganisationen nach gegenwärtigem Völkerrecht, AVR 37 (1999), S. 152 ff.

[476] Kimminich, S. 209

[477] Hobe, S. 155, Petkova/Veit, a.a.O., S. 6

[478] Hobe, S. 152 f.

[479] Petkova/Veit, S. 5

von mehr als 30 Umweltschutzverbänden[480], und weitere einzelne NGOs eine entscheidende Rolle gespielt. So waren Vertreter der NGOs schon an der Erstellung des Entwurfs beteiligt, der den ersten Beratungen zu Grunde lag, ebenso wie an allen anderen weiteren Zusammenkünften[481] und Arbeitsgruppen[482]. Teilweise wurde auch auf der Grundlage von Vorschlägen der *NGO coalition* beraten[483], nur die Abstimmungsrechte blieben ihnen vorenthalten[484]. Auch an dem der Unterzeichnung der Konvention nachfolgenden Prozess nehmen Vertreter von nichtstaatlichen Organisationen stets teil, so an den Signatarstaatenkonferenzen und den errichteten *Task Forces*[485]. Bei den Tagungen der Vertragsparteien sind gemäß Art. 10 Abs. 5 des Übereinkommens alle nichtstaatlichen Organisationen, die in den Bereichen, die die Konvention behandelt, qualifiziert sind und den Exekutivsekretär der UN/ECE über ihren Teilnahmewunsch informiert haben, als Beobachter teilnahmeberechtigt, wenn nicht mindestens ein Drittel der anwesenden Vertragsparteien dagegen Einwände erhebt. Damit kehrt das Übereinkommen die bisherige Gepflogenheit um, wonach NGOs durch Geschäftsordnungsbeschluss von Vertragsstaatenkonferenzen Beobachterstatus erhalten können[486].

---

480 Zu den Teilnehmern der NGO coalition vgl. UN/ECE (Hrsg.): Fourth Ministerial Conference Environment for Europe, Aarhus, Denmark 23-25 June 1998, Report on the Conference, Annex I, S. 34.

481 Vgl. die UN/ECE, CEP Reports der zehn Sitzungen, z.B. Dok. Nr. CEP/AC.3/CRP.1 über die erste Sitzung; daran nahmen GLOBE Europe Network, International Council of Environmental Law (ICEL), The Regional Environmental Center for Central and Eastern Europe (REC) und die World Conservation Union teil.

482 Vgl. etwa UN/ECE, CEP: Draft Articles 3 to 8, Dok. Nr. CEP/AC.3/R.4; Teilnahme eines Vertreters der NGO coalition an der small drafting group, weiterhin bestehend aus Vertretern Albaniens, Dänemarks, Deutschlands, der Niederlande, Polens, der russischen Föderation, des Vereinigten Königreichs und der Europäischen Gemeinschaft.

483 So zur Definition des Begriffs „Information über die Umwelt“, siehe UN/ECE, CEP: Report of the Third Session, Dok. Nr. CEP/AC.3/6, Annex I

484 Petkova/Veit, S. 5

485 Sog. Task Forces bestehen zu den Themen PRTR, gentechnisch veränderte Organismen, Umsetzung durch elektronische Systeme und Einhaltungsmechanismen. Wie groß der Einfluss der NGOs auf das Zustandekommen der Aarhus-Konvention war, mag auch an daran erkannt werden, dass der Vertreter des European Environmental Bureau/ECO Forum, Jeremy Wates, zum Exekutivsekretär der Konvention bei der UN/ECE bestellt wurde.

486 Vgl. Beyerlin, Rdnr. 479.

Die Aarhus-Konvention wird nach alledem daher teilweise als neues Modell des Zustandekommens multilateraler Vereinbarungen angesehen, das Vertreter des öffentlichen Interesses direkt mit in die Verhandlungen einbezieht[487]. In der *Ministerial Declaration* der Vierten Ministerkonferenz „*Environment for Europe*" in Aarhus vom 25.06.1998, auf der das Übereinkommen unterzeichnet wurde, kommt dies zum Ausdruck, indem die Minister ausdrücklich die neue Rolle anerkennen, die die NGOs bei dieser Konferenz und ihrer Vorbereitung gespielt haben[488]. Sollte die weitere Staatenpraxis dem Beispiel der Aarhus-Konvention folgen, könnte eine Diskussion über die Völkerrechtssubjektivität von nichtstaatlichen Organisationen in Bewegung kommen[489].

d) Die Vorbildfunktion der Aarhus-Konvention

Bereits vor Ihrem Inkrafttreten hatte die Aarhus-Konvention auf völkerrechtlicher Ebene erste Wirkungen als Vorbild erzeugt. So enthält das Protokoll über Wasser und Gesundheit zum Übereinkommen zum Schutz und zur Nutzung grenzüberschreitender Wasserläufe und internationaler Seen von 1999[490] Vorschriften über den Zugang zu Umweltinformationen, die sich an den Bestimmungen der Aarhus-Konvention orientieren. So sollen die Vertragsparteien die bei den Behörden vorhandenen Informationen zugänglich machen, die für die öffentliche Diskussion der Ziele des Protokolls notwendig sind (Art. 10 Abs. 1). Über einen Antrag ist innerhalb angemessener Zeit zu entscheiden (Art. 10 Abs. 2). Die Ablehnungsgründe des Art. 10 Abs. 4 und 5 entsprechen wörtlich denen des Art. 4 Abs. 3 und 4 der Aarhus-Konvention.

Das *Comittee on Environmental Policy* der UN/ECE hat angekündigt, bestehende Übereinkommen auf ihre Übereinstimmung mit der Aarhus-Konvention zu überprü-

---

[487] So Petkova/Veit, a.a.O., S. 5., vgl. auch Brady, a.a.O., S. 173.

[488] UN/ECE (Hrsg.), Fourth Ministerial Conference, Annex II, Ziff. 43

[489] Vgl. dazu Mosler, Die Erweiterung des Kreises der Völkerrechtssubjekte, ZaöRV 22 (1962), 1 ff; Hobe, a.a.O., S. 152 ff.

[490] Protocol on Water and Health to the 1992 Convention on the Protection and Use of Transboundary Watercourses and International Lakes vom 17.06.1999, Text veröffentlicht auf den Internetseiten der UN/ECE unter www.unece.org.

fen[491]. Inwieweit realistische Chancen auf eine Änderung etwa der Vorschriften der Öffentlichkeitsbeteiligung der Espoo-Konvention bestehen, kann gegenwärtig nicht abgeschätzt werden. Der Generalsekretär der Vereinten Nationen hat dem Übereinkommen jedenfalls wegen seiner Offenheit für den Beitritt von Nicht-ECE-Staaten das Potenzial einer globalen Rahmenvorschrift über die Stärkung der Beteiligungsrechte der Bürger zugesprochen und angekündigt, dass zu der Sondersitzung der Generalversammlung zum zehnjährigen Jubiläum der UNCED-Konferenz von Rio im Jahre 2002 die Relevanz der Aarhus-Konvention als globales Modell untersucht werden soll[492]. Auf einer Konferenz südafrikanischer Staaten im Dezember 1998 ist das Übereinkommen und die Bedeutung des Rechts auf Umweltinformation ebenso diskutiert worden[493], wie auf der von UNEP veranstalteten globalen Konferenz INFOTERRA 2000 zum Thema Zugang zu Umweltinformationen[494]. Durch seine Vorbildfunktion weitet das Übereinkommen das Recht auf Umweltinformation in der Ausgestaltung von Aarhus möglicherweise auch geographisch über die UN/ECE-Region hinaus aus.

Beyerlin weist schließlich darauf hin, dass das Übereinkommen unter Umständen dem Europäischen Gerichtshof für Menschenrechte in Straßburg als wichtige Orientierung bei dem Bemühen dienen könnte, den ökologischen Menschenrechtsschutz in Europa weiter auszubauen und dadurch dem Umweltschutz in seiner menschenrechtlichen Dimension zu mehr Schlagkraft zu verhelfen[495].

---

[491] Vgl. Implementation Guide, S. 8.

[492] Vgl. Vorwort von Kofi Annan zum UN/ECE Implementation Guide zur Aarhus-Konvention.

[493] Petkova/Veit, a.a.O., S. 10

[494] INFOTERRA 2000 – Global Conference on Access to Environmental Information, 11.-15.09.2000 in Dublin; vgl. etwa den Beitrag von Jeremy Wates: The Aarhus Convention: A New International Framework Regulation Public Access to Environmental Information, Dok. Nr. UNEP/INF2000/WP/5.

[495] Beyerlin, Rdnr. 593; dazu oben, 2. Kapitel, II.1 Buchstabe a Unterpunkt aa.

3. KAPITEL: DIE AUSWIRKUNGEN DER AARHUS-KONVENTION AUF DAS EUROPÄISCHE UND DEUTSCHE UMWELTINFORMATIONSRECHT

I. Änderungen im Recht der Europäischen Union

1. Die Ersetzung der Richtlinie 90/313/EWG

a) Hintergrund des Vorgehens der Kommission

Wie bereits erwähnt, hat die Europäische Gemeinschaft als Organisation der regionalen Wirtschaftsintegration das Übereinkommen gezeichnet und beabsichtigt dessen Ratifikation in dem Umfang, in dem ihr die Zuständigkeit dafür zusteht. Für das Umweltinformationsrecht ist dies der Fall, da die Gemeinschaft aufgrund von Art. 175 Abs. 1 EGV rechtssetzend tätig werden kann, um die Ziele des Art. 174 EGV, nämlich Erhaltung und Schutz der Umwelt sowie Verbesserung ihrer Qualität, Schutz der menschlichen Gesundheit, umsichtige und rationelle Verwendung der natürlichen Ressourcen und Förderung von Maßnahmen auf internationaler Ebene zur Bewältigung regionaler oder globaler Umweltprobleme, zu fördern. Auf dieser Rechtsgrundlage hat die Gemeinschaft eine Vielzahl von Vorschriften erlassen, die beinahe alle Umweltbereiche und –probleme betreffen. Der Zugang der Öffentlichkeit zu Umweltinformationen wird, wie oben (1. Kapitel, II.1.) gezeigt als eines der zentralen Instrumente zur Sicherung der wirksamen Anwendung des umweltrechtlichen *acquis communautaire* angesehen[496].

Um die Ratifizierung der Aarhus-Konvention zu ermöglichen, ist eine Anpassung der Bestimmungen der geltenden Umweltinformationsrichtlinie 90/313/EWG (UIRL) vom 07.06.1990 erforderlich. Zeitlich trifft diese notwendige Anpassung zusammen mit der Fertigstellung des Berichts der Kommission an den Rat und das Europäische Parlament über die Erfahrungen aus der Anwendung der UIRL, der gemäß Art. 8 UIRL nach Berichterstattung durch die Mitgliedstaaten vier Jahre nach Inkrafttreten

---

[496] Kommission der Europäischen Gemeinschaften, Vorschlag für eine Richtlinie des Europäischen Parlaments und des Rates über den Zugang der Öffentlichkeit zu Umweltinformationen, KOM (2000) 402 endg. vom 29.06.2000, Begründung S. 5

der Richtlinie zu erstellen war[497]. Mit der Überarbeitung der UIRL werden daher nach der Begründung der Kommission zu ihrem Vorschlag vom 29.06.2000 drei Ziele verfolgt, nämlich die Behebung der bei der praktischen Umsetzung der Richtlinie festgestellten Mängel, die Ratifizierung der Aarhus-Konvention und die Anpassung an Entwicklungen im Bereich der Informationstechnologien, die einen „Wandel beim Erzeugen, Sammeln, Speichern und Übertragen von Informationen" gebracht haben[498]. Da im Lichte dieser Zielsetzung eine Reihe von Änderungsvorschlägen gemacht wurden, hielt die Kommission es für zweckmäßig, die Richtlinie nicht zu ändern, sondern ganz zu ersetzen. Auf diese Weise gestaltet sich das Verfahren transparenter, da der Öffentlichkeit nicht einzelne Änderungsvorschläge sondern ein zusammenhängender Rechtsakt vorgelegt wird[499].

b) Vorgeschlagene Änderungen der Richtlinie

aa) Erweiterung der Erwägungsgründe

Die Erwägungsgründe werden im Vorschlag der Kommission stark erweitert, wobei der Großteil auf die Aarhus-Konvention zurückzuführen ist[500]. Nach der allgemeinen Feststellung des Erwägungsgrundes 5, dass die Bestimmungen des Gemeinschaftsrechts zur Ratifikation des unterzeichneten Übereinkommens an diese angeglichen werden müssen, folgen eine Reihe von Erwägungsgründen, die einzelne Vorgaben des Übereinkommens wiedergeben, jedoch die zugrundeliegende Motivation nicht erläutern. Die Erwägungsgründe des Richtlinienvorschlages bleiben mit dem Hinweis auf die Verbesserung des allgemeinen Umweltbewusstseins, das den Umweltschutz verbessern soll, im ersten und dreiundzwanzigsten Grund sehr allgemein. Insbesondere kommt der menschenrechtliche Ansatz der Aarhus-Konvention in keiner Weise zum Ausdruck. Die europarechtliche Umsetzung beschränkt sich damit auf die

[497] Kommission der Europäischen Gemeinschaften, Bericht der Kommission an den Rat und das Europäische Parlament über die Erfahrungen aus der Anwendung der Richtlinie 90/313/EWG des Rates vom 07.06.1990 über den freien Zugang zu Informationen über die Umwelt, KOM (2000) 400 endg. vom 29.06.2000
[498] Richtlinienvorschlag, S. 2
[499] Richtlinienvorschlag, S. 3; vgl. auch Erwägungsgrund 6.
[500] Es finden sich nunmehr 25 statt 13 Erwägungsgründen, wovon 12 sich auf Vorgaben der Aarhus-Konvention beziehen.

rein praktische Ausweitung des Rechts auf Umweltinformation, wie sie im Übereinkommen angelegt ist; den konzeptionellen Ansatz, der das Recht auf Umweltinformation als Ausprägung eines Rechts auf ein Leben in einer gesunden Umwelt ansieht, übernimmt sie nicht.

bb) Neudefinition der Ziele

Artikel 1, der die Ziele der Richtlinie festlegt, reflektiert die beiden Teilbereiche des Umweltinformationsrechts im Sinne der Aarhus-Konvention, die „Gewährleistung eines Rechts auf Zugang zu Umweltinformationen, die bei Behörden vorhanden sind oder für sie bereitgehalten werden und Festlegung der grundlegenden Voraussetzungen der Ausübung dieses Rechts“ (Buchstabe a) und die „Sicherstellung der systematischen öffentlichen Bereitstellung und Verbreitung von Umweltinformationen, insbesondere mittels verfügbarer Computer-Telekommunikationstechnik und/oder elektronischer Technologien“ (Buchstabe b).

Bisher war das Ziel der Richtlinie lediglich die Gewährleistung des freien Zugangs zu den Informationen und die Festlegung der Voraussetzungen dazu. Der *„rights-based approach“* des Übereinkommens hat hier im Gegensatz zu den Erwägungsgründen Eingang gefunden, jedoch wird auch hier der Bezug zu einem Recht auf eine gesunde Umwelt vermieden.

cc) Erweiterung des Anwendungsbereichs durch neue Begriffsbestimmungen

aaa) „Informationen über die Umwelt“

Die Definition wird sowohl zur Angleichung an die Vorgaben der Aarhus-Konvention als auch als Reaktion auf eine restriktive Auslegung in einigen Mitgliedstaaten präzisiert bzw. erweitert. Im Erfahrungsbericht über die Anwendung der Richtlinie stellt die Kommission fest, dass aufgrund enger Auslegung etwa Informationen über die Auswirkungen des Umweltzustandes auf die öffentliche Gesundheit, über Strahlenbelastung und nukleare Sicherheit oder über Finanz- oder Bedarfsanalysen zur Unterstützung von Projekten, die sich voraussichtlich auf die Umwelt auswirken, nicht herausgegeben wurden[501]. Im Kommissionsvorschlag entspricht Art. 2 Abs. 1 Buchstabe a, der den Zustand der Umweltmedien betrifft, genau der Konvention (vgl. daher oben). Die in der Konvention in Buchstabe b genannten Elemente der Definition finden sich im Kommissionsvorschlag auf die Buchstaben b, d und e verteilt wieder. Zusätzlich nimmt der Vorschlag ausdrücklich Abfall einschließlich radioaktiven Abfalls in die Aufzählung der Faktoren auf, die Auswirkungen auf die Umweltmedien oder die menschliche Gesundheit und Sicherheit haben oder haben können, sowie die Begriffe „Emissionen, Ableitungen oder sonstiges Freisetzen von Stoffen in die Umwelt“. Art. 2 Abs. 1 Buchstabe f stimmt wiederum mit Art. 2 Abs. 3 Buchstabe c der Konvention überein. Auffallend ist bei der Umsetzung daher nur, dass der Kommissionsvorschlag über die Aarhus-Konvention hinaus geht.

bbb) „Behörden“

Art. 2 Abs. 2 Buchstabe a erweitert den Anwendungsbereich des Umweltinformationsrechts im Einklang mit Art. 3 Abs. 2 Buchstabe a der Aarhus-Konvention auf alle öffentlichen Stellen der öffentlichen Verwaltung auf nationaler, regionaler oder lokaler Ebene und gibt die Einschränkung auf Behörden auf, die Aufgaben der Umweltpflege wahrnehmen. Die Bedeutung dieser Formulierung war in der Praxis häufig umstritten, weil Behörden sich nicht verpflichtet sahen, die auf Gebieten zuständig waren, die Umweltbelange nur zu berücksichtigen haben, wie Energie oder Verkehr[502]. Insoweit besteht zukünftig Klarheit hinsichtlich des Anwendungsbereiches.

Problematisch ist dagegen die Umsetzung des Art. 3 Abs. 2 Buchstaben b und c des Übereinkommens in Art. 2 Abs. 2 des Richtlinienvorschlages. Hier orientiert sich der Entwurf nicht am Wortlaut der Konvention, sondern definiert als Behörden:

> „b) juristische oder natürliche Personen, die unter der Aufsicht einer Stelle oder Person im Sinne von Buchstabe a direkt oder indirekt die Umwelt betreffende öffentli-

---

[501] Erfahrungsbericht, S. 4

[502] Vgl. Erfahrungsbericht, S. 10; gerade in Deutschland wurde diese Diskussion geführt, vgl. Fluck/Theuer, § 3 Rdnr. 83 ff. Nach h.M. und Auffassung des Umweltausschusses des Deutschen Bundestages sind auch Behörden verpflichtet, die neben anderen Aufgaben kraft Rechtsvorschrift zur Umweltpflege verpflichtet sind. Dazu gehören etwa Straßenbaubehörden, Wasser- und Schifffahrtsämter oder Flurbereinigungsbehörden.

> che Zuständigkeiten oder Aufgaben wahrnehmen oder öffentliche Dienstleistungen erbringen;
> c) juristische Personen, die gesetzlich oder aufgrund von Vereinbarungen mit Stellen oder Personen im Sinne von Buchstabe a oder b mit dem Erbringen von Diensten von allgemeinem wirtschaftlichen Interesse, die Auswirkungen auf den Zustand der Umweltmedien haben oder haben können, betraut sind."

Entgegen der bisherigen Konzeption des Art. 6 UIRL können die von der Richtlinien erfassten Stellen, die keine Behörden im eigentlichen Sinne sind, die bei ihnen vorliegenden Umweltinformationen nicht mehr über die Behörde, unter deren Aufsicht sie steht, zugänglich machen, sondern müssen selbst gegenüber dem Antragsteller nach außen handeln. Im Gegensatz zur Aarhus-Konvention, die insoweit offen ist, lässt die Formulierung des Richtlinienvorschlages dies nicht mehr zu. Dies hat zur Folge, dass sie selbst eine Entscheidung über die Herausgabe von Informationen treffen müssen, die anfechtbar sein muss und für die im Falle der positiven Bescheidung Gebühren erhoben werden dürfen. Dies wirft für die nationale Umsetzung in den Fällen, in denen natürliche oder juristische Personen des privaten Rechts betroffen sind, schwierige Probleme auf, da sie damit hoheitlich auf öffentlich-rechtlicher Grundlage tätig werden (dazu unten, II.1.).

Der Kommissionsvorschlag geht auch über die Ausweitung des Begriffes durch die Konvention noch hinaus, in dem er in Buchstabe c das Kriterium des Erbringens von Dienstleistungen des „allgemeinen wirtschaftlichen Interesse" aufnimmt. Der Begriff wird von Art. 86 Abs. 2 EGV[503] verwendet und meint Dienstleistungen, an deren Erfüllung allgemeines und beständiges Interesse besteht, wirtschaftliche Aktivitäten zur Sicherung von Infrastruktur und Daseinsvorsorge, die der Regelung und Aufsicht durch die öffentliche Verwaltung unterliegen[504]. Sie müssen durch einen Hoheitsakt der öffentlichen Gewalt übertragen sein[505]. Ausreichend ist es für die Behördeneigenschaft nach dem Vorschlag, wenn diese Tätigkeiten Auswirkungen auf den Zustand der Umweltmedien haben können. Damit könnten Unternehmen erfasst werden, die nicht unter Buchstabe b bzw. Art. 2 Abs. 2 Buchstabe c der Aarhus-Konvention fallen, weil sie keine öffentlichen Zuständigkeiten haben, die die Um-

---

[503] Entspricht Art. 90 Abs. 2 der alten Nummerierung des EGV.
[504] Vgl. Geiger, EUV/EGV, Kommentar, § 86 EGV Rdnr. 9, Grabitz/Hilf, Recht der Europäischen Union, Kommentar, Altband I, Art. 90 EGV, Rdnr. 33 ff.
[505] Grabitz/Hilf, a.a.O:, Rdnr. 33 m.w.N.

welt betreffen, aber Tätigkeiten nachgehen, die sich auf die Umwelt auswirken können, wie etwa Telekommunikationsunternehmen oder Energieversorger. Der eigenständige Anwendungsbereich des Buchstaben c erscheint jedoch insgesamt eher gering, weil die meisten Unternehmen wegen des Erfordernisses der staatlichen Regelung und Aufsicht schon unter den Buchstaben b fallen dürften. Die entscheidende Motivation für die Aufnahme dieser Bestimmung könnte darin gelegen haben, dass der Begriff des „allgemeinen wirtschaftlichen Interesses“ in Art. 86 Abs. 2 EGV gemeinschaftsrechtlich definiert wird und nicht im Ermessen der Mitgliedstaaten steht[506]. Legt man diesen gemeinschaftsrechtlich bestimmten Begriff auch in der Richtlinie zugrunde, können auch Unternehmen erfasst werden, die bei enger Auslegung der Begriffe der „öffentlichen“ Aufgabe oder Dienstleistung nach nationalem Recht nicht in den Anwendungsbereich fielen. Die Harmonisierungsfunktion des europäischen Umweltinformationsrechts kommt hier deutlich zum Ausdruck.

dd) Erleichterter Zugang zu behördlichen Informationen

Die vorgeschlagenen Änderungen bei den Bestimmungen über den Zugang zu Umweltinformationen auf Antrag hinsichtlich der Fristen (Art. 3 Abs. 2) und der Form (Abs. 4) der Beantwortung setzen die Vorgaben aus dem Übereinkommen genau und teilweise wortgetreu um. Bei den Gründen für eine Ablehnung der Herausgabe in der gewünschten Form geht die Umsetzung weiter als die Konvention, indem die anderweitige öffentliche Verfügbarkeit gemäß Abs. 4 Buchstabe a so geartet sein muss, dass sie in einer dem Antragsteller leicht zugänglichen Form (bzw. Format) vorliegt. Hier wird deutlich, dass eine bereits erfolgte Veröffentlichung der Information allein nicht zur Verweigerung berechtigt. Die Behörde wird danach zu prüfen haben, ob die Veröffentlichung für den Antragsteller leicht zugänglich ist.

Zusätzlich enthält Art. 3 Abs. 3 die Bestimmung, dass, falls der Antragsteller einen bestimmten Zweck angibt, zu dem er die Information anfordert, die Behörde sich in angemessener Weise darum bemüht, die Information so rechtzeitig bereitzustellen, dass der Zweck erreicht werden kann. Als Begründung wird angegeben, dass das Recht auf Umweltinformationen nach der UIRL dazu dienen könne, Informationen

[506] Vgl. Grabitz/Hilf, a.a.O., Rdnr. 35.

einzuholen, die für Verfahren der Öffentlichkeitsbeteiligung nach der UVP- und der IVU-Richtlinie von Bedeutung seien und dass bei Ausschöpfung der Monatsfrist des Abs. 2 die Information bereits nutzlos sein könne, weil das Verfahren schon weiter fortgeschritten sei[507]. Damit wird der Zusammenhang zwischen dem Umweltinformationsrecht und dem Recht auf Öffentlichkeitsbeteiligung, wie er auch in Art. 6 Abs. 6 der Aarhus-Konvention zum Ausdruck gebracht wird, verdeutlicht. Obwohl die genannten Verfahren der Öffentlichkeitsbeteiligung nach der UVP- und der IVU-Richtlinie selbst Bestimmungen darüber enthalten, welche Mindestinformationen über die geplanten Vorhaben der Öffentlichkeit zur Verfügung gestellt werden müssen, sollen weitergehende Informationsrechte nicht beeinträchtigt und für das Verfahren genutzt werden können[508]. Gegen diese Bestimmung spricht jedoch, dass das Recht auf Zugang gerade ohne Nachweis eines Interesses geltend gemacht werden kann und dies möglicherweise dadurch unterlaufen würde, dass Anfragen mit Zweckangabe schneller bearbeitet werden.

ee) Beschränkung der Ausnahmeregelungen und Abwägungsgebot

Auch bei der Formulierung der Ausnahmetatbestände orientiert sich der Vorschlag sehr stark am Wortlaut der Konvention. Die Ablehnungsgründe aus Gründen des Schutzes der effektiven Arbeit von Behörden in Art. 4 Abs. 1 bedürfen daher keiner weiteren Untersuchung. Bei den Ausnahmen aufgrund anderer öffentlicher und privater Interessen gemäß Abs. 2 ergibt sich eine Abweichung in Buchstabe g Satz 2. Die Mitgliedstaaten dürfen danach nicht vorsehen, dass ein Antrag unter Berufung auf Betriebs- und Geschäftsgeheimnisse abgelehnt wird, wenn er Informationen über Emissionen, Ableitungen oder sonstiges Freisetzen (engl. „*emissions, discharges and other releases*") von Stoffen in die Umwelt betrifft, die gemeinschaftsrechtlich geregelt sind. Die Aarhus-Konvention enthält an der entsprechenden Stelle nur die Bestimmung, dass Emissionen, die für den Schutz der Umwelt von Bedeutung sind, bekannt zu geben sind[509]. Der Richtlinienvorschlag ermöglicht damit nicht, Betriebs-

---

507 Richtlinienvorschlag, S. 13.

508 Richtlinienvorschlag, S. 13

509 Art. 4 Abs. 2 Buchstabe d; vgl. oben, 2. Kapitel, III.1 Buchstabe d Unterpunkt dd; vgl. ausführlich zur Problematik des Geheimnisschutzes: Gassner/Pisani, Umweltinformationsanspruch und Geheimnisschutz – Zukunftsperspektiven, NuR 2001, 506 ff.

und Geschäftsgeheimnis zu schützen, wenn die Emission für den Zustand der Umweltmedien praktisch bedeutungslos ist, aber ein Konkurrent Rückschlüsse auf Produktionsverfahren o.ä. ziehen könnte. Dies ist problematisch, da das Betriebs- und Geschäftsgeheimnis jedenfalls eine grundrechtlich geschützte Position darstellt, der Erhalt der Information aber unter Umständen – etwa wenn die Quantität der Emission sehr gering oder die Qualität die Umwelt nicht gefährdet - keiner Grundrechtsgewährleistung dient, weil weder Leben oder Gesundheit, noch Eigentum oder die Privatsphäre dadurch geschützt werden können. Dies macht nur dann Sinn, wenn man das Recht auf Umweltinformation selbst als Grundrecht betrachtet.

Mit der Erwähnung von Ableitungen und sonstigem Freisetzen von Stoffen in die Umwelt wollte die Kommission sichergehen, dass nicht nur Emissionen in die Luft, sondern auch in Wasser und Boden erfasst werden[510]. Unter den Begriff „sonstiges Freisetzen" fällt auch die Freisetzung gentechnisch veränderter Organismen[511]. Andererseits besteht eine Beschränkung auf solche Emissionen, Ableitungen und Freisetzungen, die gemeinschaftsrechtlich geregelt sind. Diese Einschränkung ist zu kritisieren, da sich daraus eine unterschiedliche Behandlung von Drittbetroffenen danach ergibt, ob ihre Anlage oder Tätigkeit vom Gemeinschaftsrecht geregelt wird. Dies kann keinen sachlichen Differenzierungsgrund im Sinne des Gleichheitgrundsatzes darstellen, da sich aus dieser Tatsache nicht unbedingt eine größere Umweltschädlichkeit ergibt.

Während die Aarhus-Konvention bei der Prüfung der Ablehnungsgründe fordert, dass die Ausnahmetatbestände eng auszulegen sind und das öffentliche Interesse an der Bekanntgabe zu „berücksichtigen" ist (Art. 4 Abs. 2 S. 2, siehe dazu oben), kehrt

---

[510] Nach dem früheren gemeinschaftlichen Emissionsbegriff fielen nur Emissionen in die Luft darunter; so die Aussage der KOM bei den Ratsberatungen, Dok.-Nr. 19709/00 v. 24.11.2000; vgl. nunmehr jedoch die Legaldefinition der Emission in Art. 2 Nr. 5 der IVU-Richtlinie: „die von Punktquellen oder diffusen Quellen der Anlage ausgehende direkte oder indirekte Freisetzung von Stoffen, Erschütterungen, Wärme oder Lärm in die Luft, das Wasser oder den Boden".; dazu Kracht/Wasielewski, Integrierte Vermeidung und Verminderung der Umweltverschmutzung, in: Rengeling, EUDUR I, § 35, Rdnr. 29.

[511] Vgl. Art. 1 Abs. 1, 1. Spiegelstrich der Richtlinie 90/220/EWG über die absichtliche Freisetzung gentechnisch veränderter Organismen in die Umwelt v. 23.04.1990, ABL. Nr. L 117, 16, geändert durch RL 94/15/EG v. 15.04.1994, ABl. Nr. L 103, 20 und RL 97/35/EG v. 18.07.1997, ABl. Nr. L 169, 72

der Kommissionsvorschlag zu der Formulierung der *Sofia Guidelines* zurück, die eine Abwägung des öffentlichen Interesses an der Herausgabe gegen das Interesse, das durch die Nichtherausgabe geschützt werden soll, fordern. Die deutsche Übersetzung ist insofern missverständlich, als dass mit „Einzelinteresse" nicht das private Interesse eines Einzelnen gemeint ist, sondern das im konkreten Fall einschlägige Interesse, das von Art. 4 Abs. 2 geschützt wird[512]. Dies kann ebenfalls ein öffentliches Interesse sein[513]. Wie bereits erläutert, stellt dies jedoch im Ergebnis keine Ausweitung dar, da letztlich immer eine wertende Entscheidung zu treffen ist. Besondere Bedeutung erlangt diese Bestimmung der Richtlinie aber dennoch, da die Richtlinie einen weiteren Behördenbegriff als die Aarhus-Konvention zugrunde legt und es daher zu Situationen kommen kann, in denen ein privates Unternehmen, das Dienste von allgemeinem wirtschaftlichem Interesse erbringt, wie ein Energieversorgungs- oder Telekommunikationsunternehmen, eine Abwägungsentscheidung zwischen den von Art. 4 Abs. 2 genannten Belangen und dem öffentlichen Interesse an der Herausgabe der Umweltinformation treffen muss. Hier besteht die Gefahr, dass solche „Behörden" im Sinne der Richtlinie mit den Rechts- und Abwägungsfragen überfordert werden[514]. Im übrigen ist es höchst problematisch, natürliche oder juristische Personen des Privatrechts zum Erlass einer solchen hoheitlichen Entscheidung zu ermächtigen, da sie - von der behördlichen Aufsicht abgesehen - keinerlei demokratischen Legitimation unterliegen, aber über die Gewichtung von Belangen wie der öffentlichen Sicherheit entscheiden sollen. Dieses Problem war unter der Art. 6 UIRL lösbar, weil die Entscheidung bei der zuständigen Aufsichtsbehörde fallen konnte.

ff) Beschränkung der Gebührenerhebung

Über die Vorgaben der Konvention hinaus will der Kommissionsvorschlag die Erhebung von Gebühren für die Übermittlung von Informationen begrenzen, indem er in Art. 5 Abs. 1 S. 2 bestimmt, dass die Bereitstellung von Informationen nicht an im voraus zu zahlende Gebühren gebunden sein darf, und in Abs. 3 bestimmt, dass der

---

[512] „In diesen Fällen ist jeweils das öffentliche Interesse an einer Herausgabe der Information gegen das Einzelinteresse an einer Verweigerung der Information abzuwägen.", engl. dagegen: „*In each case, the public interest served by disclosure shall be weighed against the interest served by the refusal.*"

[513] Vgl. insbesondere Art. 4 Abs. 2 Buchstaben a, b, c, h.

[514] Vgl. Turiaux, § 9 Rdnr. 6.

Zugang zu öffentlichen Listen gemäß Art. 3 Abs. 4 und die Einsichtnahme in Akten an Ort und Stelle gebührenfrei sind. Der Konvention entsprechend fordert der Vorschlag in Abs. 2 nun auch, dass eine Gebührenordnung veröffentlicht und den Antragstellern zugänglich gemacht wird. Ferner müssen danach auch die Umstände bekannt gegeben werden, unter denen Gebühren erhoben oder erlassen werden können. Problematisch erscheinen bei diesen Bestimmungen zwei Punkte. Zum einen ist nicht ersichtlich, warum die Einsichtnahme in Akten an Ort und Stelle immer gebührenfrei sein soll. Gerade diese Form der Informationsübermittlung kann für die Behörde besonders aufwendig sein, insbesondere dann, wenn die Akten eine Vielzahl von Betriebs- und Geschäftsgeheimnissen oder schutzwürdige personenbezogene Daten enthalten, die ausgesondert werden müssen. Zum zweiten ist fraglich, was unter „zugänglich machen" zu verstehen ist. Die Formulierung läßt darauf schließen, dass die Veröffentlichung einer Gebührenordnung allein nicht genügt. Forderte man die individuelle Bekanntgabe der Gebührenordnung an jeden Antragsteller, entstünde ein erheblicher Verwaltungsaufwand. Genügen muss daher die Möglichkeit der Kenntnisnahme etwa über Aushänge, Internetseiten oder Informationsbroschüren (vgl. auch oben, 3. Kapitel, III).

gg) Erweiterte Rechtsschutzmöglichkeiten

Die UIRL enthielt in Art. 4 lediglich die Bestimmung, dass eine Person, die der Ansicht ist, dass ihr Informationsersuchen zu Unrecht angelehnt oder nicht beachtet worden ist oder dass sie eine unzulängliche Antwort erhalten hat, den Bescheid auf dem Gerichts- oder Verwaltungsweg gemäß der einzelstaatlichen Rechtsordnung anfechten kann. Die Rechtsschutzmöglichkeiten werden in Übereinstimmung mit der Konvention durch den Vorschlag ausgeweitet. Gemäß Abs. 1 müssen die Mitgliedstaaten nun zum einen sicherstellen, dass ein Verfahren vor einem Gericht oder einer anderen auf rechtlicher Grundlage bestehenden Stelle offensteht. Zum anderen verpflichtet Abs. 2 zur Bereitstellung eines Verfahrens, nach dem die Behörde selbst oder eine andere auf rechtlicher Grundlage bestehende Stelle auf dem Verwaltungsweg die Handlungen oder Unterlassungen überprüft. Dieses Verfahren muss zügig sein und darf keine oder nur geringe Kosten verursachen (Abs. 2 S. 2). Den Entscheidungen auf beiden Wegen muss die Ausgangsbehörde nachkommen (Abs. 3).

hh) Aktive Verbreitung von Umweltinformationen

aaa) Arten aktiv zu verbreitender Information

Gemäß Artikel 7 Abs. 1 des Vorschlages ergreifen die Mitgliedstaaten die notwendigen Maßnahmen, um sicherzustellen, dass Behörden vorhandene oder für sie bereitgehaltene Informationen unter Verwendung bestehender Computer-Telekommunikationstechnik und/oder elektronischer Technologien der Öffentlichkeit zur Verfügung stellen und verbreiten. Fünf Kategorien von Umweltinformationen sind mindestens davon erfasst, nämlich:

> „a) der Wortlaut internationaler Verträge, Übereinkommen und Vereinbarungen sowie gemeinschaftlicher, nationaler regionaler oder lokaler Rechtsvorschriften über die Umwelt oder mit Bezug zur Umwelt;
> b) Politiken, Pläne und Programme betreffend die Umwelt
> c) Berichte über die Fortschritte bei der Umsetzung der unter den Buchstaben a) und b) genannten Punkte;
> d) Umweltzustandsberichte nach Absatz 2;
> e) aus der Überwachung von Tätigkeiten, die Auswirkung auf die Umwelt haben oder haben können, gewonnene Daten."

Damit wurde versucht, die Absätze 3 und 5 des Artikels 5 der Aarhus-Konvention zusammenzufassen. Um die elektronische Bereitstellung überhaupt zu ermöglichen, müssen sich die Behörden nach Abs. 1 S. 3 in angemessener Weise darum bemühen, dass Umweltinformationen in den entsprechenden Formen und Formaten vorliegen. Nach Wortlaut des Absatzes 1 S. 2 („sind ... bereitzustellen", engl. „*shall ... be made available*") müssen diese Arten von Informationen von den Mitgliedstaaten verbreitet werden. In der Begründung heißt es dagegen, dass die genannten Arten von Informationen „als Minimum systematisch in der gesamten Gemeinschaft bereitgestellt und verbreitet werden *sollten*" (Hervorhebung durch den Autor). Da auch offen ist, was unter „Politiken, Pläne und Programme betreffend die Umwelt" (Buchstabe b) zu verstehen ist, wird man den Mitgliedstaaten einen gewissen Spielraum bei der Umsetzung zugestehen müssen. Ferner ist davon auszugehen, dass nicht alle Behörden alle diese Arten von Informationen bereitstellen müssen, sondern jede Behörde nur insoweit, wie ihre Zuständigkeit betroffen ist. Dies ergibt sich schon daraus, dass im Umweltinformationsrecht grundsätzlich keine Beschaffungspflichten bestehen (vgl. Art. 1 Buchstabe a des Richtlinienvorschlages).

bbb) Umweltzustandsberichte

Art. 7 Abs. 2 setzt Art. 5 Abs. 4 des Übereinkommens um, indem er die Mitgliedstaaten verpflichtet, in regelmäßigen Abständen von nicht mehr als vier Jahren Umweltzustandsberichte zu veröffentlichen, die Angaben über Umweltqualität und Umweltbelastungen enthalten. In der deutschen Fassung wirft die Formulierung „nationale, regionale bzw. lokale Umweltzustandsberichte“ die Frage auf, auf welchen Ebenen solche Berichte zwingend vorgeschrieben sind. Der Bundesrat hat in seiner ersten Stellungnahme bereits darauf hingewiesen, dass es völlig unverhältnismäßig sei, jeder einzelnen Gemeinde eine Verpflichtung zur Erstellung und elektronischen Bereitstellung eines Berichts aufzuerlegen und eine personelle und finanzielle Überforderung kleinerer Gemeinden eintreten würde[515]. Die Aarhus-Konvention verlangt zudem nur einen nationalen Bericht. Eine Verpflichtung zur Erstellung lokaler Berichte ist aber von der Kommission auch gar nicht beabsichtigt, betrachtet man die englische Fassung, in der es heißt: *„national, regional or local reports (as appropriate)“*, also je nach Angemessenheit.

ccc) Fälle unmittelbarer Bedrohung

Art. 7 Abs. 3 setzt Art. 5 Abs. 1 Buchstabe c des Übereinkommens um, in dem festgelegt wird, dass, unbeschadet aller spezifischen Verpflichtungen aus dem Gemeinschaftsrecht, die Mitgliedstaaten gewährleisten müssen, dass Behörden im Falle einer unmittelbaren Bedrohung der menschlichen Gesundheit oder der Umwelt, sämtliche Informationen unverzüglich verbreiten, die es der eventuell betroffenen Bevölkerung ermöglichen könnten, Maßnahmen zur Abwendung der Bedrohung oder von Schäden zu ergreifen. Dies gilt unabhängig davon, ob die Bedrohung eine Folge menschlicher Tätigkeit oder natürlicher Ursache ist (zur Frage, inwieweit dies dem Schutz von Mensch und Umwelt dienlich ist, siehe oben, 3. Kapitel III. 2.c). Der Vorschlag geht hier über das Ziel des Umweltschutzes und damit die Ermächtigungsgrundlage des Art. 175 EGV hinaus, indem er auch Fälle einer unmittelbaren Bedrohung der menschlichen Gesundheit aufgrund menschlicher Tätigkeit erfasst, da es dabei vollständig an einem Umweltbezug fehlt. Da Art. 152 EGV, der die Rechtsgrundlage für ein Tätigwerden der Gemeinschaft auf dem Gebiet des Gesundheitswesens darstellt, rechtsverbindliche Maßnahmen in diesem Bereich des Gesundheitsschutzes nicht

[515] Beschluss des Bundesrates v. 01.12.2000, Drs. 437/00, Ziff. 11

zulässt, muss diese Vorschrift so ausgelegt werden, dass nur Fälle erfasst werden, in denen die Bedrohung der menschlichen Gesundheit durch menschliche Tätigkeit sich über die Umweltmedien realisiert. Darunter fiele dann etwa der Störfall in einer Anlage, der über Luft, Wasser oder Boden zu einer Gefährdung der menschlichen Gesundheit führt, aber nicht die mögliche Gesundheitsschädigung, die innerhalb von Räumen, ohne eine Vermittlung durch die Umwelt, auftritt. Da es hier Abgrenzungsschwierigkeiten vorprogrammiert sind, wäre eine Umsetzung dieser Bestimmung der Aarhus-Konvention allein durch die Mitgliedstaaten, die für die unmittelbare Gefahrenabwehr im übrigen zuständig sind, vorzuziehen[516].

ddd) Sonstige Bestimmungen

Art. 7 Abs. 4 fordert von den Mitgliedstaaten die Gewährleistung, dass alle bereitgestellten oder verbreiteten Informationen klar und verständlich sind. Dies ist zweifelsohne eine grundlegende Voraussetzung für die effektive Nutzung der Daten durch die Öffentlichkeit. Die Vorschrift kann allerdings nicht als justiziabel angesehen werden, sondern hat eher Appellcharakter, da gerade naturwissenschaftliche Informationen nicht immer so darstellbar sind, dass sie für einen Durchschnittsbetrachter klar und verständlich sind. Die Mitgliedstaaten müssen jedoch geeignete Maßnahmen ergreifen, damit die Behörden sich zumindest bemühen, die Informationen benutzerfreundlich aufzubereiten.

Art. 7 Abs. 5 stellt schließlich klar, dass auch für die aktive Verbreitung von Informationen die Ausnahmen nach Art. 4 Abs. 1 und 2 gelten. Die bei der passiven Informationsgewährung geschützten Rechtsgüter dürfen auch durch die aktive Informationspolitik der Behörden nicht beeinträchtigt werden

[516] Kompetenzrechtliche Bedenken hat auch der Bundesrat; vgl. Stellungnahme vom 01.12.2000, Drs. 437/00, Ziff. 11.; zum Umsetzungsbedarf im deutschen Recht siehe unten II.3. Buchstabe c.

2. Die Umsetzung für die Organe der EG

a) Anwendung des Übereinkommens auch für die Gemeinschaft selbst

Bei Unterzeichnung des Übereinkommens hat die Gemeinschaft erklärt, dass sie es nicht nur für ihre Mitgliedstaaten umsetzen will, sondern auch für ihre eigenen Organe:

> „(...) *Fully supporting the objectives pursued by the Convention and considering that the European Community itself is being actively involved in the protection of the environment through a comprehensive and evolving set of legislation, it was felt not only to sign up the Convention but also to cover its own institutions, alongside national public authorities. Within the institutional and legal context of the Community and given also the provisions of the Treaty of Amsterdam with respect to future legislation on transparency, the Community also declares that the Community institutions will apply the Convention within the framework of existing and future rules on access to documents and other relevant rules of Community law in the field covered by the Convention. The Community will consider whether any further declarations will be necessary when ratifying the Convention for the purpose of its application to Community institutions.*"[517]

Entgegen dem Vorschlag des Juristischen Dienstes des Rates[518] hat damit die Gemeinschaft bei Unterzeichung noch nicht erklärt, auf welche Organe sie die Konvention anwenden will. Organe der Gemeinschaft sind gemäß Art. 7 EGV das Europäische Parlament, der Rat, die Kommission, der Gerichtshof und der Rechnungshof. Wirtschafts- und Sozialausschuss und Ausschuss der Regionen unterstützen dagegen gemäß Art. 7 Abs. 2 lediglich den Rat und die Kommission[519]. Da gemäß Art. 2 Nr. 2 S. 2 der Aarhus-Konvention „Gremien oder Einrichtungen, die in gerichtlicher oder gesetzgebender Eigenschaft handeln (engl. *acting in judicial or legislative capacity*)" ausgenommen sind, kommt eine Anwendung auf den EuGH und das Gericht erster Instanz jedoch nicht in Frage. Bei Rat und Parlament müsste zwischen der gesetzgebenden Tätigkeit gemäß Art. 249, 250, 251 und 252 EGV und anderen Tätigkeiten,

---

[517] Erklärung der Europäischen Gemeinschaft bei Unterzeichung der Konvention am 25.06.1998, veröffentlicht unter: www.unece.org/env/pp/ctreaty.htm.

[518] Council of the European Union, Opinion of the Legal Service vom 15.01.1998, Dok. Nr. 5315/98

[519] Nach Ansicht des Juristischen Dienstes des Rates sollen auch der Wirtschafts- und Sozialrat, der AdR und untergeordnete Einrichtungen wie die Europäische Umweltagentur erfasst sein; vgl. Dok. Nr. 5315/98.

wie der Vorbereitung und des Beschlusses von Empfehlungen oder Entschließungen unterschieden werden.

b) Umsetzung durch die „Transparenz-Verordnung" gemäß Art. 255 EGV ?

Die Gemeinschaft hat in der Erklärung bereits darauf hingewiesen, dass sie die Bestimmungen der Konvention innerhalb des institutionellen und rechtlichen Rahmens der Gemeinschaft und bestehender und zukünftiger Rechtsvorschriften über den Zugang zu Dokumenten anwenden will. Damit wird Bezug auf Art. 255 EGV genommen, der das Recht jedes Unionsbürgers auf Zugang zu Dokumenten des Europäischen Parlamentes, des Rates und der Kommission enthält. Die allgemeinen Grundsätze und die Einschränkungen für die Ausübung dieses Rechts waren vom Rat gemäß Art. 255 Abs. 2 EGV innerhalb von zwei Jahren nach Inkrafttreten des Amsterdamer Vertrages festzulegen, d.h. bis 01.05.2001. Mit einmonatiger Verspätung ist die sog. „Transparenz-Verordnung" am 02.06.2001 in Kraft getreten[520]. Sie überschneidet sich mit der Aarhus-Konvention, setzt sie aber nicht vollständig um. Die Konvention wird auch in den Erwägungsgründen nicht erwähnt, sondern lediglich in der Begründung des Vorschlages der Kommission, in der sie als einer von vielen Punkten, der bei der Vorbereitung berücksichtigt wurde, genannt. Diese Vorgehensweise läßt darauf schließen, dass die Gemeinschaft für ihre eigenen Organe die Aarhus-Konvention nur eingeschränkt umsetzen will. Die Formulierung *„(...) the Community institutions will apply the Convention within the framework of existing and future rules on access to documents and other relevant rules of Community law in the field covered by the Convention*" kann auch dahingehend interpretiert werden.

So ist schon der Kreis der Berechtigten im Einklang mit Art. 255 EGV auf Unionsbürger und natürliche oder juristische Personen mit Wohnsitz oder Sitz in einem Mitgliedstaat beschränkt (Art. 2 Transparenz-VO), wohingegen die Aarhus-Konvention das Recht auf Umweltinformationen für jedermann, unabhängig von Staatsangehörigkeit oder Wohnsitz fordert (Art. 3 Abs. 9 Aarhus-Konvention). Der

---

[520] Verordnung (EG) Nr. 1049/2001 des Europäischen Parlaments und des Rates vom 30.05.2001 über den Zugang zu Dokumenten des Europäischen Parlaments, des Rates und der Kommission, Abl. EG Nr. L 145, 43; Grundlage war der Vorschlag der Kommission vom 21.02.2000, KOM 2000, 30 endg./2 (konsolidierte Version).

Anwendungsbereich der Transparenz-Verordnung ist zwar insoweit weiter als die Konvention, als dass sie nicht auf den Umweltbereich beschränkt ist und auch legislatives Handeln umfasst, andererseits soll sie aber nur für die Organe Europäisches Parlament, Rat und Kommission gelten (Art. 1 Buchstabe a Transparenz-VO). Der Rechnungshof, als gerade für die Transparenz finanzielle Vorgänge wichtiges Organ, bleibt dagegen außen vor. Bei den Ausnahmevorschriften (Art. 4 Transparenz-VO) bestehen erhebliche Abweichungen von der Aarhus-Konvention, deren Ausnahmenkatalog gemäß ihrem Art. 4 Abs. 3 und 4 abschließend ist. Insbesondere sind die Ausnahmetatbestände der Beeinträchtigung der Finanz-, Währungs-, oder Wirtschaftspolitik der Gemeinschaft oder eines Mitgliedstaats (Art. 4 Abs. 1 Buchstabe a, 4.Sp.Str. Transparenz-VO) und von Inspektions-, Untersuchungs- und Audittätigkeiten (Art. 4 Abs. 2 4.Sp.Str. Transparenz-VO nicht mit den Bestimmungen der Aarhus-Konvention konform. Diese Ausnahmen ergeben sich aber wohl vor allem daraus, dass die Verordnung nicht nur auf Umweltinformationen, sondern auf alle behördlichen Informationen anwendbar ist. Art. 5 der Aarhus-Konvention mit seinen Bestimmungen zur Erhebung und Verbreitung von Umweltinformationen bleibt zwangläufig bei der Transparenz-Verordnung unberücksichtigt. Um eine vollständige Umsetzung des Übereinkommens für die Gemeinschaft zu gewährleisten, müsste daher eine spezielle Regelung für Umweltinformationen geschaffen werden, die von den Vorgaben des Art. 255 EGV losgelöst ist.

II. Umsetzungsbedarf im deutschen UIG

Im deutschen UIG wird sich nach Erlass der neuen Richtlinie entsprechend ihren Vorgaben jedenfalls gemäß Art. 249 EGV Änderungsbedarf ergeben, unabhängig von einer Ratifizierung der Aarhus-Konvention[521]. Hier sollen nicht alle zu ändernden Vorschriften aufgezählt, sondern nur einige interessante Punkte beleuchtet werden.

1. Der Anwendungsbereich des UIG

Entsprechend der Ausweitung des Anwendungsbereichs der Richtlinie wird auch das UIG seinen Anwendungsbereich erweitern müssen. Während die Aufhebung der Beschränkung auf Behörden, die „Aufgaben des Umweltschutzes" wahrnehmen, in § 3 Abs. 1 S. 1 weniger problematisch ist[522], ist fraglich, wie mit der Erfassung der Verpflichteten umzugehen ist, die nicht Teil der öffentlichen Verwaltung und nicht sonstige juristische Personen des öffentlichen Rechts gemäß § 2 Nr. 1 sind. Bisher wurden vom UIG nur natürliche oder juristische Personen des privaten Rechts, die öffentlich-rechtliche Aufgaben im Bereich des Umweltschutzes wahrnehmen und die der Aufsicht von Behörden unterstellt sind, erfasst (§ 2 Nr. 2 UIG). Diese wurden aber nicht als „Behörden" im Sinne des UIG definiert und waren damit nicht selbst mit Anträgen auf Umweltinformation konfrontiert. Gemäß § 9 Abs. 1 S. 2 sind in diesen Fällen, die Behörden zuständig, die die Aufsicht über die genannten Personen ausüben.

War die Beschränkung auf „öffentlich-rechtliche Aufgaben des Umweltschutzes" als Umsetzung von Art. 6 UIRL, der von *„public responsibilities for the environment"*

---

[521] Bei der Ratifizierung des Übereinkommens stellt sich u.a. das Problem, ob die Länder gemäß Art. 23 GG zu beteiligen sind, da es sich bei dem gemischten Abkommen um eine Angelegenheit der Europäischen Union handelt oder ob das für völkerrechtliche Verträge der Bundesrepublik vereinbarte sog. Lindauer Verfahren zur Anwendung kommen soll. Nach dem Lindauer Verfahren muss bei Angelegenheiten, die ausschließliche Kompetenzen der Länder berühren, einstimmige Zustimmung der Länder erteilt werden. Vgl. zu diesem Problem: Clostermeyer/Lehr, Ländermitwirkung bei völkervertraglichem Handeln auf EU-Ebene, DÖV 1998, S. 148 ff.

[522] Gestrichen werden muss auch § 3 Abs. 1 Nr. 2 UIG, da eben künftig alle Behörden erfasst werden.

spricht, bisher schon zweifelhaft[523], muss der Anwendungsbereich künftig jedenfalls auf alle öffentliche Aufgaben und Dienstleistungen, die die Umwelt direkt oder indirekt betreffen, erweitert werden. Für diese Gruppe bietet sich, ebenso wie für die Umsetzung des Buchstaben c, aus Gründen der Rechtssicherheit und Rechtsklarheit an, den Kreis der Verpflichteten einzuengen, indem die gesetzlichen Grundlagen genannt werden, nach denen er sich richtet.
Die Einbeziehung muss nach der Konzeption der Richtlinie in der Weise erfolgen, dass die Behördendefinition in § 3 Abs. 1 entsprechend erweitert wird, bzw. diese Stellen Behörden für den Bereich des UIG gleichgestellt werden. Um die Verpflichtungen nach UIG erfüllen zu können, müssen sie insbesondere zum Erlass von Verwaltungsakten nach § 5 UIG ermächtigt werden[524].

2. Die Abwägung der Ausnahmetatbestände

In den §§ 7, 8 UIG ist bzgl. der Ausnahmetatbestände vorzusehen, dass bei Feststellung des Vorliegens eines Ausnahmetatbestandes eine Abwägung zwischen dem geschützten Interesse und dem öffentlichen Interesse an der Herausgabe vorzunehmen ist. Der Bundesrat hat bereits in seiner ersten Stellungnahme zum Richtlinienvorschlag darauf hingewiesen, dass die von Art. 4 Abs. 2 S. 2 des Richtlinienvorschlages vorgeschriebene Abwägung nicht möglich sei, wenn das Recht auf einen fairen Prozess als Schutzgut negativ betroffen ist, weil dieses in keinem Fall verkürzt werden dürfe[525]. Diese pauschale Aussage übersieht, dass es Fälle geben kann, in denen das Recht auf Zugang zu Umweltinformation der Durchsetzung von Grundrechten dienen kann, wie der vom Europäischen Gerichtshof für Menschenrechte in Straßburg entschiedene Fall Guerra gegen Italien zeigt[526]. In solchen Fällen kommt es zu einer Grundrechtskollision, deren Auflösung im Sinne der praktischen Konkordanz eine Güterabwägung gerade erfordert[527]. Zuzugeben ist allerdings, dass im Regelfall eine Abwägungsentscheidung in diesem Fall, ebenso wie bei nachteiligen Wirkun-

---

[523] Eine richtlinienkonforme Auslegung nimmt daher Turiaux, §§ 2, 3, Rdnr. 101 ff vor.; a.A. Fluck/Theuer, § 2 Rdnr. 23/24.
[524] Vgl. Fluck/Theuer, § 9 Rdnr. 21.
[525] Beschluss des Bundesrates vom 01.12.2000, Drs. 437/00
[526] Vgl. oben, 2. Kapitel, II.1 Buchstabe a Unterpunkt bb, Urteil des EGMR v. 19.02.1998, NVwZ 1999, S. 57 ff.
[527] Vgl. Hesse, Grundzüge des Verfassungsrechts der Bundesrepublik Deutschland, § 10 Rdnr. 319.

gen auf die Landesverteidigung oder die öffentliche Sicherheit, zu Lasten des Umweltinformationsrechts ausgehen wird, da es in der Regel nicht Ausprägung eines Grundrechts, insbesondere nicht von Art. 5 GG ist[528]. Dies gilt auch in Fällen, in denen durch die Offenbarung personenbezogener Daten schutzwürdige Interessen und damit das Recht auf informationelle Selbstbestimmung (Art. 1 Abs. 1, 2 Abs. 2 GG) oder Betriebs- und Geschäftsgeheimnisse und damit das Grundrecht auf Eigentum (Art. 14 GG) negativ beeinträchtigt würden. Dagegen ist bei Ausnahmetatbeständen, die weniger gewichtigen Belangen dienen, wie der Ausschluss noch nicht abgeschlossener Schriftstücke oder noch nicht aufbereiteter Daten (§ 7 Abs. 2 UIG), häufig ein Überwiegen des Interesses an der Öffentlichkeit der Information denkbar. In jedem Fall hält das Abwägungsgebot die Behörde dazu an, das Vorliegen der Ausnahmetatbestände eingehend zu prüfen und ihre Entscheidung genau zu begründen. Angesichts der bisherigen restriktiven Praxis in Deutschland ist das Abwägungsgebot daher zu begrüßen.

3. Die Frage der rechtlichen Verankerung der aktiven Umweltinformation

a) Bisherige Informationstätigkeiten ohne Rechtsgrundlage

Art. 7 des Richtlinienvorschlages enthält Verpflichtungen von Behörden zur aktiven Verbreitung von Umweltinformationen als Umsetzung von Art. 5 der Aarhus-Konvention (vgl. oben, II.1. Buchstabe b, Unterpunkt ff). Obwohl das UIG gemäß § 1 bereits jetzt den Zweck hat, die Verbreitung von Umweltinformationen zu gewährleisten, existiert mit § 11 nur eine Bestimmung, die den Ansatz der aktiven Umweltinformation ausgestaltet. Danach veröffentlicht die Bundesregierung alle vier Jahre einen Bericht über den Zustand der Umwelt im Bundesgebiet[529]. Dies bedeutet jedoch nicht, das nicht weitere Berichte und andere Aktivitäten der Bundes- und Länderverwaltung existierten, die darauf gerichtet sind, Umweltinformationen zu verbreiten und die Bevölkerung zu unterrichten. Sie standen bisher nicht auf der

---

[528] Die von Art. 5 Abs. 1 GG geschützte Informationsfreiheit umfasst nicht das Recht auf Zugang zu behördlichen Informationen, vgl. zur EMRK schon oben, 2. Kapitel II.1. Buchstabe a.

[529] Hegele, Der lange Weg der Umsetzung der Umweltinformationsrichtlinie in das deutsche Recht, in: Hegele/Röger, Umweltschutz durch Umweltinformation, S. 101, 139, hält diese Umsetzung

Grundlage des Umweltinformationsrechts, wie die regelmäßigen Berichte der Bundesregierung über Maßnahmen zum Schutz der Ozonschicht, Immissionsschutz oder den Zustand des Waldes[530], die umfassenden Berichte des Sachverständigenrates für Umweltfragen[531] oder die Berichte der Umweltministerien der Länder über den Zustand der Umwelt in den Bundesländern. In zunehmendem Maße werden auch Datenbanken aufgebaut, die die Abfrage von Umweltinformationen via Internet ermöglichen, wie der Umweltdatenkatalog, der im Niedersächsischen Umweltministerium koordiniert wird[532]. Sie sollen alle im German Environmental Information Network (GEIN) zusammengefasst werden[533]. Mit diesen und anderen Aktivitäten werden die Vorgaben der Richtlinie in tatsächlicher Hinsicht bereits heute teilweise erfüllt. Fraglich ist dennoch, inwieweit und auf welcher Ebene eine rechtliche Verankerung von Verpflichtungen von Behörden erfolgen soll, da die Richtlinie und die Aarhus-Konvention eine systematische Verbreitung von bestimmten Umweltinformationen fordern, die man bisher in Deutschland nicht als gegeben sehen kann.

b) Das Erfordernis einer gesetzlichen Grundlage

Bisher ergab sich aus den Vorgaben der UIRL keine Notwendigkeit für eine gesetzliche Regelung staatlicher Informationstätigkeit im Umweltbereich. Nach der Rechtsprechung erfordert auch die Möglichkeit, dass es durch die Verbreitung von Umweltinformationen mittelbar zu Grundrechtseingriffen kommen kann, keine Rechtsgrundlage. Insbesondere durch verhaltensorientierte Information und Beratung der Bürger, etwa zur Umweltverträglichkeit bzw. –schädlichkeit bestimmter Produkte, kann es nämlich zu Eingriffen in die Berufsfreiheit (Art. 12 GG), das Recht auf eingerichteten und ausgeübten Gewerbebetrieb (Art. 14 GG), das Recht auf informationelle Selbstbestimmung (Art. 2 Abs. 1 i.V.m. Art. 1 GG) oder die allgemeine Hand-

---

des Art. 7 UIRL für nicht ausreichend.

[530] Vgl. Fluck/Theuer für einen Überblick der verschiedenen Umweltberichte, § 11 Rdnr. 38 ff.

[531] Zuletzt Umweltgutachten 2000, Schritte ins nächste Jahrtausend, Kurzfassung im Internet unter: www.umweltrat.de veröffentlicht.

[532] Die Koordinierungsstelle sieht den UDK als mögliches Mittel der praktischen Umsetzung der Bestimmungen des Art. 5 der Aarhus-Konvention an; vgl. Vorlage der Koordinierungsstelle UDK für die 10. Sitzung des Ad-hoc-Arbeitskreises „Vollzug des Umweltinformationsgesetzes" am 07.10.1999 (internes Arbeitspapier, nicht veröffentlicht).

[533] Vgl. dazu die Informationen auf den Internetseiten des Umweltbundesamtes unter www.umweltbundesamt.de.

lungsfreiheit (Art. 2 Abs. 1) kommen[534]. Das Bundesverwaltungsgericht hat in seiner Rechtsprechung zu staatlichen Warnungen die verfassungsrechtliche Aufgabenstellung der Bundesregierung als Organ der Staatsleitung und der daraus resultierenden Befugnisse zu Information und Aufklärung der Öffentlichkeit als Ermächtigungsgrundlage für solche mittelbaren Grundrechtseingriffe ausreichen lassen bzw. diese als verfassungsimmanente Begrenzung des Schutzbereichs bezeichnet. Der sich ebenfalls aus der Verfassung ergebende Grundsatz der Verhältnismäßigkeit, wonach Grundrechtseingriffe sich auf das jeweils erforderliche und zumutbare Maß zu beschränken haben, ist dabei allerdings zu beachten[535]. Bundes- und Länderministerien können daher im Umweltbereich im Rahmen ihrer jeweiligen Zuständigkeiten[536] und unter Beachtung des Verhältnismäßigkeitsgrundsatzes umweltbezogene Hinweise, Empfehlungen, Warnungen und sonstige Informationstätigkeiten ohne spezielle Ermächtigungsgrundlage vornehmen. Nach der Rechtsprechung des OVG Münster gilt dies auch für kommunale Selbstverwaltungskörperschaften[537]. Keine ausdrückliche Entscheidung gibt es bisher für nachgeordnete Behörden, wie das Umweltbundesamt oder die Landesämter für Umweltschutz. Sie müssen jedoch als Teile der Exekutive konsequenterweise ebenso miteinbezogen werden[538].

Das Erfordernis einer Rechtsgrundlage ergibt sich nunmehr jedoch aus der Verpflichtung der Bundesrepublik nach Art. 249 Abs. 3 EGV. Für die ordnungsgemäße Umsetzung einer Richtlinie ist es erforderlich, dass eine gesetzliche Grundlage geschaffen wird, Verwaltungsvorschriften oder schlichte Verwaltungspraktiken genügen nach der Rechtsprechung des EuGH nicht[539]. Um Art. 7 Abs. 1 des Kommissi-

---

534 Vgl. Bericht des Bund/Länder-Arbeitskreises Fachübergreifendes Umweltrecht an die 37. Umweltministerkonferenz in: Meyer-Rutz, Das neue Umweltinformationsgesetz, Bundesanzeiger 1995, S. 105, 106.; dazu Kloepfer, § 5 Rdnr. 172 ff., Brohm, Rechtsstaatliche Vorgaben für informelles Verwaltungshandeln, DVBl. 1994, S. 133 ff.

535 BVerwG, Urteil des 7. Senats v. 23.05.1989 (Jugendsekten), NJW 1989, S. 2272, bestätigt im Beschluss v. 13.03.1991, NJW 1991, S. 1770, bzw. Urteil des 3. Senats v. 23.05.1989 (Glykolwein), NJW 1991, S. 1766. Anders zuvor das Urteil des 3. Senats v. 18.04.1985 (Transparenz-Listen), NJW 1985, S. 2774, vgl. Kloepfer, § 5 Rdnr. 172.

536 BVerfGE 44, 125, 149, E 63, 20, 243 f.; vgl. dazu: März in: von Mangoldt/Klein/Stark, Art. 30, Rdnr. 46 ff.

537 Urteil vom 22.05.1990, NVwZ 1990, S. 176, 177 f.

538 Vgl. die Auffassung des BLAK Fachübergreifendes Umweltrecht, a.a.O., siehe FN 534.

539 EuGH, Rs. C-361/88 (TA Luft), Slg. 1991 I; 2567, abgedruckt in EuZW 1991, S. 440; vgl.

onsvorschlages umzusetzen, müsste daher durch das UIG sichergestellt werden, dass die genannten Arten von Informationen durch Behörden verbreitet werden. Dies könnte in der Weise geschehen, dass eine Vorschrift aufgenommen wird, die die von Art. 7 geforderten Kategorien wiedergibt und die Bundesregierung ermächtigt, eine Rechtsverordnung zu erlassen, um nähere Bestimmungen für die Bundesbehörden zu regeln. Da es sich bei der Zuweisung von Aufgaben an Behörden um die „Einrichtung" von Behörden i.S.v. Art. 84 GG und damit eine eigene Angelegenheit der Länder handelt[540], könnten die Länder durch das UIG nur den Auftrag bekommen, entsprechende Detailregelungen für Ihre Behörden zu erlassen[541]. Auch die kommunalen Selbstverwaltungskörperschaften müssten über das Landesrecht erfasst werden, da Stellen lokaler Verwaltung gemäß Art. 2 Abs. 2 Buchstabe a ausdrücklich in den Anwendungsbereich der Richtlinie fallen und von der aktiven Informationspflicht nicht gänzlich ausgenommen werden können. Da der Umfang der Informationspflicht sich nur nach den Zuständigkeiten der Behörden richten kann, müssten Gemeinden allerdings nur lokale Rechtsvorschriften mit Bezug zur Umwelt und andere Informationen gemäß Art. 7 Abs. 1 verbreiten, soweit sie aufgrund ihres Aufgabenbereiches bei Ihnen vorhanden sind. Mit einer solche Rahmenregelung würde sich der Bund noch im Rahmen der „Mosaik-Kompetenz" für das Umweltinformationsrecht bewegen, da die allgemeine Bestimmung, dass Behörden die in der Richtlinie genannten Umweltinformationen, die sie aufgrund ihrer Zuständigkeiten besitzen, aktiv und, so weit wie möglich mittels IuK-Technologie, verbreiten müssen, ebenso wie die passive Informationsgewährung als Mittel des übergreifenden Umweltschutzes angesehen werden kann[542]. Die Organisationskompetenz des Landesgesetzgebers aus Art. 84 GG würde dadurch nicht verdrängt.

Streinz, Rdnr. 391 f., Geiger, Art. 249 EGV Rdnr. 9.

[540] Broß in: v.Münch/Kunig, GG-Kommentar, Bd. 3, Art. 84 Rdnr. 11 m.w.N.; Lerche in: Maunz/Dürig, GG, Kommentar, Bd. IV, Art. 84 Rdnr. 25; die Auffassung, dass Art. 7 die Einrichtung von Behörden betrifft, vertritt auch der Bundesrat, vgl. Beschluss v. 01.12.2000, Drs. 437/00, S. 8.

[541] Ähnlich dem Regelungsauftrag des § 3d UVPG-E der Bundesregierung vom 17.10.2000 (Entwurf für ein Gesetz zur Umsetzung der UVP-Änderungsrichtlinie, der IVU-Richtlinie und weiterer EG-Richtlinien zum Umweltschutz, sog. Artikel-Gesetz) für die UVP-Pflicht nach Maßgabe des Landesrechts.

[542] Zur Gesetzgebungskompetenz des Bundes für das UIG aus verschiedenen umweltspezifischen und umweltoffenen Kompetenzen der Art. 73, 74 und 75, vgl. Burkholz, NVwZ 1994, S. 124 ff., Turiaux, vor §4 Rdnr. 20 ff., Röger, UIG, § 2 Rdnr. 26 f.

c) Informationstätigkeit in Fällen unmittelbarer Bedrohung

Nach der hier vertretenen Auffassung kann die Bestimmung des Art. 5 Abs. 1 Buchstabe c der Aarhus-Konvention, wonach sichergestellt werden muss, dass die Behörden in Fällen unmittelbarer Bedrohung der menschlichen Gesundheit oder der Umwelt alle ihr vorliegenden Informationen, die der Schadensabwendung oder –minderung dienen könnten, zu verbreiten haben, mangels einer Kompetenzzuweisung nicht vollständig von der Gemeinschaft umgesetzt werden, sondern müsste von den Mitgliedstaaten umgesetzt werden[543]. In der Rechtsordnung der Bundesrepublik ist diese Bestimmung den Rechtsmaterien der Gefahrenabwehr bzw. des Katastrophenschutzes zugehörig, die beide landesrechtlich geregelt sind[544]. Eine „Katastrophe" ist gemäß Art. 1 Abs. 2 des Bayerischen Katastrophenschutzgesetzes (BayKSG) ein Geschehen, bei dem Leben oder Gesundheit einer Vielzahl von Menschen oder die natürlichen Lebensgrundlagen oder bedeutende Sachwerte in ungewöhnlichem Ausmaß gefährdet oder geschädigt werden und die Gefahr nur abgewehrt werden kann, wenn die Katastrophenschutzbehörden zusammenwirken[545]. Im Katastrophenschutzrecht finden sich – abgesehen von den Vorschriften über externe Notfallpläne für Betriebe, die der Seveso II-Richtlinie unterfallen[546] - keine Bestimmungen über die Information der Öffentlichkeit. Es konzentriert sich auf vorbeugende Maßnahmen von Behörden und das Zusammenwirken im Katastrophenfall zur Abwehr und Begrenzung von Schäden. Welche Informationen an die Bevölkerung weitergegeben werden, liegt daher im Ermessen der Katastrophenschutzbehörden[547]. Das gleiche gilt für Gefah-

---

543 Vgl. oben, I.1. Buchstabe b Unterpunkt hh.

544 Dies ergibt sich aus Art. 70 GG. Dem Bund steht gemäß Art. 74 Nr. 1 GG die ausschließliche Gesetzgebung für den Bereich des Zivilschutzes vor, der nur im Verteidigungsfall einschlägig ist, vgl. § 1 Gesetz über den Zivilschutz v. 09.08.1976, BGBl. I, S. 2109; vgl. auch Scherzberg, UPR 1992, S. 52.

545 Vgl. Art. 1 Abs. 2 des BayKSG vom 24.07.1996, GVBl. S. 282, geändert durch Gesetz v. 12.04.1999, GVBl. S. 130.; ähnliche Definitionen finden sich in anderen Ländergesetzen, vgl. etwa § 1 Katastrophenschutzgesetz des Landes Brandenburg vom 11.10.1996, GVBl. I S. 278, geändert durch Gesetz v. 28.06.1999, GVBl. I, S. 258, § 1 Abs. 2 des Gesetzes über den Katastrophenschutz des Landes Baden-Württemberg v. 22.11.1999, GBl. S. 625.

546 Art. 3a BayKSG, vgl. auch z.B. § 12 a BbgKatSG, § 8a LKatSG Baden-Württemberg.

547 Die Bekanntmachung des Bayerischen Staatsministeriums des Inneren über Durchsagen über den Rundfunk bei Katastrophen, ähnlichen allgemeinen Gefahren und bei Sirenenfehlauslösungen vom 19.04.1991, AllMBl. S. 362 ff. enthält keine Hinweise darauf, dass der Öffentlichkeit alle

rensituationen unterhalb der Katastrophenschwelle. Weder das allgemeine Sicherheitsrecht, noch die Polizeiaufgabengesetze der Länder treffen Bestimmungen über die Information der Öffentlichkeit in Gefahrensituationen durch die Sicherheitsbehörden[548]. Wie die bayerischen Richtlinien für die Bewältigung großräumiger Gefährdungslagen und anderer koordinierungsbedürftiger Ereignisse[549] zeigen, geht man davon aus, dass die Bevölkerung betroffener Gebiete über Rundfunk, Presse und örtliche Bekanntmachungen zwar unverzüglich und fortlaufend zu informieren ist, diese Informationen jedoch erst nach Abstimmung in der Koordinierungsstelle den nachgeordneten Dienststellen mitgeteilt und dann verbreitet werden[550]. Behördliche Informationspflichten können sich daher allenfalls aus den Grundrechten, insbesondere zum Schutz der Grundrechte auf Leben und körperliche Unversehrtheit aus Art. 2 Abs. 2 S. 1 GG, ergeben, da beide Grundrechte nicht nur Abwehrrechte, sondern auch Schutznormen sind, die den Staat zum Schutz vor Beeinträchtigungen durch Dritte oder Naturkräfte verpflichten[551].

Es besteht daher zur Umsetzung der Verpflichtung der Aarhus-Konvention Änderungsbedarf im deutschen Recht. Unter Beachtung der Kompetenzzuweisung des Grundgesetzes dürfte eine entsprechende Regelung allerdings nicht im UIG erfolgen, sondern müsste im allgemeinen Recht der Gefahrenabwehr und im Katastrophenschutzrecht der Länder vorgesehen werden. An diesem Beispiel zeigt sich, dass das Umweltinformationsrecht in seiner neuen Ausgestaltung durch die Aarhus-Konvention auch auf andere Rechtsmaterien übergreift und sie überlagert.

Informationen mitgeteilt werden müssen, die für den Schutz ihrer Gesundheit oder der Umwelt dienlich wären.

[548] Vgl. etwa für Bayern das Landesstraf- und Verordnungsgesetz vom 13.12.1982, BayRS 2011-2-I, zuletzt geändert durch Gesetz v. 16.12.1999, GVBl. S. 521 sowie das Polizeiaufgabengesetz vom 14.09.1990 (GVBl. S. 397), zuletzt geändert durch Gesetz v. 27.12.1999 (GVBl. S. 541).

[549] Gemeinsame Bekanntmachung der Bayerischen Staatsministerien des Inneren, für Ernährung, Landwirtschaft und Forsten, für Arbeit und Sozialordnung und für Landesentwicklung und Umweltfragen vom 16.10.1990, AllMBl. S. 774

[550] Ziff. 5.2 der Richtlinien

[551] Kunig in: von Münch/Kunig, Art. 2 Rdnr. 67 unter Hinweis auf eine Verpflichtung zur Information der Bevölkerung nah der Reaktorkatastrophe in Tschernobyl 1986.

4. Die Rechtsbehelfe

Durch die Erweiterung der Rechtsschutzmöglichkeiten ergibt sich für das deutsche Recht das Problem, dass das Widerspruchsverfahren gem. §§ 68 ff. VwGO, das ein Verfahren im Sinne von Art. 6 Abs. 2 des Richtlinienvorschlages zur Überprüfung der Handlung oder Unterlassung einer Behörde auf dem Verwaltungsweg darstellt, auch durchgeführt werden müsste, wenn Ausgangsbehörde eine oberste Bundes- oder Landesbehörde ist, weil diese Überprüfung gemäß Art. 6 immer möglich sein muss. § 68 S.2 Nr. 1 VwGO müsste daher für den Anwendungsbereich des UIG ausgeschlossen oder ein anderes ähnliches Verfahren neu geschaffen werden.

Zum zweiten stellt sich die Frage, wie das Überprüfungsverfahren auf dem Verwaltungsweg aussehen soll, wenn „Ausgangsbehörde" eine juristische oder natürliche Person ist, die nicht Teil der Staatsverwaltung ist. Hier könnte – wie bisher bei beliehenen Unternehmern - ein Widerspruchsverfahren bei der Behörde durchgeführt werden, die die Person beaufsichtigt, bzw. die zum Erlass des Hoheitsaktes ermächtigt ist, der zur Behördeneigenschaft führt[552].

Wie gesehen, wird die nach Erlass der Richtlinie notwendige Novelle des UIG zu einer Reihe schwieriger Fragen führen. Eine zügige und klare Umsetzung der Bestimmungen der Richtlinie und damit des Umweltinformationsrechts der Aarhus-Konvention ist daher kaum zu erwarten. Die praktische Ausweitung des Rechts auf Umweltinformation wird daher in Deutschland sicherlich länger auf sich warten lassen.

III. Auswirkungen in anderen UN/ECE-Staaten

Die Aarhus-Konvention weitet das Recht auf Umweltinformation auch insoweit aus, als sie es in ihrer Ausgestaltung geographisch weit über den Raum hinaus erstreckt, den die EU mit ihrem Umweltinformationsrecht heute erfasst und in den nächsten Jahren erfassen wird. Nicht nur Staaten Mittel- und Osteuropas (MOE), die sich auf den Beitritt zur EU vorbereiten und daher die neue Umweltinformationsrichtlinie als

[552] Vgl. Kopp/Schenke, VwGO, § 73 Rdnr. 3

Teil des *acquis communautaire* ohnehin übernehmen müssen, haben die Aarhus-Konvention unterzeichnet, sondern auch neue unabhängige Staaten (NUS) der ehemaligen Sowjetunion, die nicht zum Beitritt in die EU anstehen, aber Mitglieder der UN/ECE sind, wie Armenien, Weißrussland, Georgien, Moldawien und die Ukraine.

In vielen MOE- und NUS-Staaten[553] stellt sich die Situation bisher so dar, dass zwar die Verfassung ein Grundrecht auf Zugang zu behördlichen Informationen, teilweise sogar speziell auf Zugang zu Umweltinformation, enthält, es aber zum einen an einer präzisen Umsetzung im Verwaltungsrecht und zum anderen am Vollzug der vorhandenen gesetzlichen Grundlagen fehlt. So enthalten die Verfassungen der Tschechischen Republik[554], Georgien[555], Moldawiens[556], Polens[557] und der Ukraine[558] ein Grundrecht auf Zugang zu Umweltinformationen. Ein Grundrecht auf allgemeinen Zugang zu behördlichen Informationen enthalten die Verfassungen der Aarhus-Signatarstaaten Albanien[559], Bulgarien[560], Ungarn[561], Litauen[562] und Rumänien[563].

---

553 Aufgrund mangelnder Quellen in deutscher und englischer Sprache können nicht zu allen Signatarstaaten Aussagen gemacht werden; umfassend zu den Möglichkeiten des Zugangs zu Umweltinformationen und der Öffentlichkeitsbeteiligung in Armenien, Weißrussland, Georgien, Moldawien, der Ukraine sowie der Russischen Föderation: Stec, Overview of Public Participation in the Commonwealth of Independent States, Review of Central and East European Law 1997, S. 355 ff.

554 Art. 35 Abs. 2 der Charta der Grundrechte und –freiheiten enthält das Recht auf „prompt and full information on the environment“, vgl. Kuzvart/Dusik/Jindrova, Czech Republic, in: REC (Hrsg.), Doors to Democracy – Current Trends and Practices in Public Participation in Environmental Decision-Making in Central and Eastern Europe, 1998, Kapitel 5, Onlineversion unter: www.rec.org.

555 Im Zusammenhang mit dem Grundrecht auf Gesundheit und Leben in einer gesunden Umwelt bestimmt Art. 37 Abs. 5: „Individuals have the right to complete, objective and timely information on their working and living conditions“; vgl. Stec, a.a.O., S. 416 f.

556 Art. 37 Abs. 2; vgl. Lebedev/Trombitcoia/Trombitsky: Moldova, in REC (Hrsg.): Doors to Democracy – Current Trends and Practices in Public Participation in Environmental Decision-Making in Newly Independent States, 1998, Kapitel 3, Onlineversion unter: www.rec.org.; Stec, a.a.O., S. 432 f.

557 Art. 74 Abs. 2 der Verfassung der Republik Polen vom 02.04.1997, vgl. Jendroska, Poland, in: REC, Public Participation in CEE, Kapitel 11.; deutsche Übersetzung in Osteuropa-Recht 1997, S. 223 ff. mit Einführung von Diemer-Benedict.

558 Art. 50; vgl. Skrylnikov/Tustanovska: Ukraine, in: REC, Public Participation in NIS, Kapitel 5.; Stec, a.a.O., S. 501 f.

559 Die Informationsfreiheit gem. Art. 2 der albanischen Verfassung soll durch einfachgesetzliche Ausgestaltung auch das Recht auf behördliche Informationen beinhalten; vgl. Mazreku/Vaso, Albania, in: REC, Public Participation in CEE; Kapitel 1.

Bis zur Unterzeichnung der Aarhus-Konvention gab es jedoch in fast allen Staaten nur vereinzelte gesetzliche Bestimmungen, die diese Bestimmungen der Verfassung konkretisierten[564]. Als Folge davon fehlt es häufig an Verfahrensregelungen und Bestimmungen über Rechtsbehelfe, die bei verweigertem Zugang eingelegt werden können. Eine Definition des Begriffes „Umweltinformation" fehlt beispielweise in vielen der MOE- und NUS-Staaten ebenso wie klare Ausnahmebestimmungen und Kostenregelungen[565]. Dies führt zu Rechtsunsicherheit und Unkenntnis der Bevölkerung der bestehenden Möglichkeiten, Zugang zu Informationen über die Umwelt zu erhalten. Da es ferner in den jungen Demokratien noch wenig Umweltjuristen gibt, die das bestehende Recht nutzen und weiterentwickeln könnten und es keine Tradition von Transparenz staatlicher Entscheidungen und Öffentlichkeitsbeteiligung gibt, sondern die Verwaltung vom unmündigen Bürger ausging, ist dem Umweltinformationsrecht bisher nur eine sehr geringe Bedeutung zugekommen[566]. Aus diesem Grund sind detaillierte und klare Regelungen des Zugangs zu Umweltinformationen in diesen Staaten besonders wichtig. Für die MOE-Staaten wurde 1998 in einer Studie des *Regional Environmental Center for Central and Eastern Europe*[567] festgestellt, dass Ungarn der einzige Staat sei, in dem es ein relativ gut funktionierendes

---

560 Art. 41 Abs. 2 der Verfassung von 1991 enthält das Recht „to obtain information from state authorities on matters of legitimate interest, provided it is not a state secret or other secret protected by law or violates rights of others." Von einem allgemeinen Recht auf freien Zugang kann wegen der Einschränkung „legitimate interests" wohl nicht gesprochen werden; engl. Text bei Blaustein/Flanz, Constitutions of the countries of the world; vgl. auch Kodjabaschev, Bulgaria, in: REC, Public Participation in CEE; Kapitel 3.

561 Art. 61 Abs. 3 i.V.m. Gesetz Nr. LXIII (1992) und L II (1995); vgl. Fulop, Hungary, in: REC, Public Participation in CEE, Kapitel 7

562 Art. 25 Abs. 2; vgl. Naviekas/Piksrys, Lithuania, in: REC, Public Participation in CEE, Kapitel 9

563 Art. 31 der Verfassung von 1991 bestimmt: „(The) right to have access to any information of public interest cannot be restricted" (Abs. 1) und: „In accordance with their competencies public authorities must ensure that citizens receive correct information concerning public affairs and matters of personal interest."; engl. Text in: Blaustein/Flanz; vgl. auch Bartha, Romania, in: REC, Public Participation in CEE, Kapitel 12.

564 Die Möglichkeit, Umweltinformationen von Behörden zu bekommen ergibt sich meist aus allgemeinen Umweltgesetzen; vgl. etwa für die Ukraine: Skrylikov/Tustanovska, a.a.O., für Bulgarien: Kodjabaschev, a.a.O.

565 Vgl. REC; Public Participation in CEE / in NIS, jeweils das Kapitel: Regional Overview.

566 Vgl. Kravchenko, Regional Overview: NIS Countries, in: REC: Public Participation in NIS., S. 14

567 REC ist eine unabhängige, nicht profitorientierte Organisation, die sich an der Lösung von Umweltproblemen in Mittel- und Osteuropa beteiligt. Nähere Informationen unter: www.rec.org.

System des Zugangs zu Umweltinformation gäbe[568]. Für die NUS-Staaten wurde zur gleichen Zeit sogar die Aussage gemacht, die Bestimmungen der Verfassung seien nur deklaratorisch, da sie selten durchgesetzt würden[569].

Nunmehr müssen jedoch aufgrund der Bestimmungen der Aarhus-Konvention in den Staaten, die das Übereinkommen ratifiziert haben oder dies beabsichtigen, grundlegende Änderungen vorgenommen werden. So ist in Polen am 01.01.2001 ein neues Gesetz über den Zugang zu Informationen über die Umwelt, ihren Schutz und die Umweltverträglichkeitsprüfung in Kraft getreten[570], welches Art. 4 der Aarhus-Konvention umsetzt[571]. Auffallend ist eine ausführliche Bestimmung der Informationen, die nach dem Gesetz zugänglich zu machen sind, in einer Aufzählung verschiedener behördlicher Entscheidungen, wie Genehmigungen von Emissionen in die Luft, von Lärm, von Beseitigungen von Bäumen und Sträuchern, dem Freisetzen von GVO oder über Bußgelder im Umweltbereich[572]. Neben weiteren aufgezählten Informationen, wie Datensammlungen über Emissionen, Politiken, Pläne, Programme, Forschungsergebnisse u.a., findet sich zusätzlich ein Auffangtatbestand, der sich an der Definition von Art. 2 Abs. 3 der Aarhus-Konvention orientiert[573]. Hier zeigt sich deutlich das Bemühen, den Anwendungsbereich des Umweltinformationsrechts so weit und so genau wie möglich zu fassen. Das gleiche gilt für die Definition der „Emissionen", die gemäß Art. 4 Abs. 4 Buchstabe d der Aarhus-Konvention und Art. 7 Abs. 4 des polnischen Umweltinformationsgesetzes nicht unter den Ausnahmetatbestand des geschützten Betriebs- und Geschäftsgeheimnisses fallen dürfen. Hier werden Mengen und Arten umweltverschmutzender Stoffe, die in die Luft emittiert werden und die Orte der Emissionen sowie Qualität, Zusammensetzung und Mengen von Abwasser, das in Wasser oder Boden abgeleitet wird und der Ort der Ableitung sowie Arten und Mengen von entstehenden Abfällen und der Ort der Entstehung,

---

568 REC, Public Participation in CEE, Kapitel: Regional Overview

569 Kravchenko, a.a.O., S. 14

570 Engl. Version veröffentlicht auf den Internetseiten des polnischen Umweltministeriums unter www.mus.gov.pl/akty-p/dostep_eng.htm (The Act of 9 November 2000 on Access to Information on the Environment, Its Protection and on Environmental Impact Assessments).

571 Zu weiteren Maßnahmen der Umsetzung der Aarhus-Konvention, vgl: Ministry of Environment, Report on the Preparation for Ratification and Implementation of the Aarhus Convention in Poland, unter www.unece.org/env/pp.htm (Other Activities)

572 Vgl. Art. 5 Abs. 2.

ferner die Höhe von Lärmbelastungen und die Größe elektromagnetischer Felder genannt[574]. Keine Bestimmungen enthält das Gesetz jedoch über die aktive Verbreitung von Umweltinformation, abgesehen von der Verpflichtung bestimmter Umweltbehörden, ihre umweltrelevanten Entscheidungen in öffentlich zugänglichen Registern bereitzuhalten[575]. Hier werden zur Umsetzung der Konvention weitere Maßnahmen erforderlich sein, die jedoch – wie bereits diskutiert – nicht unbedingt legislativer Natur sein müssen.

Auch in anderen Staaten, wie Lettland und Litauen, werden derzeit Gesetze geändert, Verordnungen und Verwaltungsvorschriften erlassen, Handbücher, Verzeichnisse mit Meta-Informationen etc. erstellt sowie elektronische Informationssysteme aufgebaut, um die Bestimmungen der Aarhus-Konvention umzusetzen[576]. Dabei kommt den nichtstaatlichen Umweltorganisationen eine wichtige Bedeutung zu, da sie an diesen staatlichen Aktivitäten beteiligt werden. In Ungarn etwa vollzieht sich die staatliche Umweltinformationstätigkeit zum Teil über Informationsbüros, die von NGOs geleitet werden und über die Einspeisung von Informationen in das Informationsnetz „Green Spider", ein System, das ebenfalls von nichtstaatlichen Umweltorganisationen betrieben wird[577].

Zusammenfassend ist daher festzustellen, dass bereits die Unterzeichung der Aarhus-Konvention der Verbreitung von Umweltinformationen in der UN/ECE-Region außerhalb der EU einen enormen Schub versetzt hat und hier eine ihrer wichtigsten Bedeutungen liegt. Die Bereitschaft gerade der Staaten Mittel-Osteuropas und der Gemeinschaft Unabhängiger Staaten sich auf die Ziele der Konvention einzulassen, zeigt sich daran, dass unter den ersten zehn Staaten, die das Übereinkommen ratifiziert haben, neun MOE- und NUS-Staaten sind[578]. Dahinter steht sicherlich häufig die Erwartung, von der EU und ihren Mitgliedstaaten technische und finanzielle Hil-

---

[573] Vgl. Art. 5 Abs. 3.

[574] Vgl. Art. 7 Abs. 5.

[575] Vgl. Art. 5 Abs. 6.

[576] Vgl.: Second Meeting of the Signatories to the Aarhus Convention und Statement by Latvia, Country Report - Lithuania, unter: www.unece.org/env/pp.htm (Other Activities).

[577] Vgl. Second Meeting of the Signatories to the Aarhus Convention, Papier der ungarischen Delegation, unter: www.unece.org/env/pp.htm (Other Activities)

[578] Vgl. oben, 2. Kapitel, II.4.

fe beim Aufbau einer funktionierenden Umweltverwaltung zu erhalten[579]. Da man sich dem im Interesse einer Umsetzung des Übereinkommens in allen Vertragsstaaten nicht widersetzen können wird, trägt die Aarhus-Konvention auch auf diese Weise zur Verwirklichung ihres Ziels bei, das Recht eines jeden Menschen auf ein Leben in einer gesunden Umwelt zu schützen.

---

[579] Vgl. etwa Report on the activity on ratification and implementation of the Aarhus Convention in the Republic of Kazakhstan, unter www.unece.org/env/pp.htm (Other Activities).

4. KAPITEL: DIE AUSWEITUNG DES RECHTS AUF UMWELTINFORMATION - ZUSAMMENFASSUNG UND AUSBLICK

I. Zusammenfassung: Die Ausweitung des Rechts auf Umweltinformation durch die Aarhus-Konvention

1. Das Recht auf Umweltinformation als neuer Bestandteil des Völkerrechts

Fast dreißig Jahre nach der UN-Umweltkonferenz von Stockholm und knapp zehn Jahre nach der UN-Konferenz über Umwelt und Entwicklung in Rio ist die sog. Aarhus-Konvention in Kraft getreten. Sie erfüllt mit ihren Regelungen in den Bereichen der Umweltinformation, der Öffentlichkeitsbeteiligung und des Zugangs zu Gerichten die Forderungen nach einer stärkeren Einbeziehung der Öffentlichkeit in den Umweltschutz, wie sie sich in den Deklarationen und Aktionsplänen der beiden großen Umweltkonferenzen der Vereinten Nationen und vielen anderen völkerrechtlichen Dokumenten finden.

Das Recht des Einzelnen auf Zugang zu behördlichen Informationen über die Umwelt und die Verpflichtung staatlicher Stellen, aktiv Umweltinformationen zu verbreiten, stellen die entscheidende Grundlage für eine stärkere Anteilnahme der Öffentlichkeit an den lokalen, regionalen, nationalen und internationalen Umweltschutzbemühungen dar, da ohne Information keine Meinungsbildung, kein Risikodiskurs und kein aktives Handeln erfolgen können. In dieser Erkenntnis schafft das UN/ECE-Übereinkommen über den Zugang zu Informationen, die Öffentlichkeitsbeteiligung an Entscheidungsverfahren und den Zugang zu Gerichten in Umweltangelegenheiten, unterzeichnet am 25.06.1998 im dänischen Aarhus, erstmals umfassende völkerrechtlich verbindliche Regelungen für das Umweltinformationsrecht. Die Vertragsstaaten müssen zum einen den Zugang zu behördlichen Umweltinformationen für jedermann ohne Nachweis eines Interesses garantieren. Zum anderen werden sie verpflichtet, aktiv Informationen, insbesondere unter Nutzung moderner Informations- und Kommunikationstechnologien, zu verbreiten.

Dieses Konzept eines „Rechts auf Umweltinformation“ ist ein neuer Bestandteil des Umweltvölkerrechts, das bisher hauptsächlich Informations- und Berichtspflichten der Völkerrechtssubjekte untereinander kannte. Nunmehr müssen die Vertragsstaaten im innerstaatlichen Bereich die niedergelegten Rechte für jedermann garantieren. Was bisher zum Teil schon in den Mitgliedstaaten der Europäischen Union galt, wird durch die Aarhus-Konvention auf die Ebene des Völkerrechts gehoben. Durch die Ausarbeitung der Konvention im Rahmen des gesamteuropäischen „*Environment for Europe*-Prozesses" wurde eine Ausdehnung des Umweltinformationsrechts weit über die Mitgliedstaaten der Europäischen Union hinaus bis nach Zentralasien erreicht. Die Aarhus-Konvention weitet daher das Recht auf Umweltinformation sowohl von der Normenhierarchie her als auch geographisch betrachtet aus. Dies verstärkt einerseits die Bedeutung des Umweltinformationsrechts, andererseits können die niedergelegten Rechte der Öffentlichkeit, die innerstaatlich umgesetzt werden müssen, die jungen Demokratien Mittel- und Osteuropas und der Gemeinschaft Unabhängiger Staaten stärken. Das Umweltinformationsrecht bekommt durch die Aarhus-Konvention eine Demokratiefunktion zugewiesen.

2. Das Recht auf Umweltinformation als Ausprägung eines Rechts auf ein Leben in einer gesunden Umwelt

Während die Umweltinformationsrichtlinie der Europäischen Gemeinschaft von ihrer Zielsetzung her rein pragmatisch auf die Stärkung der Informationsrechte der Bürger als Mittel der Vollzugskontrolle sowie zur Verbesserung der Umweltbewusstseins und des Informationsaustauschs zwischen Bürgern und Behörden gerichtet war, sieht die Aarhus-Konvention das Recht auf Umweltinformation darüber hinaus als Ausprägung eines Rechts auf ein Leben in einer der Gesundheit und dem Wohlbefinden zuträglichen Umwelt. Sie erkennt dieses zwar nicht ausdrücklich als übergeordnetes Grund- oder Menschenrecht an, verdeutlicht aber einmal mehr, dass ein angemessener Schutz der Umwelt für die Ausübung grundlegender Menschenrechte unabdingbar ist. Um zum Schutze des Rechts auf ein Leben in einer gesunden Umwelt beizutragen und die Pflicht jedes Einzelnen zu konkretisieren, die Umwelt für gegenwärtige und künftige Generationen zu schützen, gibt sie einzelnen Bürgern und Umweltverbänden das Instrument des Rechts auf Umweltinformation an die Hand. Dies stellt eine bedeutende konzeptionelle Ausweitung des Umweltinformationsrechts dar.

3. Die Erweiterung des Anwendungsbereichs und praktische Erleichterungen im innerstaatlichen Recht

Bei der Aushandlung der Aarhus-Konvention kam den nichtstaatlichen Umweltorganisationen eine bisher in dem Ausmaß noch nie da gewesene Rolle als aktive Teilnehmer und Impulsgeber zu. Nicht zuletzt daraus erklärt sich die praktische Ausweitung des Umweltinformationsrechts durch die getroffenen Detailregelungen, wie die Ausweitung des Anwendungsbereichs durch die Erweiterung der Begriffe der „Behörde" in den privaten Sektor hinein und der „Information über die Umwelt" etwa auf Wirtschafts- und Finanzdaten. Verbesserungen des bisherigen Zugangsrechts in der EU ergeben sich auch aus den getroffenen Einschränkungen der Handhabe der Ausnahmetatbestände und der Verkürzung der behördlichen Bearbeitungsfristen. Deutlich zeigt sich an vielen Stellen, dass die Konvention Konflikte, wie sie bei der Auslegung der EG-Umweltinformationsrichtlinie bestanden und bestehen, zu vermeiden sucht.

Ferner legt das Übereinkommen auch Verpflichtungen zu aktiver Informationstätigkeit durch die Verwaltung fest, die im EG-Recht bisher wenig entwickelt waren. Eine besondere Rolle wird dabei den zu schaffenden sog. *Pollutant Release and Transfer*-Registern zukommen, die eine leichte und umfassende Information über Folgen industrieller Tätigkeit für die Umwelt ermöglichen sollen. Insgesamt zeigt sich daher eine bedeutsame praktische Ausweitung des Rechts auf Umweltinformation durch die Konvention, auch in den Staaten, die bisher schon ein Umweltinformationsrecht kannten.

II. Ausblick – Das Recht auf Umweltinformation auf dem Weg zum eigenständigen Grundrecht ?

Wie die Bestandsaufnahme dieser Arbeit zeigt, findet sich gegenwärtig ein Grundrecht auf Informationen über die Umwelt weder in den internationalen Menschenrechtsverträgen, noch in den Verfassungen der Mitgliedstaaten der Europäischen Union. Die neuen Verfassungen einiger Mittel- und Osteuropäischer Staaten und die Verfassungen von vier der fünf neuen Bundesländer garantieren dagegen ein Recht auf Auskunft über umweltrelevante Daten. Nicht zufällig sind alle diese Verfassungstexte in dem Raum entstanden, der jahrzehntelang von der Sowjetdiktatur beherrscht war, in dem Zugang zu behördlichen Informationen, Transparenz der Staatsverwaltung und Öffentlichkeitsbeteiligung nicht existierten und Umweltschutz praktisch nicht stattfand – wie sich an der Reaktorkatastrophe von Tschernobyl und der damaligen Informationspolitik deutlich zeigte. Durch die bevorstehende Aufnahme Polens und der Tschechischen Republik, die ein Grundrecht auf Umweltinformation kennen, in die Europäische Union wird dieses Grundrecht erstmals Teil des europäischen Verfassungsraumes und könnte zu einer Diskussion in den anderen Mitgliedstaaten führen.

Die Aarhus-Konvention legt eine grundrechtliche Betrachtung des Rechts auf Zugang zu Umweltinformation, wie gezeigt, nahe. Dies kommt, abgesehen von den entsprechenden Erwägungen der Präambel und der Bestimmung des Artikel 1, vor allem darin zum Ausdruck, dass bei der Entscheidung über die Herausgabe von Informationen das öffentliche Interesse an der Herausgabe selbst dann berücksichtigt werden muss, wenn hochrangige Verfassungsgüter davon negativ beeinträchtigt werden. Eine Entscheidung zugunsten der Herausgabe der Umweltinformation legt in solchen Konstellationen nahe, dass das Recht auf Umweltinformation auch der Verwirklichung von Verfassungsgütern dient oder selbst ein Grundrecht darstellt.

Somit wird die Aarhus-Konvention möglicherweise in Europa zu einer neuen Diskussion über Umweltgrundrechte und den Stellenwert führen, den der Umweltschutz gegenüber anderen Interessen der Völker haben soll. Eine solche Diskussion erscheint insbesondere angesichts der jüngsten Erkenntnisse über das Ausmaß der Klimaveränderung auf unserem Planeten, die maßgeblich durch menschliche Tätigkeiten bewirkt wurde und wird, dringend erforderlich. Die Aarhus-Konvention ist mit ihren Rechten, die die öffentliche Diskussion ermöglichen und fördern, besonders geeignet dafür, zur Verwirklichung von Grundsatz 1 der Erklärung von Stockholm beizutragen - dem Recht des Menschen auf Freiheit, Gleichheit und angemessene Lebensbedingungen in einer Umwelt, die so beschaffen ist, dass sie ein Leben in Würde und Wohlergehen ermöglicht und der Verpflichtung, die Umwelt für gegenwärtige und künftige Generationen zu schützen und zu verbessern.

Summary:

The expansion of the right to environmental information by the Aarhus Convention

1. The right to environmental information as a new aspect of public international law

Almost thirty years after the UN Conference on Environment in Stockholm and nearly ten years after the UN Conference on Environment and Development in Rio, the Aarhus Convention has come into force. With its provisions regarding environmental information, public participation and access to justice, it fulfills the demands for a stronger involvement of the public in the efforts to protect the environment as made by the declarations and action plans of the two major UN conferences on the environment and many other documents of international law.

The individual's right to access to environmental information and the obligation of public authorities to actively disseminate environmental information are the basis for a stronger involvement of the public in local, regional, national and international efforts to protect the environment. Without information there can be no formation of an opinion, no discussion about environmental risks and no action taken. On the basis of these considerations, the UN/ECE Convention on Access to Information, Public Participation in Decision-Making and Access to Justice in Environmental Matters, signed on June, 25 1998 in Aarhus, Denmark, creates a full set of rules regarding the right to environmental information, which are the first provisions to be obligatory to the parties according to public international law. Firstly, the parties to the treaty must guarantee access to environmental information held by public authorities – for anyone, regardless of any proven interest. Secondly, the authorities are obliged to actively disseminate information, especially using modern information and communication technologies.

The concept of a „right to environmental information" thus becomes a new part of international environmental law, which until now has mainly obligated states to inform and report to each other. Now, the parties to the Convention have to guarantee the Convention's rights to everybody in their internal legal orders. Whereas this concept so far only existed within the European Union, the Aarhus Convention raises it to the level of public international law. Since the Convention was developed within the Pan-European process „Environment for Europe", the right to environmental information has spread as far as Central Asia. Thus, the Aarhus Convention has expanded the right to environmental information not only to another level of norms but also geographically. This has two effects: on the one hand, the importance of the right to environmental information is reinforced. On the other hand, the young democracies in Central and Eastern Europe and in the Commonwealth of Independent States can be strengthened, since the Convention's rights must be implemented in the internal legal orders of these countries. The Aarhus Convention attributes a new function to the right of access to information, the function of democracy.

2. The right to environmental information as an expression of a right to life in a healthy environment

The EC directive on access to environmental information only aimed at strengthening the public's right to information as a means of controlling the implementation of European law in the Member States, at raising environmental awareness and at improving the exchange of information between the public and the authorities. The Aarhus Convention, however, views the right to environmental information additionally as an expression of a right to life in a healthy environment. While the Convention does not expressly recognize it as a fundamental or human right, it emphasizes once more that adequate protection of the environment is crucial for the enjoyment of basic human rights. It provides the individual citizen and environmental groups with the instrument of the right to environmental information, in order to help protect the right to life in a healthy environment and to make more concrete the obligation of every person to protect the environment for present and future generations. This is an important conceptual extension of the right to environmental information.

3. A larger scope of application and practical facilitations in national law

In the negotiations of the Convention, Non-Governmental environmental Organizations played an important and active role as never seen before. This is one reason why so many detailed provisions were settled, such as the extension of the definition of „public authority“ into the private sector and that „environmental information“, for example, also includes economic and financial data. The access to information as known so far in the EU is also improved by the restrictions to the exceptions and the shortening of the processing time for authorities. The wording of many of the Convention's provisions show that it seeks to avoid the problems that arose with the EC directive in the past.

Furthermore, the Convention obligates public authorities to actively disseminate environmental information, an aspect which was not really developed under EC law. A special role will be played by the Pollutant Release and Transfer Registers, which are to be created to provide easy access to complex information about the consequences of industrial activity for the environment. Altogether, the Convention brings an important extension of the right to environmental information, also in those states that already had legislation concerning access to environmental information.

4. The road ahead: the right to environmental information on its way to a distinctive fundamental right ?

As this study shows, there is no fundamental right to access to environmental information at the moment – neither in the international human rights treaties, nor in the constitutions of the member states of the European Union. The new constitutions of some of the Cental and Eastern European States and the constitutions of four of the five new German Länder, however, guarantee a right to release of data relevant to the environment. All of these constitutions emerged in a geographic area which was dominated by the Soviet dictatorship, where access to information held by public authorities, transparency of public administration and environmental protection hardly existed. This was clearly apparant in the catastrophy of Chernobyl and the information policy at the time. With the pending accession of Poland and the Czech Republic to the EU in the near future, this fundamental right will enter the „European constitutional area“ for the first time and could lead to a new discussion in the other member states.

The Aarhus Convention gives consideration to the right to environmental information in a context of fundamental rights. This is expressed not only in the respective considerations in the Preamble and Article 1, but also in the provision that information must be made available even when important constitutional values are affected in a negative way. A decision to make information available in such cases suggests that the right to access to environmental information also serves the realisation of constitutional values or is in fact a fundamental right itself.

Thus, the Aarhus Convention may lead to a new discussion about environmental rights as fundamental rights and about the importance of environmental protection in relation to other interests of societies. Such a discussion seems highly necessaryin view of the most recent understanding of the extent of climate change – a development mainly caused by human behaviour. With the rights expressed within it, which make possible and promote public discussion, the Aarhus Convention is especially suitable in helping to achieve the realisation of Principle 1 of the Stockholm Declaration: man's right to freedom, equality and adequate conditions of life in an environment of a quality that permits a life of dignity and well-being and the responsiblity to protect and improve the environment for present and future generations.

Literaturverzeichnis:

Adede, Andronico O.: International Environmental Law Digest – Instruments for International Responses to Problems of Environment 1972-1992, Amsterdam u.a. 1993

Albin, Silke: Die Vollzugskontrolle des europäischen Umweltrechts, Bayreuth 1998

Arnold, Rainer: Der Abschluss gemischter Verträge durch die Europäischen Gemeinschaften, AVR Bd. 19 (1980/81), S. 419 ff.

Arnold, Rainer: Vereinheitlichung des Verwaltungsverfahrensrechts in der EG, Kongressvortrag, Kongress der Gesellschaft für Rechtsvergleichung 1994 in Berlin; veröffentlicht in: Vereinheitlichung des Verwaltungsverfahrensrechts in der EG, Beiheft zu: EuR 1/1995, S. 7 ff.

Askelöf, Thomas / Fernemann Heurgren, Ragna: Akteneinsicht in Schweden, in: Winter, Gerd (Hrsg.), s.u.

Balleis, Kristina: Mitwirkungs- und Klagerechte anerkannter Naturschutzverbände, Frankfurt a.M. 1996

Bäumler, Helmut: Neue Informationsverarbeitungsgesetze in Schleswig-Holstein, NJW 2000, S. 1982 ff.

Bergmann, Lutz / Möhrle, Roland / Herb, Armin (Hrsg.): Datenschutzrecht, Handkommentar, Loseblattsammlung, Stuttgart u.a., Stand: April 2000

Bergner, Daniel: Grundrechtsschutz durch Verfahren, München 1998

Bernhardt, R. (Hrsg.): Encyclopedia of Public International Law, Band III, Amsterdam 1997

Beyerlin, Ulrich: Umweltvölkerrecht, München 2000

Beyerlin, Ulrich / Marauhn, Thilo: Rechtssetzung und Rechtsdurchsetzung im Umweltvölkerrecht nach der Rio-Konferenz 1992; Forschungsbericht im Auftrag des Umweltbundesamtes (Hrsg.), Berlin 1997

Blaustein, Albert R. / Flanz, Gisbert H.: Constitutions of the countries of the world, Loseblattsammlung, New York, Stand: Mai 1992

Bleckmann, Albert: Ermessensfehlerlehre – Völker- und Europarecht, vergleichendes Verwaltungsrecht, Köln, Berlin, Bonn, München 1997

Boyle, Alan E. / Anderson, Michael R.: Human Rights Approaches to Environmental Protection, Oxford 1996

Boyle, Alan E. / Birnie, Patricia W.: International Law and the Environment, Oxford 1992

Brady, Katy: Aarhus Convention signed, Environmental Law and Policy 28/3-4 (1998), S.171 ff.

Brehm, Winfried: Rechtsstaatliche Vorgaben für informelles Verwaltungshandeln, DVBl. 1994, S. 133 ff.

Breidenbach, Rolf / Palenda, Bernd: Das Akteneinsichts- und Informationszugangsgesetz des Landes Brandenburg – Ein Vorbild für die Rechtsentwicklung Deutschlands !, NJW 1999, S. 1307 ff.

Breuer, Rüdiger / Kloepfer, Michael / Marburger, Peter / Schröder, Meinhard (Hrsg.): Freier Zugang zu Umweltinformationen - Rechtsfragen im Schnittpunkt umweltpolitischer, administrativer und wirtschaftlicher Interessen - Beiträge und Diskussionen des Kolloquiums am 9. Juli 1992 in Bonn (UTR Band 22), Heidelberg 1993

Brownlie, Ian (Hrsg.): Basic Documents on Human Rights, Third Edition, Oxford 1992

Burkholz, Bernhard: Zur Gesetzgebungskompetenz für ein Umweltinformationsgesetz, NVwZ 1994, S. 124 ff.

Burmeister, Joachim H. / Winter, Gerd: Akteneinsicht in der Bundesrepublik, in: Winter, Gerd (Hrsg.), s.u.

Burmeister, Joachim H.: Akteneinsicht in Großbritannien, in: Winter, Gerd (Hrsg.), s.u.

Butt, Mark Eric / Kübert, Julia / Schultz, Christiane Anne: Soziale Grundrechte in Europa, Luxemburg 1999, (Reihe: Arbeitsdokument des Europäischen Parlamentes, Soziale Angelegenheiten, veröffentlicht unter Studien- und Referenzdokumenten des EP unter: www.europarl.eu.int)

Cameron, James / Werksman, Jacob / Roderick, Peter (Hrsg.): Improving Compliance with International Environmental Law, London 1996

Cameron, James: Compliance, Citizens and NGOs, in: Cameron/Werksman/Roderick (Hrsg.), s.o., S. 21 ff.

Carlson, Scott: Politics, Public Participation and the 1998 Albanian Constitution, Osteuroparecht 1999, S. 489 ff.

Churchill, R.R.: Environmental Rights in Existing Human Rights Treaties, in: Boyle/Anderson (Hrsg.), s.o.

Clostermeyer, Claus-Peter / Lehr, Stefan: Ländermitwirkung bei völkervertraglichem Handeln auf EU-Ebene – Brauchen wir ein "Lindau II" ?, DÖV 1998, S. 148 ff.

Csagoly, Paul: Empowering the public, in: The Bulletin Vol. 9, No. 4, October 2000 (Hrsg. von REC, Regional Environmental Center Europe)

von Danwitz, Thomas: Umweltzeichen in der EG und Umweltzeichen in Deutschland, in: Rengeling (Hrsg.), EUDUR I, s.u., § 40

Dawkins, Kristin: Eco-labelling: Consumer right to know or restrictive business practice, in: Wolfrum, Rüdiger (Hrsg.), s.u.

Demmke, Christoph: Die EG-Informationsrichtlinie und die Vollzugsdefizite in der EG-Umweltpolitik, in: Hegele/Röger (Hrsg.), s.u., S. 33 ff.

Desgagné, Richard: Integrating Environmental Values into the European Convention on Human Rights, American Journal of International Law 89 (1995), S. 263 ff.

Diemer-Benedict, Tanja: Die neue Verfassung der Republik Polen, Osteuroparecht 1997, S. 223 ff.

Dietl, Clara-Erika / Lorenz, Egon: Wörterbuch für Recht, Wirtschaft und Politik mit erläuternden und rechtsvergleichenden Kommentaren, Teil I Englisch-Deutsch, 5. Auflage München 1990

Dietl, Clara-Erika: Wörterbuch für Recht, Wirtschaft und Politik mit Kommentaren in deutscher und englischer Sprache, Teil II Deutsch-Englisch, 2. Auflage München 1986

Di Fabio, Udo: Das Kooperationsprinzip - ein allgemeiner Rechtsgrundsatz des Umweltrechts, NJW 1999, S.1153 ff.

Doehring, Karl: Völkerrecht, Heidelberg 1999

Ebbesson, Jonas: Compatibility of International and National Environmental Law, London, The Hague, Boston 1996

Ebbesson, Jonas: The Notion of Public Participation in International Environmental Law, Yearbook of International Environmental Law, Vol. 8, 1997

Eifert, Martin: Umweltinformation als Regelungsinstrument, DÖV 1994, S.544 ff.

Ekardt, Felix: Europarechtliche und praktische Probleme des Umweltinformationsgesetzes, NJ 1997, S.175 ff.

Epiney, Astrid / Scheyli, Martin: Strukturprinzipien des Umweltvölkerrechts, Baden-Baden 1998

Erbguth, Wilfried / Schink, Alexander: Gesetz über die Umweltverträglichkeitsprüfung, Kommentar, 2. Auflage München 1996

Erbguth, Wilfried / Stollmann, Frank: Zum Entwurf eines Umweltinformationsgesetzes, UPR 1994, S. 81 ff.

Erichsen, Hans-Uwe: Das Recht auf freien Zugang zu Informationen über die Umwelt, NVwZ 1992, S. 409 ff.

Everling, Ulrich: Durchführung und Umsetzung des Europäischen Gemeinschaftsrechts im Bereich des Umweltschutzes unter Berücksichtigung der Rechtsprechung des EuGH, NVwZ 1993, S. 209 ff.

Feldhaus, Gerhard: Öko-Audit, in: Rengeling (Hrsg.), EUDUR I, s.u., § 36

Fischer, Thomas B.: Die Strategische Umweltprüfung in England, den Niederlanden und Deutschland - Ergebnisse einer systematischen vergleichenden Analyse in der Verkehrs-, Raumordnungs- und Landnutzungsplanung, UVP-Report 4/2000, S. 221 ff.

Fluck, Jürgen / Theuer, Andreas: Umweltinformationsrecht - UIG, Kommentar, Loseblattsammlung, Heidelberg, Stand: September 1999

Fluck, Jürgen: Freier Zugang zu Umweltinformationen aus Sicht der Industrie, in: Breuer/Kloepfer/Marburger/Schröder, vgl. oben (UTR Band 22), S. 22 ff.

Fraenkel, Amy A.: The Convention on Long-Range Transboundary Air Pollution, Harvard Int. Law Journal 1989 (Vol. 30), S. 456

Freestone, David / Hey, Ellen: The Precautionary Principle in International Law – The Challenge of Implementation, The Hague, London, Boston 1996

Frenz, Walter: Europäisches Umweltrecht, München 1997

Frenzel, Sabine: Zugang zu Informationen bei deutschen Behörden – Mit einer Dokumentation ausländischer Rechtsquellen, Speyerer Arbeithefte Nr. 131, 2000

Gassner, Ulrich M. / Pisani, Christian: Umweltinformationsanspruch und Geheimnisschutz, NuR 2001, S. 506 ff.

Geiger, Rudolf: EUV/EGV: Vertrag über die Europäische Union und Vertrag über die Europäische Gemeinschaft, Kommentar, 3. Auflage, München 2000

Grabitz, Eberhard / Hilf, Meinhard (Hrsg.): Das Recht der Europäischen Union, Loseblattsammlung, München, Stand: Juli 2000

Gurlit, Elke: Europa auf dem Weg zur gläsernen Verwaltung ? - Zum Vorschlag der EG-Kommission für eine Richtlinie über den freien Zugang zu Informationen über die Umwelt, ZRP 1989, S. 253 ff.

Gurlit, Elke: Die Verwaltungsöffentlichkeit im Umweltrecht - Ein Rechtsvergleich Bundesrepublik Deutschland - USA, Düsseldorf 1989 (Umweltrechtliche Studien Bd. 4)

Gurlit, Elke: Akteneinsicht in den Vereinigten Staaten, in: Winter, Gerd (Hrsg.), s.u.

Häberle, Peter: „Öffentliches Interesse" als juristisches Problem – Eine Analyse von Gesetzgebung und Rechtsprechung, Bad Homburg 1970

Haratsch, Andreas / Kugelmann, Dieter / Repkewitz, Ulrich (Hrsg.): Herausforderungen an das Recht der Informationsgesellschaft; 36. Tagung der Wissenschaftlichen Mitarbeiterinnen und Mitarbeiter der Fachrichtung „Öffentliches Recht" Mainz 1996, Stuttgart, München, Hannover, Berlin, Weimar, Dresden 1996

Hatje, Armin: Verwaltungskontrolle durch die Öffentlichkeit – eine dogmatische Zwischenbilanz zum Umweltinformationsanspruch, EuR 1998, S. 734 ff.

Hauff, Volker (Hrsg.): Unsere gemeinsame Zukunft - Der Brundtlandt-Bericht der Weltkommission für Umwelt und Entwicklung, Greven 1987

Hegele, Dorothea / Röger, Ralf (Hrsg.): Umweltschutz durch Umweltinformation: Chancen und Grenzen des neuen Informationsanspruchs, Berlin 1993

Hegele, Dorothea: Der lange Wege der Umsetzung der Umweltinformationsrichtlinie in das deutsche Recht, Defizite und Chancen, in: Hegele/Röger (Hrsg.), s.o., S. 101 ff.

Heintschel von Heinegg, Wolff: EG im Verhältnis zu internationalen Organisationen und Einrichtungen, in: Rengeling (Hrsg.), EUDUR I, s.u., § 22

Heintschel von Heinegg, Wolff: Umweltvölkerrecht, in: Rengeling (Hrsg.), EUDUR I, s.u., § 23

Hesse, Konrad: Grundzüge des Verfassungsrechts der Bundesrepublik Deutschland, 14. Auflage Heidelberg 1984

Hesselhaus, Sebastian: Wie durchsichtig muss die „gläserne Umweltverwaltung" sein ? - Mängel bei der Umsetzung der EG-Richtlinie über den freien Zugang zu Umweltinformationen in Deutschland, EuZW 2000, S. 298

Hett, Hans-Jürgen: Die Öffentlichkeit der Parlamentesverhandlungen, das Grundrecht der Informationsfreiheit und Informationspflichten der Exekutive, Frankfurt a.M. u.a. 1987

Hobe, Stephan: Der Rechtsstatus der Nichtregierungsorganisationen nach gegenwärtigem Völkerrecht, AVR Bd. 37 (1999), S. 152 ff.

Hofmann, Johannes: Das Recht auf Umweltinformation - Rechtslage in der EU und in Österreich, Wien 1995

Hohmann, Harald: Ergebnisse des Erdgipfels von Rio - Weiterentwicklung des Umweltvölkerrechts durch die UN-Umweltkonferenz von 1992, NVwZ 1993, S. 311 ff.

Hoppe, Werner / Beckmann, Martin / Kauch, Petra: Umweltrecht, 2. Auflage München 2000

Hüfner, Klaus / Naumann, Jens: Das System der Vereinten Nationen. Eine Einführung, Düsseldorf 1974

Isensee, Josef / Kirchhoff, Paul (Hrsg.): Handbuch des Staatsrechts, Band II, Demokratische Willensbildung - Die Organe des Bundes, Heidelberg 1987

Jans, Jan: Akteneinsicht in den Niederlanden, in: Winter, Gerd (Hrsg.), s.u.

Johnson, Stanley: The Earth Summit: The UN Conference on Environment and Development (UNCED), London, Dordrecht, Boston 1995

Kahl, Wolfgang: Der europarechtlich determinierte Verfassungswandel, in: Haratsch/Kugelmann/Repkewitz (Hrsg.), s.o.

Karpen, Ulrich: Das Recht der Öffentlichkeit, sich zu informieren - Die „Londoner Prinzipien zur Gesetzgebung über die Informationsfreiheit“ von „Artikel 19 - Das Internationale Zentrum gegen Zensur“, DVBl. 2000, S. 110 ff.

Kim, Hyung-Chul: Der Schutz von Betriebs- und Geschäftsgeheimnissen nach dem Umweltinformationsgesetz, Frankfurt a.M. u.a. 1999

Kimber, Cliona / Ekardt, Felix: Zugang zu Umweltinformationen in Großbritannien und Deutschland: Eine rechtsvergleichende empirische Untersuchung, NuR 1999, S.262 ff.

Kimminich, Otto: Einführung in das Völkerrecht, 5. Auflage, Tübingen, Basel 1993

Kindler, Kilian: Umweltinformation im gesellschaftlichen Spannungsfeld, in: Hegele/Röger (Hrsg.), s.o., S. 63 ff.

Kiss, Alexandre / Shelton, Dinah: International Environmental Law, New York, London 1991

Kley-Struller, Andreas: Der Schutz der Umwelt durch die Europäische Menschenrechtskonvention, EuGRZ 1995, S. 507 ff.

Kloepfer, Michael: Umweltrecht, 2. Auflage München 1998

Kloepfer, Michael / Neun, Andreas: Rechtsfragen der europäischen Informationsgesellschaft, EuR 4/2000, S. 512 ff.

Kloepfer, Michael: Öffentliche Meinung, Massenmedien, in: Isensee/Kirchhof, § 35, s.o.

Kluth, Winfried (Hrsg.): Die Europäischen Union nach dem Amsterdamer Vertrag, Baden-Baden 2000

Koch, Hans-Joachim / Scheuning, Dieter H. (Hrsg.): GK-BImschG, Gemeinschaftskommentar zum Bundes- Immissionsschutzgesetz, Loseblattsammlung, Düsseldorf, Stand: September 2000

Koebke, Max: Das Recht auf Umweltinformation unter besonderer Berücksichtigung des Schutzes von Betriebs- und Geschäftsgeheimnissen und der Paragraphen 207 - 227 UBG-KomE, Pfaffenweiler 1999

König, Doris: Das Umweltinformationsgesetz - ein Modell für mehr Aktenöffentlichkeit ?, DÖV 2000, S.45 ff.

Kollmer, Norbert: Klage auf Umweltinformation nach dem neuen Umweltinformationsgesetz (UIG), NVwZ 1995, S. 868 ff.

Kopp, Ferdinand / Schenke, Wolf-Rüdiger: Verwaltungsgerichtsordnung, 11. Auflage, München 1998

Kopp, Ferdinand / Ramsauer, Ulrich: Verwaltungsverfahrensgesetz, 7. Auflage, München 2000

Kracht, Harald / Wasielewski, Andreas: Integrierte Vermeidung und Verminderung der Umweltverschmutzung, in: Rengeling (Hrsg.), EUDUR I, s.u., § 35

Krämer, Ludwig: Defizite im Vollzug des Umweltrechts, in: Lübbe-Wolff (Hrsg.), s.u.

Krämer, Ludwig: European Community Eco-Labelling in Transition, Yearbook of European Environmental Law I (2000), S. 123

Kremer, Eduard: Umweltschutz durch Umweltinformation, NVwZ 1990, S. 843 ff.

Kroiss, Fritz: Aarhus-Konvention: Instrument für mehr direkte Demokratie bei umweltrelevanten Entscheidungen, EU-Rundschreiben 8+9/2000 des Deutschen Naturschutzrings, S. 7 f.

Kummer, Katharina: The Process „Environment for Europe“, Yearbook of International Environmental Law, Vol. 6 (1995)

Ladenburger, Felix: Durchsetzungsmechanismen im Umweltvölkerrecht „Enforcement" gegenüber Staaten, Tübingen 1996

Ladeur, Karl-Heinz: Akteneinsicht in Italien, in: Winter, Gerd (Hrsg.), s.u.

Landmann, Robert / Rohmer, Gustav: Umweltrecht, Band I, Bundes-Immissionsschutzgesetz, Kommentar, hrsg. v. Dr. Klaus Hansmann, Loseblattsammlung, München, Stand: 01.10.2000

Lübbe-Wolff, Gertrude (Hrsg.): Der Vollzug des europäischen Umweltrechts, Berlin 1996

v. Mangoldt, Hermann / Klein, Friedrich / Starck, Christian: Das Bonner Grundgesetz, Band 2, 4. Auflage, München 2000

Masing, Johannes: Die Mobilisierung des Bürgers für die Durchsetzung des Rechts – Europäische Impulse für eine Revision der Lehre vom subjektiv-öffentlichen Recht, Berlin 1997

Maunz, Theodor / Dürig, Günter: Grundgesetz, Kommentar, Band I, II, IV, Loseblattsammlung, München, Stand: April 2000

Maurer, Hartmut: Allgemeines Verwaltungsrecht, 12. Auflage, München 1999

Mengel, Hans-Joachim: Akteneinsicht in Verwaltungsverfahren, Die Verwaltung 1990, S. 377 ff.

Menon, P.K.: The Law of Treaties between States and International Organizations, Lampeter, Dyfed 1992

Meyer-Rutz, Eckart: Das neue Umweltinformationsgesetz – UIG, Einführung, Texte, Materialien, Bundesanzeiger v. 19.01.1995, Nr. 13a (Jahrgang 47)

Mosler, Hermann: Die Erweiterung des Kreises der Völkerrechtssubjekte, ZaöRV 22 (1962), 1 ff

v. Münch, Ingo / Kunig, Phillip (Hrsg.): Grundgesetz-Kommentar, Band 1, 5. Auflage München 2000

Nolte, Georg: Die Herausforderung für das deutsche Recht der Akteneinsicht durch europäisches Verwaltungsrecht, DÖV 1999, S.363 ff.

Pallemaerts, Marc: International Environmental Law – From Stockholm to Rio: Back to the future ?, in: Sands (Hrsg.), Greening International Law, s.u.

Partsch, Christoph: Brandenburgs Akteneinsichts- und Informationszugangsgesetz (AIG) – Vorbild für Deutschland ?, NJW 1998, S. 2559 ff.

Petkova, Elena / Veit, Peter: Environmental Accountability Beyond the Nation-State: The Implications of the Aarhus Convention, Environmental Governance Notes (herausgegeben vom World Resources Institute), April 2000

Peschel, Anna Marie: Akteneinsicht in Dänemark, in: Winter, Gerd (Hrsg.), s.u.

Pitschas, Rainer: Das Informationsverwaltungsrecht im Spiegel der Rechtsprechung, Die Verwaltung 2000, S.111 ff.

Püttner, Günter / Guckelberger, Annette: Beschleunigung von Verwaltungsverfahren, JuS 2001, S. 218 ff.

Rat von Sachverständigen für Umweltfragen: Umweltgutachten 2000 – Schritte ins nächste Jahrtausend, Stuttgart 2000 (Kurzfassung veröffentlicht unter: www.unmweltrat.de)

Regional Environmental Center for Eastern and Central Europe (Hrsg.): Doors to Democracy – Current Trends and Practices in Public Participation in Environmental Decision-Making in Central and Eastern Europe, Santander 1998

Regional Environmental Center for Eastern and Central Europe (Hrsg.): Doors to Democracy – Current Trends and Practices in Public Participation in Environmental Decision-Making in the Newly Independent States, Santander 1998

Reif, Linda C.: International Environmental and Human Rights Law: The Role of Soft Law in the Evolution of Procedural Rights to Information, Participation in Decision-Making, and Access to Domestic Remedies in Environmental Affairs, in: Young/Iwasawa (Hrsg.), s.u.

Reinhardt, Michael: Umweltinformation als subjektives Recht: Das Umweltinformationsgesetz vom 8. Juli 1994 als Beispiel konzeptionsdefizitärer Transformationsgesetzgebung, Die Verwaltung 1997, S. 161 ff.

Rengeling, Hans-Werner (Hrsg.): Handbuch zum europäischen und deutschen Umweltrecht (EUDUR), Band I: Allgemeines Umweltrecht, Band II: Besonderes Umweltrecht, Köln, Berlin, Bonn, München 1998

Röger, Ralf: Die europarechtlichen Vorgaben der Umweltinformationsrichtlinie, in: Hegele/Röger (Hrsg.), s.o., S. 1 ff.

Röger, Ralf: Umweltinformationsgesetz, Kommentar, Köln, München u.a., 1995

Röger, Ralf: Zur Entwicklung des europäischen Umweltrechts im allgemeinen und den in der Bundesrepublik durch die Umweltinformationsrichtlinie ausgelösten Irritationen im besonderen, in: Kluth (Hrsg.), s.o., S. 133 ff.

Ruffert, Matthias: Dogmatik und Praxis des subjektiv-öffentlichen Rechts unter dem Einfluß des Gemeinschaftsrechts, DVBl. 1998, S.69 ff.

Sanchis-Moreno, Fe: Good Practices in Access to Environmental Information, Terra Environmental Policy Centre, Madrid 1999

Sands, Philippe: Principles of international environmental law I – Frameworks, standards and implementation, Manchester 1994

Sands, Philippe / Tarasofsky, Richard / Weiss, Mary (Hrsg.): Principles of International Law, Bände II A, II B, III, Documents in International Environmental Law, Manchester 1994

Sands, Phillipe (Hrsg.): Greening International Law, New York 1994

Schendel, Frank Andreas: Umweltinformationsrichtlinie und Umweltinformationsgesetz sowie allgemeine Umweltinformation, in: Rengeling (Hrsg.), EUDUR I, s.u., § 39

Scherzberg, Arno: Freedom of information - deutsch gewendet: Das neue Umweltinformationsgesetz. DVBl. 1994, S. 733 ff.

Scherzberg, Arno: Der freie Zugang zu Informationen über die Umwelt - Rechtsfragen der Richtlinie 90/313/EWG, UPR 1992, S. 48 ff.

Scheyli, Martin: Aarhus-Konvention über Informationszugang, Öffentlichkeitsbeteiligung und Rechtsschutz in Umweltfragen, AVR Bd. 38 (2000), S. 217 ff.

Schmidt, Reiner: Die Reform von Verwaltung und Verwaltungsrecht: Reformbedarf - Reformanstöße - Reformansätze, VerwArch 2000, S.149 ff.

Schmidt, Reiner / Müller, Helmut: Einführung in das Umweltrecht, 5. Aufl. München 1999

Schmidt-Aßmann, Eberhard: Deutsches und Europäisches Verwaltungsrecht - Wechselseitige Einwirkungen, DVBl. 1993, S. 924 ff.

Schmitt-Glaeser, Walter: Mitwirkung an der Willensbildung, in: Isensee/Kirchhoff (Hrsg), s.o., § 31

Schoch, Friedrich: Individualrechtsschutz im deutschen Umweltrecht unter dem Einfluss des Gemeinschaftsrechts, NVwZ 1999, S. 457 ff.

Schomerus, Thomas / Schrader, Christian / Wegener, Bernhard W.: Umweltinformationsgesetz, Kommentar, Baden-Baden 1995

Schrader, Christian: Europäische Anstöße für einen erweiterten Zugang zu Umweltinformationen, NVwZ 1999, S.40

Schrader, Christian: Informationsrechte in Planungsverfahren - Stand und Veränderungen, NuR 2000, S. 487 ff.

Schröder, Meinhard: Staatstheoretische Aspekte einer Aktenöffentlichkeit im Verwaltungsbereich - dargestellt am amerikanischen Information Act vom 4.7.1967, Die Verwaltung 1971, S. 301 ff.

Schröder, Meinhard: Europarecht und integriertes Umweltrecht, NuR 2000, S. 481 ff.

von Schwanenflügel, Matthias: Das Öffentlichkeitsprinzip des EG-Umweltrechts - Zur Bedeutung der Richtlinie über den freien Zugang zu Umweltinformationen, DVBl. 1991, S.93 ff.

Schweizer, Michael: Überblick zum Verhältnis: Völkerrecht - Europäisches Gemeinschaftsrecht - nationales Recht, in: Rengeling (Hrsg.), EUDUR I, s.u.

Seidl-Hohenveldern, Ignaz: Völkerrecht, 9. Auflage Köln, Berlin, Bonn, München 1997

Shelton, Dina: Human Rights and the Environment, Yearbook of International Environmental Law, Vol. 6 (1995), S. 177

Sinclair, Ian: The Vienna Convention on the Law of Treaties, 2.Auflage Manchester 1984

Stabel, Jan: Kooperations- versus Geheimhaltungsprinzip: Zur Informationsdistribution im Umweltrecht, Bayreuth 1997

Stec, Stephen: Overview of Public Participation in the Commonwealth of Independent States, 23 Review of Eastern and East European Law (1997), S. 361 ff.

Streinz, Rudolf: Europarecht, 3. Auflage Heidelberg 1996

Streinz, Rudolf: Vorgaben des Völkerrechts für das deutsche Umweltrecht, Jahrbuch des Umwelt- und Technikrechts (UTR) 1999, S.319 ff.

Stüer, Bernhard: Handbuch des Bau- und Planungsrecht – Planung, Genehmigung, Rechtsschutz, 2. Auflage München 1998

Thiemann, Anke: Die Entwicklung der ECE und ihrer Prinzipien im Umweltbereich, Münster, Hamburg 1994 (Studien zur internationalen Umweltpolitik, Bd. 4)

Thym, Daniel: Umweltschutz in den Verfassungen der EU-Mitgliedstaaten, NuR 2000, S. 557 ff.

Trantas, Georgios: Akteneinsicht und Geheimhaltung im Verwaltungsrecht: Eine vergleichende Untersuchung zum deutschen und französischen Verwaltungsverfahrensrecht, Berlin 1998

Trittin, Jürgen: Aarhus-Konvention: Eine Chance für mehr Bürgerbeteiligung und einen erleichterten Zugang zu Umweltinformationen, in: Umwelt Nr. 9/2000 (Monatsbericht des Bundesministeriums für Umwelt, Naturschutz und Reaktorsicherheit)

Turiaux, André: Umweltinformationsgesetz, Kommentar, München 1995

Uerpmann, Robert: Das Öffentliche Interesse – Seine Bedeutung als Tatbestandsmerkmal und als dogmatischer Begriff, Tübingen 1999

United Nations Economic Commission for Europe (Hrsg.): The Aarhus Convention: An Implementation Guide, von Stephen Stec u. Susan Casey-Lefkowitz, New York, Genf 2000 (UN Publications No. E.00.II.E.3)

United Nations Economic Commission for Europe (Hrsg.): ECE 1947-1987, New York 1987 (UN Publications No. E.87.II.E.17)

United Nations Economic Commission for Europe (Hrsg.): The ECE in the age of change, New York, Genf 1998 (UN Publication E/ECE/1357)

United Nations Economic Commission for Europe (Hrsg.): Annual Report 1969 (UN Publication E/ECE/747)

United Nations Economic Commission for Europe (Hrsg.): Fourth Ministerial Conference Environment for Europe, Aarhus/Denmark 23-25 June 1998, Report on the Conference (veröffentlicht auf den Webseiten der UN/ECE unter www.unece.org)

United Nations Economic Commission for Europe (Hrsg.): Guidelines on Access to Environmental Information and Public Participation in Environmental Decision-Making - as endorsed by the Third Ministerial Conference „Environment for Europe" (23-25 October

1995, Sofia, Bulgaria), New York, Genf 1996 (in Englisch, Französisch und Russisch)

Verdross, Alfred / Simma, Bruno: Universelles Völkerrecht, 3. Auflage Berlin 1984

Wates, Jeremy: Moldova Conference on Public Participation, Part I: Conference of Environmental Citizens' Organizations / Moldova Conference on Public Participation, Part II: First Meeting of Signatories to the Aarhus Convention, in: elni Newsletter Nr. 1/1999 (Hrsg. von Environmental Law Network International)

Weber, Jürgen: Der Anspruch nach § 4 Abs. 1 UIG und seine Beschränkungen zum Schutz öffentlicher Belange, Frankfurt a.M. u.a. 1997

Weber, Stefan: Environmental Information and the European Convention on Human Rights, Human Rights Law Journal 12 (1991), S. 177 ff.

Wegener, Bernhard W.: Umweltinformationsgesetz - Deutsche Geheimniskrämerei in europäischer Perspektive, EuR 2000, S. 227

Winter, Gerd (Hrsg.): Öffentlichkeit von Umweltinformationen - Europäische und nordamerikanische Rechte und Erfahrungen, Baden-Baden 1990

Winter, Gerd / Gurlit, Elke: Zusammenfassender Bericht, in: Winter (Hrsg.), s.o.

Wolf, Hans J. / Bachof, Otto / Stober, Rolf: Verwaltungsrecht I, 11. Auflage München 1999

Wolfrum, Rüdiger (Hrsg.): Enforcing Environmental Standards – Economic Mechanisms as Viable Means ?, Heidelberg 1996 (Beiträge zum ausländischen öffentlichen Recht, Bd. 125)

Young, Michael K. / Iwasawa, Yuji: Trilateral Perspectives in International Legal Issues: Relevance of Domestic Law and Policy, Irvington, NY 1996

Ziekow, Jan: Klagerechte von Naturschutzverbänden gegen Maßnahmen der Fachplanung, VerwArch 91 (2000) S. 483 ff.

FSC
www.fsc.org
MIX
Papier | Fördert gute Waldnutzung
FSC® C083411

Kolibri 360 GmbH
Ferdinand-Jühlke-Straße 7
99095 Erfurt, Deutschland
produktsicherheit@kolibri360.de